Igreja Sem Paredes

Jim Petersen

Global Commerce Network

Igreja Sem Paredes
© 2020 Jim Petersen

Publicado por Global Commerce Network
P.O. Box 51455
Colorado Springs, Colorado, 80949-1455
EUA

Publicado originalmente nos Estados Unidos em 2018 como *Church Without Walls*.

Todos os direitos desta edição reservados à Global Commerce Network. Nenhuma parte deste livro pode ser reproduzida, arquivada ou transmitida em qualquer forma, inclusive eletrônica, fotocópia, ou gravação em áudio, sem a autorização prévia da editora, exceto por citações breves que contenham referência ao livro e ao autor.

ISBN Versão impressa: 978-0-9600225-4-0
ISBN Versão ebook: 978-0-9600225-5-7

Edição em Inglês: 978-0-9970213-8-7
Ebook em Inglês: 978-0-9970213-9-4

Tradução: Fernando Korndorfer

Organização e Revisão da versão em português: Odilo Paulo Gewehr

Capa: James Clarke (jclarke.net)

Produção: Endeavor Literary Services, LLC (endeavorliterary.com)

Para um catálogo completo de livros da Global Commerce Network, viste nosso site: www.globalcommercenetwork.com

Aos meus muitos irmãos e irmãs em Cristo,
que anseiam por maior participação
nos propósitos de Deus.

Agradecimentos

Desejo comunicar a minha gratidão a Fernando Korndorfer, tradutor deste livro, e a Odilo Paulo Gewehr, organizador da tradução, pelas horas de esforço que eles investiram na tradução deste livro. Sei que fizeram este trabalho motivados pela mesma visão que me levou a escrever o livro. Queremos ver a mensagem de Cristo solta no mundo, acessível às pessoas que não fazem parte das estruturas tradicionais. Também quero agradecer a meus amigos brasileiros que, ao longo de muitos anos, me ensinaram como levar a mensagem de Cristo adiante com amor e dedicação a cada pessoa. Finalmente, quero agradecer de coração a todas as pessoas no Brasil que contribuíram para financiar este projeto.

Jim Petersen
Fevereiro 2020

Índice

Agradecimentos 7
Prefácio da Segunda Edição 11
Prefácio da Edição em Português 13
Introdução 15

PARTE I: A Sociedade Contemporânea e a Verdade Bíblica — 21

CAPÍTULO 1: A Mudança do Estilo de Vida Americano 23
CAPÍTULO 2: Nossa Sociedade Contemporânea 39
CAPÍTULO 3: O Povo de Deus na Sociedade 63

PARTE II: De Atos Até o Presente: Uma Revisão Histórica — 85

CAPÍTULO 4: Como o Evangelho Cresceu? 89
CAPÍTULO 5: De Inácio Até os Puritanos 111
CAPÍTULO 6: A Igreja nos Estados Unidos 143

PARTE III: Padrões para o Futuro — 163

CAPÍTULO 7: Liberdade e Diversidade: 165
CAPÍTULO 8: Para a Liberdade e a Diversidade 185
CAPÍTULO 9: Novos Limites para a Igreja 213
CAPÍTULO 10: O Povo de Deus num Mundo Pós-Moderno 229
CAPÍTULO 11: A Tarefa Diante de Nós 237
CAPÍTULO 12: Recuperando Nossa Mobilidade 261

Notas 289
Sobre o Autor 299

Prefácio da Segunda Edição

Há uma nova geração de cristãos vivendo entre nós—eles fazem parte da geração Y.[1] Desde que *Igreja Sem Paredes* foi publicado pela primeira vez em 1991, temos visto a Internet revolucionar as relações sociais, remodelando drasticamente o modo como essa nova geração vivencia o mundo. As noções de "comunidade" e "amizade" saíram das varandas da frente das nossas casas e se mudaram para as conexões virtuais. O pós-modernismo se expandiu e as pessoas estão vivenciando aquilo que alguns chamam de "epidemia de solidão".

E quais são as tendências religiosas atuais? Uma pesquisa feita em 2014 pelo Pew Research Center, com mais de trinta e cinco mil norte americanos e que comparou dados de 2007, concluiu que havia apenas duas categorias de crescimento religioso nos EUA: A primeira era formada pelos que são considerados religiosamente "não filiados"[2] e a segunda pelos que aderiram a crenças não-cristãs. Enquanto isso, todas as formas de expressão cristã tradicionais (católica, protestante, etc.) estavam em declínio.[3] No Brasil, a situação não é muito diferente.

A continuação dessas tendências coloca essa nova geração numa situação bem difícil. Por um lado, eles anseiam por levar Cristo a um mundo em crise e também querem crescer espiritual e relacionalmente. Por outro lado, o mundo que desejam impactar é cada vez mais resistente à igreja tradicional.

O que fazer nesta situação? Eles deveriam se abrigar na subcultura das igrejas para sobreviver? Ou deveriam se aventurar sozinhos num mundo sem limites, na esperança de levar algumas poucas pessoas a Cristo? Haveria uma terceira opção?

Essa tensão dolorosa pode ser amenizada se estivermos dispostos a repensar o que significa ser igreja. Como Jim nos mostra em *Igreja Sem Paredes*, as Escrituras nos dão a liberdade de, juntos (João 17:23), sermos "tudo para com todos" (1 Coríntios 9:22), para que possamos estar completamente engajados com Cristo em nosso mundo tão necessitado. *Juntos*, podemos ser a igreja e também influenciar nossos amigos que necessitam do evangelho. Apenas precisamos ampliar, biblicamente, nosso entendimento do que é a igreja e estar focados nos motivos pelos quais nós, a igreja, estamos no mundo.

Antes de morrer, Jesus orou para que o Pai não tirasse o seu povo do mundo, mesmo que o mundo fosse contrário à sua presença e mensagem (João 17:14,15). Por que ele não nos tiraria deste lugar perigoso? Ele tinha um motivo profundo e amoroso para nos deixar aqui. "Não peço apenas por estes", orou Jesus, "mas também por aqueles que crerão em mim através da palavra deles" (João 17:20). Nisso podemos ver que Deus deseja aumentar sua família. Ele nos colocou aqui para participarmos com ele desse esforço.

Igreja Sem Paredes não prescreve uma nova denominação ou estrutura de igreja. Em vez disso, este livro é um chamado bíblico para refocarmos nossas vidas na razão básica que Jesus tem para nos manter neste mundo. O livro nos convida a repensar como sermos igreja de modo que isso nos auxilie a cumprir esse chamado. Nossa esperança é que muitos jovens usem este livro como contexto bíblico, para ajudá-los a levar o evangelho à sua geração e a prosperar *juntos* em tempos difíceis. Se alguma vez houve a necessidade deste livro atemporal, a hora é agora.

Glenn McMahan
Editor, Global Commerce Network

Prefácio da Edição em Português

Igreja Sem Paredes, de forma sincera e biblicamente embasada, propõe uma grande mudança de paradigma de acordo com o conceito bíblico de "igreja", algo que sempre vai gerar algum nível de controvérsia para este ou aquele leitor. No entanto, a melhor compreensão disso, é a condição para que efetivamente ocorram as mudanças necessárias.

Creio que este livro deveria ser lido, pensado, e discutido por todo aquele que crê no Deus único e eterno, por todo filho de Deus que anseia por maior conhecimento e participação nos seus propósitos.

Odilo Paulo Gewehr
Organizador da Tradução
2020

Este livro fala das grandes adequações que foram necessárias para que a mensagem de Cristo, de forma pura e simples, chegasse ao Brasil. Mostra um Deus que busca pessoas que andam distantes dos prédios das igrejas. São os chamados "secularizados" dos nossos tempos.

Meu amigo Jim ouviu o chamado do Deus para alcançar aqueles secularizados, que "estavam longe" (Efésios 2:17) das formas cristãs tradicionais. Foi por isso que ele não seguiu os caminhos tradicionais do mundo cristão para alcançá-los.

Como Jesus o fizera, também foi buscar os perdidos onde eles estão e vivem. Foi ao mundo, como Jesus nos seus dias, sentar-se onde eles se sentam. E, como no tempo de Jesus, tampouco foram entendidos por muitos.

O resultado, porém, foi que milhares de pessoas distantes conheceram a Jesus como seu Senhor e Salvador! Ao ir para "os que estão longe", os gentíos, ele foi ao encontro deles em suas casas. Assim foram à casa do centurião romano Cornélio, onde se reuniram com ele, sua família, amigos e o pessoal da casa. A casa (oikos em grego) passou a ser o lugar de encontro dos cristãos daquele tempo. Este modelo da casa, que se baseia no Novo Testamento, é cada vez mais relevante aos propósitos de Deus em nossos tempos.

Aldo Berndt
2020

Introdução

A tese deste livro foi se desenvolvendo enquanto eu fazia parte de uma equipe de dois casais[1] pioneiros em um ministério entre jovens universitários brasileiros. As pessoas que estavam aceitando a fé não conseguiriam—e tive que admitir, não deveriam—abraçar as tradições da igreja que nós representávamos. Identificar-se com as nossas tradições os confundiam e os isolavam dos seus pares, esfriando o derramamento das boas novas entre eles.

Minhas doutrinas pessoais sobre a igreja se revelaram inadequadas para a situação. Aquilo que estava acontecendo entre esses jovens brasileiros era obviamente algo que Deus estava fazendo. Eu simplesmente não conseguia inserí-los nas minhas crenças sobre a igreja. Sentia-me como o apóstolo Pedro na casa de Cornélio!

Tive que fazer uma escolha. Poderia abandonar as pessoas que se recusassem a se adaptar e ir para uma classe diferente de pessoas que fossem menos sensíveis às formas estrangeiras, ou poderia continuar naquilo que estava fazendo e viver com a tensão de lidar com as inevitáveis e óbvias consequências. Reconhecendo que eu realmente não tinha escolha, foi então com bastante apreensão que abandonei os meus padrões conhecidos e confortáveis, e deixei que aqueles novos cristãos me levassem a um território desconhecido.

Agora, lembrando o que aconteceu, entendo que a parte mais incrível de toda essa experiência foi o fato de que não tive luta alguma. Os anos que se seguiram foram anos de aprendizado valioso com meus amigos e com nossas experiências à luz das Escrituras. Logo entendi que as limitações que estávamos tentando ultrapassar eram inerentes à tradição da igreja da qual faço parte. Creio que a igreja em geral vive com limitações semelhantes. A compreensão dessas coisas é a motivação que está por trás deste livro. Os conteúdos foram se desenvolvendo na minha mente ao longo dos anos. Em várias ocasiões pensei que estava pronto para colocá-los no papel, mas fico contente de ter esperado até agora. Eu não estava pronto. E ainda não estou, mas um sentimento de urgência sobre a nossa situação atual é o que me motiva. Espero que tenha avançado suficientemente no meu pensamento para obter o seu engajamento às ideias que levanto, para que, juntos, possamos fazer algo a respeito delas.

Enquanto escrevo, sinto outra hesitação. Meu assunto tem a ver com algo que é muito caro ao coração de Deus—a sua igreja. No dia em que Cristo morreu, Deus nos mostrou como ele se sente sobre as pessoas em geral. As promessas que ele faz àqueles que são dele superam a nossa crença. Estou em solo sagrado e não levo isso na brincadeira. Enquanto escrevia este livro, orava para que minhas palavras fossem encorajadoras e esclarecedoras, para que o leitor tivesse uma compreensão clara de quem é Cristo e do que esta vida significa para nós.

Algumas coisas que falo podem gerar controvérsias. Mas não é isso que desejo. Tentei ser honesto e falar a verdade até onde consigo entendê-la.

Os leitores internacionais notarão que estou escrevendo basicamente com a cultura americana em mente. Contudo, se bem que eu siga a história da igreja norte-americana a partir de 1628, muitas das conclusões que apresento são relevantes para as igrejas protestantes da Europa, bem como para aquelas igrejas fundadas por missionários protestantes ocidentais. Penso que o capítulo 6 tem menos relevância no Brasil, pois se trata de como a cultura norte americana mais recente influenciou as formas das igrejas nos EUA. O Brasil, é claro, tem uma cultura e história distintas.

Sou muito grato a vários autores dos quais tomei emprestado muitas ideias. Repetidamente tirei ideias do livro *The Closing of the American Mind* (*O Fechamento da Mente American*a) de Allan Bloom.[2] Outra fonte para mim foi a *História do Cristianismo* de Paul Johnson, especialmente para os capítulos 2 e 5. Para o capítulo 5 também me inspirei em *Uma História do Cristianismo* de Kenneth Scott Latourette.

Este livro trata da igreja. Descobri que um dos desafios de escrever um livro sobre este assunto está em usar com precisão a palavra *igreja*. O uso mais comum da palavra se refere aos cristãos que estão organizados e compartilham de uma estrutura comum. Às vezes isso se refere a uma organização local, outras vezes, estende-se a grupos locais reunidos naquilo que chamamos de "denominação". Ainda que eu não concorde que esta seja uma definição adequada de igreja, o uso dela se tornou tão comum que seria virtualmente impossível usar a palavra de outra maneira.

Isso significa que eu preciso não apenas articular uma nova definição de igreja, mas também descobrir uma palavra que expresse o seu sentido essencial. Assim, creio que a palavra grega *ecclesia* do Novo Testamento—geralmente traduzida como *igreja*—significa "povo de Deus", habitado pelo Espírito Santo, cujos membros estão sendo transformados, recebendo dons para servirem seus irmãos e o mundo incrédulo (Atos 9:31, 15:22). Vou me referir simplesmente a "povo de Deus", usando outros sinônimos apropriados conforme se ajustem melhor ao contexto.

Usarei o termo "povo de Deus" para os tempos bíblicos e também em referência à definição mais ampla que estou propondo. *Igreja* será usada para indicar desde a igreja organizada do tempo dos seus patriarcas, quando a definição começou a mudar, até os dias de hoje com nossa compreensão e uso contemporâneo do termo. Há ocasiões no livro em que os termos convergem, portanto, nem sempre foi fácil manter as diferenças. "Povo de Deus" se referirá ao seu povo, na medida em que estão engajados em todas as dimensões da vida, não importando onde estão na vida, no mundo e em qualquer estrutura ou organização. Não quero excluir os muitos grupos de cristãos que têm funções especializadas no mundo e no corpo, ou a função de cristãos no mundo que vivem suas vidas fora da estrutura de igreja. A definição popular de igreja exclui em demasia funções essenciais do corpo e, portanto, as deixa fora da igreja. Por exemplo, se estivéssemos nos referindo à presença de cristãos nas atividades diárias de um bairro, seria óbvio que a igreja não poderia estar lá.

Nossa definição limitada de igreja coloca fora da igreja tais atividades e eu as quero incluir. Realmente, um dos objetivos deste livro é expandir nosso conceito de igreja desta maneira. Confio que no final do livro você concordará que esta expansão se justifica. Em última análise, eu creio que a igreja, mesmo que tenhamos expandido a definição para "povo de Deus", ainda não é uma descrição adequada de tudo que Deus está fazendo. Há uma realidade maior que exige nossa atenção: o reino de Deus.

Acho estranho que as referências ao reino de Deus sejam tão proeminentes no Novo Testamento e tão raras atualmente. As "boas novas do reino" são a mensagem trazida por Jesus (Mateus 4:23, 9:35). É a mensagem que Jesus disse que seria "pregada em todo mundo como um testemunho a todas as nações, e então virá o fim" (Mateus 24:14). Ela é a mensagem proclamada pelo apóstolo Paulo aos gentios (Atos 20:25, 28:23). O evangelho do reino é a "rocha" sobre a qual Jesus disse, "Eu construirei a minha igreja" (Mateus 16:18).

Há mais referências no Novo Testamento sobre o reino de Deus ou o reino dos céus do que há sobre a igreja ou igrejas.

Não estou querendo dizer que a igreja não tem importância, mas simplesmente que ela não é tudo que existe. Há algo maior. Quando as boas novas do reino são pregadas, a igreja acontece. Quando nos concentramos em edificar a igreja, tendemos a reproduzir nossas formas familiares.

Começar a falar sobre o reino de Deus seria começar um outro livro. Talvez algum dia possamos fazer isso. O assunto deste livro é o povo de Deus.

PARTE I:
A Sociedade Contemporânea e a Verdade Bíblica

CAPÍTULO 1

A Mudança do Estilo de Vida Americano

No seu livro *Discovering the Future* (Visão do Futuro), Joel Barker relata a história do relógio a quartzo. Antes da Segunda Guerra Mundial, a Suíça tinha 90% do mercado mundial de relógios. Nos anos 70, eles ainda tinham mais de 60% do mercado. No início dos anos 80, sua participação no mercado estava abaixo de 10%. Entre 1979 e 1982, o número de empregos na indústria suíça de relógios baixou de sessenta e cinco mil para quinze mil. O fator principal desse colapso súbito de uma indústria mundial foi a invenção do relógio a quartzo.

Ironicamente, foi a própria Suíça que inventou o relógio a quartzo. Em 1967 a área de pesquisa dos fabricantes de relógios, o Centro de Pesquisas da Federação Suíça de Relógios, em Neuchatel, criou o primeiro protótipo. Eles o apresentaram aos fabricantes suíços e estes não se interessaram por ele!

Não há registro público da resposta dos fabricantes, mas Barker cita um artigo da edição de 14 de janeiro de 1980 da revista *Fortune* que explica o que ocorreu.

Ficou provado que o principal vilão foi a inflexibilidade dos fabricantes de relógios suíços. Eles simplesmente se recusaram a se ajustar a uma das maiores mudanças tecnológicas na história do controle do tempo, o desenvolvimento do relógio eletrônico. . . . As empresas suíças estavam tão presas à tecnologia tradicional que não podiam—ou não queriam—ver as oportunidades oferecidas pela revolução eletrônica.[1]

Os fabricantes de relógios suíços conheciam relógios. Os deles eram os melhores do mundo. Os relógios têm rodas, alavancas, engrenagens, e molas. Eles fazem "tic-tac".

O relógio a quartzo não tinha nada disso. Os suíços não conseguiam ver o potencial que ele tinha.

Então os inventores levaram sua descoberta para uma feira internacional. Lá, também, as empresas de relógios a ignoraram. Duas empresas que não fabricavam relógios viram o potencial: Seiko e Texas Instruments. O resto dessa história é bem conhecido.

Os fabricantes suíços viam sua profissão através de um certo paradigma. "Um paradigma é um conjunto de suposições que fornecem uma explicação satisfatória para todas as tarefas do dia a dia e para as pesquisas num determinado campo".² O paradigma de cada um determina aquilo que ele consegue ver—ou não ver. Os fabricantes de relógios suíços perderam o seu mercado por causa daquilo que sabiam, ou pensavam que sabiam, sobre relógios. Foi preciso que pessoas de fora do negócio de relógios enxergassem o potencial da nova invenção. Isso acontece com frequência por causa da nossa relutância normal em abandonar aquilo que é familiar. No entanto, é necessário ter vontade de mudar antes que possamos aceitar um outro paradigma.

Essa história do relógio de quartzo descreve um exemplo relativamente pequeno de mudança de paradigma. Outros, espalhados ao longo da história, alteraram permanentemente o modo com que a humanidade vê o mundo e vive a vida. A lição para nós nesse episódio é que todos vemos nossos mundos através de um par de óculos. Operamos dentro de um paradigma e ligamos tudo que vemos a essa estrutura de ver o mundo. Para nós é difícil conceber a ideia de que um par de óculos diferente possa nos dar uma perspectiva diferente sobre virtualmente tudo que vemos.

Quando olhamos para a igreja, nós a enxergamos através de um paradigma tradicional. Por exemplo, todos sabemos que as igrejas têm santuários, púlpitos, bancos, e clero. Para nós é difícil pensar numa igreja sem qualquer desses componentes bem familiares.

Mas, se de repente, por alguma razão, fosse impossível ter essas coisas? A igreja deixaria de existir ou teríamos que mudar nosso paradigma e seguir em frente? O povo de Deus começou sem nenhuma dessas coisas e se deu muito bem (Atos 1:15; 2:41,47; 4:4). E o povo de Deus na China, nos últimos quarenta anos, tem vivido basicamente sem nenhum desses recursos—santuários, púlpitos, bancos, e clero—isto é, como uma "igreja sem paredes".

Um cristão da China conta essa história a partir do seu ponto de vista. "Em outubro de 1949 os comunistas tomaram o país. Todos os missionários estrangeiros foram expulsos e os líderes nacionais que eles haviam treinado foram aprisionados ou mortos. Em 1957, aqueles que haviam persistido na fé foram mandados para campos de prisioneiros. Todas as igrejas oficiais estavam sob controle do governo e foram fechadas entre 1966 e 1976. Os cristãos remanescentes foram forçados a mudar seu entendimento de igreja para sobreviver. E eles sobreviveram, aumentando de cinco milhões para estimados cinquenta milhões num período de quarenta anos".[3]

Por que estamos falando sobre essas coisas? O comunismo declinou e ameaças de perseguições são raras no mundo ocidental. Estamos indo muito bem com santuários, púlpitos, bancos, e clero. Afinal, o que importa com esta questão?

É verdade, foi a perseguição que forçou a mudança de paradigma na maneira como os cristãos da China entendiam o que era a igreja. Mas há outros fatores mais sutis que podem estar pressionando a igreja a deixar santuários, púlpitos, bancos, e clero, e ir para formas que nunca havíamos realmente levado a sério. Deixe-me contar a minha própria experiência com mudanças de paradigma.

Em 1963, minha esposa e eu nos mudamos para o Brasil para iniciar o ministério dos Navegadores naquele país. Nossa compreensão da igreja era algo bem simplista. Para nós, a igreja era a soma total de todas as igrejas locais do mundo que pregavam a graça pela fé em Cristo. Eu me via como parte de um movimento paralelo às igrejas, que andava ao seu lado das igrejas para ajudar. Então eu entendia que meu trabalho era buscar pessoas que ainda não acreditavam em Deus, estabelecê-los na fé, ensiná-los a fazer o que eu estava fazendo com eles e os outros, integrá-los nas igrejas, e seguir adiante. Nossa contribuição seria um novo fruto, que proveria liderança e energia adicionais para a igreja estabelecida. Naquela época, a Igreja Protestante era composta por cerca de 5% da população do Brasil (e, enquanto escrevo, ainda é). Outros 15% participavam regularmente da Igreja Católica.

Estávamos começando do zero. Literalmente, não conhecíamos ninguém em todo o país. Portanto, era tentador para mim pensar em ir primeiramente para a igreja. Eu poderia ajudar a mobilizar aqueles 5% de protestantes, raciocinava. Mas logo tive que admitir que aquela ideia era uma tolice. Eu primeiramente precisaria começar a mobilizar a mim mesmo naquela cultura! Não tinha nada a oferecer à igreja a não ser teorias de um país estrangeiro. Portanto, decidimos ir diretamente para os que não tinham igreja e aprender com a experiência.

Quando nós começamos, enfrentamos muitas outras decisões. Para qual cidade deveríamos ir? Com qual tipo de pessoas deveríamos começar: famílias, profissionais jovens, militares, ou estudantes? Por vários motivos decidimos começar com estudantes universitários.

Essas decisões nos trouxeram benefícios grandes e inesperados. Ao começar pelos descrentes, nossa adaptação cultural ocorreu através das pessoas que estávamos tentando alcançar. Aprendemos a ver o Brasil através dos olhos deles, em lugar dos olhos que já haviam adquirido uma tradição religiosa. Foi um novo olhar. O país recém havia passado por uma revolução.[4] O ambiente estudantil era altamente politizado e a maioria se dirigia para o Marxismo. Consequentemente, rejeitavam as instituições da cultura, tanto as relacionadas ao governo quanto as ligadas à igreja.

Enquanto estabelecíamos nossos primeiros relacionamentos, descobrimos que as pessoas desconfiavam de qualquer coisa que fosse estruturada. Rejeitavam até mesmo livros e todo tipo de material impresso. Então nos livramos de tudo, exceto de nossas Bíblias. Simplesmente convidávamos nossos novos amigos a darem uma olhada na Bíblia para ver se ela tinha algo a dizer para eles. Também lhes dissemos que entendíamos e aceitávamos a sua descrença. Pouco a pouco, as pessoas começaram a vir para Cristo.

Ao mesmo tempo, comecei a me encontrar com um pastor[5] da Igreja Evangélica de Confissão Luterana no Brasil (IECLB) de origem alemã. Naquela época, a teologia liberal europeia controlava essa igreja. Consequentemente, a Bíblia e a identidade de Cristo eram questionadas por muitos. Reconhecendo o vácuo espiritual criado pela teologia liberal, o pastor pediu a minha ajuda. Visto que cerca de três milhões de pessoas estavam nominalmente ligados àquela denominação, a situação acabou sendo muito frutífera. Milhares deles aceitaram a fé à medida que explicávamos o evangelho.

Ajudamos os convertidos a se tornarem discípulos e os capacitamos a fazer isso também com os outros. Sem intenção alguma, estávamos criando dois movimentos: um entre as pessoas já identificadas com a igreja e outro entre as pessoas que não frequentavam igrejas, os brasileiros secularizados. Referíamo-nos a eles como os "cristãos religiosos" e os "cristãos não religiosos".

Então chegou a hora, pensávamos nós, de juntar os dois grupos. Foi um desastre! Planejamos um retiro de fim de semana e convidamos cerca de 150 pessoas, um certo número de cada movimento. No final do primeiro dia o pessoal deu uma saída até uma área de recreação ao ar livre, ali por perto. Formaram-se dois grupos: um dos cristãos religiosos e outro dos não religiosos. O primeiro grupo cantava hinos e tomava refrigerantes, e o segundo tocava samba e bebia cerveja. Julgamentos voavam em ambas as direções! Nenhum dos grupos sentia que o outro era digno de cidadania no reino de Deus.

Enquanto ponderávamos sobre a situação, entendemos que a tentativa de homogeneizar aquelas pessoas num único padrão mudaria a identidade de todos e ambos os grupos perderiam sua comunicação com seus amigos incrédulos. Um grupo não conseguia viver sem santuários, púlpitos, bancos, e clero. O outro não conseguia viver com isso. Decidimos, então, continuar juntando somente as lideranças dos dois grupos, porém deixando separado o restante das pessoas. Desse modo, preservamos a capacidade de ambos os grupos de alcançar outros com a mensagem. Mas ainda havia mais um problema.

Meu plano de trazer os secularizados convertidos para dentro da igreja existente havia fracassado. E lá estávamos nós, com um número crescente de pessoas bem secularizadas vindo a Cristo e que não tinham um lugar para onde ir. Cultural e socialmente, encontravam-se num mundo diferente. À medida que se formavam nas universidades, espalhavam-se pelo país. Não tínhamos outra escolha senão continuar atendendo às necessidades espirituais dessas pessoas, à medida que elas procuravam construir suas vidas com base nas Escrituras. Nas duas décadas seguintes prosseguimos com a Bíblia na mão para escolher nosso caminho no futuro, comprometidos em preservar a integridade e a dinâmica de ambos os movimentos.

Durante aqueles anos, como o movimento dos Navegadores havia se espalhado por outros países latino-americanos e também me envolvi com as lideranças daqueles lugares, tudo que eu pensava que já sabia continuou a ser desafiado. Cada país era suficientemente diferente a ponto de eu ter de admitir que os detalhes das experiências que estava tendo no Brasil não eram transferíveis, nem mesmo para um país vizinho. De fato, observei que sempre que tentávamos transferir coisas específicas que eram expressões de liberdade em uma situação, elas tornavam-se legalismos quando impostas aos outros. Essas experiências me levaram a estudar ainda mais a Bíblia e as pessoas. A pergunta que não queria calar era: Como o povo de Deus deveria se expressar para produzir frutos nas quase infinitas variações de culturas e tradições religiosas que existem no mundo? Entretanto, nossa responsabilidade não é só com as outras culturas do mundo, mas também com a maioria das pessoas da nossa própria cultura que ainda não foram alcançadas. Isso coloca uma pesada responsabilidade sobre o povo de Deus. Até agora, nós falhamos em assumi-la.

Muito tem sido dito e escrito sobre as enormes transformações que ocorrem no mundo ocidental. Creio que elas são bem evidentes. Nossa sociedade está passando simultaneamente por várias mudanças paradigmáticas, mas não vejo a igreja respondendo de forma adequada. Estamos fazendo muitas mudanças cosméticas, mas nossas percepções básicas permanecem inalteradas. Continuamos a pensar em santuários, púlpitos, bancos, e clero. Estas coisas sem dúvida continuarão a servir àqueles de nós que têm uma herança de igreja e a certo número daqueles que não têm. Mas não estamos perguntando: O que tornará o evangelho verdadeiramente acessível e transformador para o resto desta sociedade? Será que temos a criatividade necessária para avaliar as verdadeiras necessidades e a mobilidade suficiente para alcançar nosso mundo de maneira eficaz?

Seis Influências Que Estão Mudando o Mundo Ocidental

Os parágrafos seguintes são uma amostra de algumas das influências que estão causando as principais mudanças e que influenciarão, indubitavelmente, a igreja de um modo ou outro. Há outras influências importantes, mas as seis que escolhi para discutir estão entre as principais. Elas estão afetando a todos nós, independentemente de nossa nacionalidade, emprego, situação financeira, ou local de residência.

Nossa Visão da Verdade está se Tornando Mais Relativista

Talvez a tendência mais significativa seja a mudança que está acontecendo na nossa visão da verdade. Allan Bloom tem sido um professor do pensamento social por mais de quarenta anos. Ele inicia o seu livro *The Closing of the American Mind* (O Fechamento da Mente Americana) com a seguinte frase: "Há uma coisa que um professor pode ter certeza absoluta: quase todo estudante de que entra numa universidade acredita, ou diz que acredita, que a verdade é relativa. . . . A relatividade da verdade não é uma intuição teórica, mas um pressuposto moral, a condição para uma sociedade livre".[6]

A tese de Bloom é: Se não conseguimos aceitar algo como verdade, não podemos realmente pensar em coisa alguma. Não conseguimos progredir em nosso raciocínio. Como consequência, este relativismo facilita bastante a ocorrência de uma ou duas trombadas (acidentes sérios) ao longo da vida de uma pessoa. Isso acontece porque palavras como "certo e errado" e "moral e imoral" perdem todo o sentido real. "Bom" é tudo aquilo que cada um pensa ser gratificante. Robert Bellah descreve isso no seu livro *Habits of the Heart* (Hábitos do Coração): "Se as preferências de alguém mudam, o mesmo acontece com a natureza do bem. Até mesmo as virtudes éticas mais profundas são justificadas como sendo questões de preferência pessoal. De fato, a regra ética fundamental é simplesmente que as pessoas poderiam buscar tudo aquilo que lhes é gratificante".[7] Há somente duas restrições: Não imponha suas ideias às pessoas próximas a você e não prejudique a mãe natureza.

Assim, um indivíduo assume um estilo de vida baseado numa coleção *ad hoc* de valores recebidos dos pais, da mídia, de seu professor favorito, de um filme, ou de qualquer outra coisa. Ele mal inicia a vida e as coisas começam a desmoronar. Depois de uma pausa para buscar alguns novos valores, a pessoa tenta novamente. Felizmente a vida é curta o suficiente para permitir a ocorrência de apenas um número limitado dessas trombadas. O que falta é um conjunto de verdades subjacentes. Apesar do relativismo não poder ser vivido sem causar uma grande dose de dor, ele está se tornando rapidamente a ideologia predominante da nossa sociedade.

As Perspectivas de Longo Prazo São de Mobilidade Social Decrescente

Em 1983, a Comissão Nacional de Excelência na Educação nos EUA citou a seguinte afirmação do analista Paul Copperman: "Pela primeira vez na história dos Estados Unidos, as habilidades educacionais de uma geração não ultrapassarão, nem se igualarão, e nem mesmo chegarão perto daquelas dos seus pais".[8] As tendências recentes indicam que, a cada ano, a criança americana típica está cada vez mais propensa a nascer na pobreza e a crescer numa família de pais separados. Até mesmo muitos dos que tiveram famílias estáveis e educação universitária enfrentam a perspectiva de redução em seus rendimentos financeiros. A deterioração dos sistemas educacionais combinada com o desemprego e o subemprego estão mudando as perspectivas para o futuro. "Os sociólogos chamam essa situação de 'mobilidade social decrescente'. Eles querem simplesmente dizer que os adultos jovens não terão a renda ou o status que seus pais tiveram. Eles certamente não vão gostar desse estilo de vida".[9] É claro que no Brasil a situação econômica é diferente, mas estas tendências afetam muitos brasileiros.

O Tempo Tornou-se o Bem Mais Valioso

Em 1989 a revista *Time* publicou um artigo de capa chamado "How America Has Run Out of Time" (Como a América Ficou sem Tempo). Basicamente o artigo mostrou que a tecnologia que produziu a revolução da informação não proporcionou o "estilo de vida de lazer" que havia prometido. Pelo contrário, estamos descobrindo que os nossos dispositivos que economizam tempo e trabalho apenas aceleraram tudo. Nós simplesmente preenchemos o tempo que ganhamos com mais trabalho. Nosso aparelhos nos controlam. Há o controle exercido pela Internet e seus dispositivos de acesso, especialmente pelos smartphones.

Mas a culpa não é apenas da tecnologia. O artigo também dizia que a falta de tempo que estamos experimentando também é consequência das nossas expectativas econômicas. As famílias de classe média descobriram que necessitam de dois salários para financiar o seu estilo de vida. "A raridade cada vez maior de donas de casa em tempo integral contribuiu mais do que qualquer outro fator para a redução do tempo de lazer. . . . As famílias monoparentais são exigidas ainda mais".[10] Os estudantes de ensino médio sentem-se pressionados a fazer tarefas de adultos à medida que eles também são pegos pela correria.

Esse esforço para manter o estilo de vida da classe média não explica tudo, como o artigo nos leva a pensar. Quando o imposto de renda nos EUA foi introduzido, a taxa era de 0,5%. Você sabe o quanto pagamos atualmente. Impostos altos, taxas de seguros caras e custos crescentes da educação cooperam para colocar esta geração sob pressão.

Tivemos que trocar tempo por dinheiro. Isso nos deixou sem tempo para descansar ou para atender nossos filhos. O pesquisador de opinião Lou Harris afirmou: "O tempo... pode ter se tornado o bem mais valioso do mundo".[11] A ironia disso é que essa troca não funcionou. O economista Robert J. Shapiro relata que "de 1970 a 1990, apesar do aumento de 29% para 51% de mães com filhos menores de cinco anos que trabalham fora, a renda média dessas famílias com filhos pequenos permaneceu estagnada".[12]

A Busca de Auto-Realização

Wanda Urbanska, representando sua geração de trinta anos de idade, em 1986 escreveu: "Somos uma geração que cresceu com os hambúrgueres do McDonald's e a Pepsi Diet, que não cozinhava em casa e nem bebia leite integral. Sem ter nada para se sentir segura, essa geração peculiar... nunca aprendeu como confiar no amor, no casamento, nas crianças e até mesmo nas instituições religiosas e seculares nas quais os nossos pais tinham fé". Em vez disso, continua ela, "nós nos focamos num quadro menor: nossas vidas, nossos lares, nossas carreiras, nossos corpos, e nossos passatempos. Somos tensos, intensos, desconfiados, perpetuamente pouco à vontade... mais identificados com a devastação do divórcio do que com a segurança do casamento".[13]

Esta retração para dentro de si mesmo ocorre menos por narcisismo (auto-admiração e necessidade de ser admirado) e bem mais por uma expressa desilusão com tudo aquilo que é maior do que o próprio mundo da pessoa. Essa geração foi desapontada várias vezes. Passamos por crises econômicas profundas e escândalos políticos. Líderes religiosos corruptos levaram as pessoas a desconfiar das instituições religiosas. Nossos professores não conseguiram nos educar. E papai e mamãe estão fora de casa em suas próprias atividades. Não é surpreendente que esta geração esteja voltada para dentro de si.

O preço que estão pagando é a incapacidade de estabelecer e manter relacionamentos duradouros, tanto no casamento quanto com suas famílias ou seus amigos.

A Redefinição da Família

Foi "o feminismo que mandou as mulheres de volta ao mercado de trabalho—ainda que fosse a economia que as mantinha lá".[14] Para muitas mulheres, ser esposa e mãe não é mais um estilo de vida aceitável.

"As mulheres querem independência financeira e realização à parte de suas famílias e isso significa que suas mães provavelmente não servirão como modelo a ser seguido. Esse também é um problema que afeta os homens jovens. Se as mulheres não querem ser donas de casa, os homens não precisam ser provedores e eles também estão livres para explorar outras definições de si mesmos".[15] Esta redefinição de papéis, daquilo que significa ser mulher ou homem, pode se tornar uma das questões sociais mais importantes que enfrentaremos.

As vítimas desta redefinição são as crianças. Judith Mack, a diretora de aconselhamento na Universidade da Califórnia em Davis, disse que os casos mais difíceis e resistentes à terapia tinham relação com lares em que os pais estavam tão envolvidos com o corre-corre de suas próprias vidas que mal tinham tempo de atuar como pais. Seus filhos receberam todo atendimento, incluindo terapia contínua, mas o que mais precisavam era de pais. "Crianças assim não têm recursos emocionais para lidar sozinhas até mesmo com sua vida universitária", afirma Mack.[16]

A falta de tempo é um elemento importante nisso. "A transferência do tempo em casa para o tempo no trabalho foi enorme", diz a historiadora social Barbara Whitehead. Ela cita estudos mostrando que os pais de hoje passam 40% menos tempo com seus filhos do que os pais da geração anterior. Essa estatística "representa um significativo desinvestimento social em nossos filhos". Não se trata apenas das mães viverem em estado permanente de cansaço. O tempo tem um significado cultural. Ainda que tenhamos "gerentes de um minuto",[17] não existe algo como "pais de um minuto". Se os pais não estiverem por perto para influenciar os valores dos filhos, outras forças entrarão em ação: as drogas, a TV, o shopping, os colegas.[18]

Aumento do Comportamento Destrutivo nas Pessoas e na Sociedade

Anos atrás, o então diretor do Sports World Ministries (Ministério para o Mundo dos Esportes), Chuck Wenger, solicitou que eu me envolvesse em seu ministério para estudantes do ensino médio. Ele me mostrou uma pilha de cartas que havia recebido de estudantes de todo o país. Os problemas que os jovens mencionavam naquelas cartas giravam ao redor de três assuntos principais: drogas, abuso sexual, e suicídio. Além disso, o levantamento mostrou que havia pouca diferença entre os problemas de jovens de escolas suburbanas e os de escolas dos centros das cidades.

A epidemia de drogas faz parte do legado que recebemos dos anos 1960. As drogas eram o vício preferido dos músicos de jazz e de outros artistas. Agora se tornou uma doença que ameaça toda a nação. O crime e a violência são companheiros inevitáveis do tráfico e uso de drogas. Os noticiários nos informam que houve vinte cinco mil assassinatos nos Estados Unidos em 1990. Vivemos com medo. Colocamos três fechaduras nas portas e nos preocupamos quando as crianças brincam nos parques próximos de casa. Por que nossos filhos são tão vulneráveis aos viciados do bairro? Quando olhamos para a sociedade que acabamos de descrever, esse comportamento destrutivo se torna compreensível.

Eu poderia descrever outras forças importantes que contribuem para as mudanças sociais, tais como a revolução da informação, a urbanização, a recomposição da mistura étnica da nação, ou as implicações da explosão de bebês após a Segunda Guerra Mundial. Mas o que temos aqui é suficiente para colocar nossa questão: Certo estilo de vida parece estar terminando, enquanto outro está surgindo.

Entra em Cena o Povo de Deus

Ao refletirmos sobre essas tendências, nos deparamos com um quadro de uma nação em apuros, lutando com uma mistura de forças potencialmente letal. Essa mistura já fez milhares de vítimas—pessoas cujos mundos privados foram fortemente atingidos de uma maneira ou outra. Esta sociedade está ferida.

Os cristãos têm dupla cidadania: a do reino de Deus e a do país em que vivem. A pergunta inevitável é: Qual é nossa responsabilidade em tudo isso? O nosso mundo também está ferido e, muitas vezes, parece ser insuportável lidar com nossa própria dor. No entanto, Deus nos chama para ir além de nossos limites. Ele nos colocou neste mundo com o propósito de sermos sal, luz, e boa semente. Jesus orou a seu Pai: "Assim como você me enviou ao mundo, eu os enviei ao mundo" (João 17:18). O povo de Deus é enviado para curar, iluminar, e oferecer vida. Mas como nós fazemos isso? Até o presente, as soluções que oferecemos têm sido superficiais e fragmentadas.

Nossa tendência é fazer uso de tudo o que parece que possa ajudar. Por exemplo, aprendemos a usar a tecnologia da informação. A igreja se tornou perita no uso da mídia, gerando e disseminando informações tão habilmente quanto qualquer um no mercado. Isso até pode ser benéfico, no entanto permitiu que aceitássemos a noção de que a disseminação de informações é o próprio ministério. Se conseguirmos espalhar informações, teremos feito nosso trabalho!

Outra tendência é pensar que a solução está em ter mais pessoas trabalhando. Quando confrontados com uma necessidade, tendemos a contratar outro pastor "para fazer algo naquela área", e dali em diante, o problema é dele! Acreditamos que podemos cuidar de qualquer problema se tivermos pessoas o suficiente.

Este livro trata sobre o povo de Deus no mundo. Ele é uma tentativa de nos afastar do pragmatismo que diz: "Estamos bem enquanto os nossos números estiverem subindo". É um chamado para dar um olhar sério a um mundo em transformação que está sofrendo profundamente. É um chamado para interrompermos a inércia do nosso passado e voltar às Escrituras com um novo olhar sobre o que dizem que o povo de Deus deve ser e fazer em tempos como estes. Entrego estes pensamentos a você, orando para que a vontade de Deus nos guie juntos a uma melhor compreensão da vontade dele nos assuntos em discussão, para depois fazermos a obra dele à maneira dele.

CAPÍTULO 2

Nossa Sociedade Contemporânea: de Onde Veio e para Onde Vai

As tendências que acabei de descrever não são simplesmente mais uma tempestade passageira de verão. Por trás delas há o ímpeto de séculos de história e já alcançaram nossos vizinhos. A pessoa que mora ao lado ou do outro lado da rua tem uma visão de mundo bem diferente da nossa como cristãos.

Em 1985 nossa família voltou do Brasil para os Estados Unidos. Durante os anos em que estivemos fora, este país havia se tornado um lugar estranho para nós, principalmente para nossos filhos. Nenhum de nós realmente sabia o que esperar. Havíamos nos mantido a par das tendências, mas não tínhamos experimentado viver com elas. Sabíamos que a herança que o país tinha das religiões bíblicas estava se corroendo, mas também estávamos conscientes de que os Estados Unidos continuavam a servir de matriz do movimento missionário moderno e que continuava a ser um país repleto de igrejas vigorosas.

A cidade para a qual estávamos nos mudando, Colorado Springs, simbolizava os pontos fortes da Igreja Evangélica americana. Se bem que não fosse grande, a cidade continha um número de igrejas que se destacavam e também servia de sede para mais de doze grandes organizações cristãs. Certamente ali, pensávamos nós, a presença cristã ainda prevaleceria. Quando estávamos saindo do Brasil, lembro de ter pensado em quem seriam os nossos futuros vizinhos. Presumia que muitos deles já seriam cristãos. Durante os meses que se seguiram, enquanto nos adaptávamos às circunvizinhanças de nossa casa, nos dedicamos a conhecer nossos vizinhos. À medida que nosso novo círculo de conhecidos crescia e as amizades se desenvolviam, nos conscientizamos da dor que parecia estar em todos os lugares. Havia o homem que vivia sozinho, exceto quando seus três filhos pequenos vinham visitá-lo. Várias vezes novas famílias mal haviam se instalado numa casa e já aparecia um cartaz no gramado anunciando a sua venda. O casal estava se separando!

O mesmo acontecia quando nossos filhos começaram a trazer para nossa casa seus novos amigos do colégio. Nunca vou esquecer o dia em que nossas duas filhas gêmeas de dezenove anos trouxeram vinte colegas para celebrar seu primeiro ano de faculdade. Conversamos por horas e gostamos muito deles. Mas não demorou muito para entendermos que praticamente todos aqueles jovens estavam passando por sérias crises pessoais. A maioria deles estavam distantes dos pais, muitos dos quais estavam separados. A maioria usava drogas e alguns haviam tentado o suicídio. Um jovem, com um longo rabo-de-cavalo, tinha os olhos tão vidrados que provavelmente não enxergou nada e ninguém naquela tarde.

As pessoas nesta sociedade fazem muitas coisas autodestrutivas. Repetidamente, fazem escolhas que inevitavelmente as colocam em situações dolorosas. Mas o que fazem não é tão assustador pela maneira como pensam. Uma conversa de fundo de quintal com um vizinho serve para ilustrar como muitas pessoas pensam atualmente.

Nossa discussão estava indo em direção a questões espirituais e, a certa altura, eu disse: "Se formos pensar juntos, necessitamos ao menos entender como o outro vê a verdade. Podemos concordar que, em algum lugar, a verdade existe?" Eu sem dúvida esperava uma resposta afirmativa, quando meu vizinho disparou: "Claro que não!" A reação dele me assustou. Ela foi automática, como se recitasse um catecismo diferente. Para ele o relativismo era algo indiscutível e a minha crença de que a verdade pode ser conhecida o pegou de surpresa.

À medida que nossa família ia se ajustando a essas coisas, descobri que, às vezes, eu reagia com raiva! Estava com raiva dos pais e da sociedade que estavam passando um legado tão falido e infeliz para a próxima geração. Ficava irritado com a comunidade cristã. Certamente, pensava eu, a influência das muitas igrejas e das organizações cristãs deveria ter sido bem maior nesta cidade. Mas exceto por uma família Mórmon e outra que praticava a Ciência Cristã, ninguém em nosso bairro frequentava a igreja. Os outros não estavam interessados e, da maneira que as coisas andavam, nunca estariam. Por causa daquilo que acreditavam, a última coisa que pensariam fazer seria buscar uma igreja. Jesus descreveu a Sua vizinhança ao observar que as pessoas das vilas que visitava estavam "aflitas e exaustas como ovelhas que não têm pastor" (Mateus 9:36). Esta descrição Dele se aplica também ao resto desta nação.

Vivemos numa sociedade que se encontra em grande dor. Como é possível que nossa igreja, tão rica e cheia de talentos, coexista ao lado dessa sociedade e exerça tão pouca influência redentora? O que aconteceu com a herança espiritual que havia sido passada a esta nação? Onde e como a perdemos?

O que aconteceu? A resposta é uma longa história, mas é importante conhecer e entender. História não é um assunto popular hoje em dia—parece ser bem menos relevante que o noticiário da noite. Mas, surpreendentemente, a história pode às vezes nos contar mais sobre o presente do que a edição atual da revista *Time*. Neste capítulo, vamos fazer uma breve excursão pelo passado para que possamos entender o presente.

Na parte II deste livro faremos um segundo passeio, mais amplo, através da história. Mas lá estaremos observando algo diferente. Por enquanto, estamos procurando entender as forças que criaram nosso contexto espiritual atual.

Agora, começaremos no quarto século d.C. com Agostinho.¹ (Confie em mim: Agostinho realmente é importante para nossa sociedade moderna). Dividiremos em três partes o intervalo de tempo entre o dele e o nosso: Agostinho e a Idade Média, o período do Iluminismo, e os tempos modernos.

Mais uma vez, quero reconhecer minha forte dependência de três fontes para a maioria dos fatos mencionados neste capítulo e também no capítulo 5: *Uma História do Cristianismo*, de Kenneth Scott Latourette; o livro de Paul Johnson com o mesmo título; e *Tempos Modernos* também de Johnson. Reconheci, é claro, nas notas do fim deste manuscrito, as citações diretas que fiz desses livros, mas além disso utilizei uma boa quantidade de outros textos deles. Os livros desses dois autores deram tamanha contribuição ao meu conhecimento da história que, frequentemente, me vejo expressando coisas com a terminologia deles.

Agostinho (354-431 d.C.) e a Idade Média

"Nenhum outro cristão depois de Paulo teve uma influência tão ampla, profunda e prolongada sobre o cristianismo da Europa Ocidental . . . quanto Agostinho".² Por mais de mil anos, Agostinho permaneceu como o mais popular dos pais da Igreja. Sua obra *Confissões*, escrita em 397 d.C., ainda é lida hoje em dia, provavelmente porque o livro, autobiográfico por natureza, descreve um Agostinho jovem e pecador lutando para vencer seus impulsos sexuais— aparentemente, este é um problema atemporal. Seu livro mais importante, *A Cidade de Deus*, mudou o mundo ocidental por mais de um milênio. Ainda lutamos com seu conceito central—o ideal de uma sociedade totalmente cristã. Para ele, tal sociedade é necessariamente compulsória, requer a unificação da igreja e do estado e o uso da força para manter a conformidade religiosa. Agostinho interpretou a frase "obriga a todos a entrar" de Lucas 14:23 como justificativa para infligir dor física para alcançar a unidade religiosa.[3, 4] Ao ensinar, ele disse: "Isso pode ser feito com a maior facilidade quando o ensino da verdade é auxiliado pelo medo da severidade".[5] O império (e a Igreja de Roma) aplicou este princípio na perseguição dos donatistas,[6] provavelmente com mais brutalidade do que Agostinho havia imaginado. O conceito básico de igreja e coroa operando juntos gerou novas implicações ao longo da Idade das Trevas, eventualmente servindo como base doutrinária para os terrores da Inquisição.

Agostinho ajudou a lançar os fundamentos da igreja medieval, a qual assumiu a responsabilidade de legislar cada aspecto de conduta, para alinhar o comportamento real das pessoas com o ensino cristão—e apelar ao estado para fazer cumprir tal legislação. A participação na sociedade era ganha pelo batismo na igreja. O batismo era compulsório e irrevogável. Aqueles que violavam seu batismo por infidelidade ou heresia enfrentavam a morte.

Mas havia também muitas coisas boas. "Na Idade das Trevas, a igreja representava tudo que era progressista, iluminado, e humano na Europa".[7] Do mesmo modo, basicamente através das ordens monásticas, o interior foi domesticado e tornado produtivo para a agricultura. Assim, a igreja contribuiu grandemente para a riqueza espiritual e material do continente. Durante séculos, a igreja foi vista com afeto e respeito por causa da sua influência benigna.

No entanto, uma pessoa que vivia na Idade Média podia olhar para a vida apenas de uma maneira—através da visão ensinada pelo clero. Essa visão era pessimista, no sentido de que era excessivamente de outro mundo. A salvação eterna era a principal preocupação e era uma questão dispendiosa e incerta. A vida terrena, pelo contrário, era vista como sendo bastante sem sentido.

Previsivelmente, as aplicações do conceito de Agostinho em *A Cidade de Deus* causavam tensões frequentes entre a igreja e a coroa. O estado sem a igreja não era nada, e a igreja não podia viver sem o estado. Em certas situações o estado tinha a supremacia e, em outras, era o papa. Gradualmente, esta interface com o estado transformou a igreja num tipo de instituição totalmente diferente. "Ela se tornou uma sociedade menos divina e mais legalista".[8] Na medida em que a igreja ficava mais e mais envolvida com assuntos legais, os conflitos com o estado também aumentavam. No começo do século quinze, a imagem da igreja era política e financeira, em vez de espiritual. Um clima perfeito para a corrupção.

A salvação tornou-se um negócio constituído pela venda de relíquias, indulgências, privilégios especiais, e missas pelos mortos. Isso começou a produzir mudanças fundamentais na atitude da sociedade em relação à igreja. As pessoas começaram a ver o clero com desprezo, sentindo que abusavam de seus privilégios e que eram coercitivos.

Por causa dessa corrupção perceptível, a igreja começou a perder o controle sobre a população. Ela cometeu dois outros erros que custaram muito à sua autoridade, especialmente com os intelectuais de então. O primeiro deles foram as torturas e execuções terríveis que a igreja aplicava com regularidade sobre as pessoas, por questões até mesmo pequenas sobre a doutrina. O segundo foi a sua rejeição dogmática do pensamento científico. Um exemplo disso foi o tratamento severo aplicado a Galileu pela Inquisição Romana em 1633, por causa da sua exposição da teoria heliocêntrica de Copérnico (que colocava o sol e não a terra como centro do universo). Essas falhas causaram reações que potencializaram o surgimento do Iluminismo.

Tendo em vista que o nosso propósito neste capítulo

é identificar as origens do pensamento contemporâneo, passaremos por cima da Reforma e iremos diretamente ao Iluminismo, que foi uma reação contra a igreja não reformada.

O Iluminismo: A Idade Da Razão (1600 até o Final dos Anos 1700)

Uma sucessão de pensadores levou a sociedade ocidental a se afastar da visão de mundo religiosa da Idade Média para uma outra centralizada na razão humana. Copérnico (1473-1543) e Galileu (1564-1642) foram os precursores deste movimento, que veio por fim a ser conhecido como Iluminismo ou Idade da Razão.

O Iluminismo se baseou na ciência, que foi desenvolvida séculos antes. O tema básico de Francis Bacon (1561-1626) foi o desenvolvimento de um novo sistema de conhecimento (empírico-indutivo)—em lugar do sistema antigo e medieval de Aristóteles (lógico-dedutivo)—que daria ao homem poder sobre a natureza.[9] Descartes (1596-1650) viu as possibilidades do reducionismo científico—que a natureza pode ser reduzida a seus componentes, os quais podem então ser estudados separadamente.

Newton (1643-1727) contribuiu com a ideia de estabelecer provas empíricas para tais estudos. Ele e seus colegas não enxergaram o conflito que surgiu desde então entre nosso entendimento de Deus e a ciência. Em vez disso, eles acreditavam que o conhecimento era indivisível, e que o conhecimento do sobrenatural e do natural estavam inseparavelmente interligados. Assim, a ciência confirmaria a verdade religiosa.

Se bem que estes mesmos cientistas fossem cristãos sinceros, compreenderam que "o cristianismo institucional, com seus feudos e intolerâncias, era uma barreira ao esforço científico".¹⁰ Os cientistas iluministas finalmente concluíram que não conseguiriam progredir na sua exploração do mundo natural se admitissem assuntos religiosos nas suas discussões. Portanto, os deixaram de lado, isto é, fora do processo científico. As perguntas dos porquês—as perguntas sobre as origens—foram banidas dos laboratórios.

John Locke (1632-1704) aceitava a existência de Deus e o fato de Jesus ser o Filho de Deus como uma "proposta simples e inteligível".¹¹ No seu livro *The Reasonableness of Christianity*, ele desenvolveu a ideia de que o cristianismo deveria estar sujeito aos mesmos testes rigorosos de qualquer proposta científica. Mas Locke, com esta tese, propôs essencial que mais tarde produziria o divórcio entre religião e política.

Na realidade, Locke removeu Deus dos assuntos diários do homem. Ele enxergava um Deus não envolvido, que deixava o homem livre para usar seu poder sobre a natureza e para produzir; sustentava que o sentido e o propósito da vida eram encontrados na produção e no consumo. Ele acreditava que o interesse próprio seria uma força motivadora adequada para fornecer à sociedade civil tudo que ela necessitasse e quisesse.

A ciência natural passou a ser percebida pelos intelectuais como a emancipadora das superstições e preconceitos que prevaleciam em todas as instituições religiosas. A razão prometia oferecer libertação. Enquanto isso, a Igreja Católica Romana continuava a alimentar essa busca pela liberdade e a minar ainda mais sua influência decrescente, persistindo em cometer atrocidades. Por exemplo, em 1766 um jovem chamado Chevalier de la Barre deixou de tirar seu chapéu enquanto uma procissão religiosa passava pelas ruas. (Estava chovendo). "Foi acusado e condenado por blasfêmia e sentenciado à 'tortura ordinária e extraordinária'; antes de ser queimado vivo, suas mãos foram decepadas e sua língua foi arrancada com alicates".¹²

Esses tipos de horrores levaram Voltaire (1694-1778) a escrever para Frederico o Grande: "Sua majestade prestará um serviço eterno à humanidade extirpando esta superstição infame; e não estou falando de fazê-lo entre a plebe, que não são dignos de ser iluminados e que são aptos a qualquer jugo; estou falando de fazê-lo entre os bem educados, entre aqueles que desejam pensar".[13]

Allan Bloom descreve os três desafios ao racionalismo do Iluminismo—de Jean-Jacques Rousseau, Nicolau Maquiavel, e Friedrich Nietzsche.[14]

Rousseau (1712-1778) foi o primeiro a "estragar a festa". Concordava com Locke que o homem criava sua própria sociedade por contrato em prol da autopreservação, mas além disso afirmava que as pessoas têm emoções primitivas, sentimentos que vêm da sua própria natureza, que fazem da razão um mecanismo inadequado para o estabelecimento da sociedade. Os argumentos de Rousseau para esta oposição entre natureza e sociedade foram tão persuasivos que destruíram a autoconfiança do Iluminismo.

Maquiavel (1469-1527), dois séculos antes, foi mais longe. Sustentava que as pessoas tinham desejos que deveriam ser ouvidos, não importando quais fossem. Ele afirmava que nossos desejos se tornam o critério para o que é certo e errado, e que eles deveriam ter a última palavra sobre como devemos viver.

Nietzsche (1844-1900) passou a maior parte da sua vida estudando religião, crendo que a religião é o fenômeno humano mais importante para entender o homem. Viu as contradições dentro do pensamento Iluminista e concluiu que o racionalismo era inadequado, que não pode ser defendido logicamente e que tinha consequências sociais intoleráveis. O homem anseia crer, dizia ele, mas Deus está morto, assassinado pelo Iluminismo. Como não há nada em que possa crer, o homem precisa ter coragem para enfrentar a face do abismo do ateísmo.

Assim, o Iluminismo completou o divórcio entre religião e ciência. Isso reforçou o rompimento entre religião e estado.

Tempos Modernos (Final dos Anos 1700s até o Presente)

Paul Johnson inicia seu livro *Tempos Modernos* creditando a três pessoas a preparação do palco para o presente. São eles: Albert Einstein (1879-1955), Karl Marx (1818-1883), e Sigmund Freud (1856-1939). Talvez isto seja simplificar demais, mas na verdade cada um deles influenciou profundamente o pensamento moderno. Todos atuaram sob o guarda-chuva dos trabalhos de Charles Darwin (1809-1892).[15]

A Origem das Espécies de Darwin, no qual ele expõe suas teorias da evolução, da seleção natural e do determinismo social, deu às pessoas aquilo que procuravam: uma explicação alternativa sobre como o mundo natural veio a existir. Sem tal teoria, o ateísmo era insustentável. Ele praticamente não existia na Idade Média. Mas em Darwin as pessoas finalmente tiveram um argumento defensável para sua incredulidade. O êxodo da igreja, que havia começado no início dos anos 1800, foi bastante acelerado nos anos 1850 e 1860 sob o impacto dos ensinamentos de Darwin.

Em 1905, Einstein publicou um trabalho: "Sobre a Eletrodinâmica dos Corpos em Movimento". Mais tarde, sua tese ficou conhecida como a Teoria Especial da Relatividade. Sua descoberta de que o tempo e o espaço são termos relativos em vez de absolutos, e sua demonstração em 1907 de que toda massa tem energia, provocou uma revisão abrangente da física newtoniana. O trabalho cuidadoso e cientificamente rigoroso de Einstein foi mal interpretado pelo público. Quando "entenderam que o tempo e o comprimento absolutos haviam sido destronados . . . começou a circular pela primeira vez em nível popular a crença de que não havia mais absolutos: de tempo e espaço, de bem e mal, de conhecimento e, acima de tudo, de valor. De forma errônea mas, talvez, inevitável, a relatividade foi confundida com o relativismo".[16]

Quase na mesma época, o Freudismo chamou a atenção do público. Freud contribuiu para a mensagem de que "o mundo não era o que parecia ser". Sua tese era que as neuroses eram resultado da supressão de nossos instintos naturais e primitivos, que a consciência pessoal era algo criado pela sociedade para proteger a ordem civilizada e que os sentimentos pessoais de culpa eram uma ilusão danosa. Ele cunhou termos como o inconsciente, o ego, o id, o superego, a sublimação, o complexo de culpa, o instinto de morte, etc., para comunicar a ideia de que o homem está constante e subconscientemente trabalhando na remodelação da realidade. Ele rejeitou a religião como sendo "ilusões, realizações dos mais antigos, mais fortes e mais insistentes desejos da humanidade".[17]

Marx adicionou outra dimensão ao pensamento relativista. Ele escreveu: "O padrão final das relações econômicas vistas na superfície . . . é muito diferente, para não dizer o oposto, do seu padrão essencial interno e oculto".[18] Ele teorizou que as forças econômicas eram irresistíveis e que acabariam vencendo, da mesma forma que um grande rio inevitavelmente faz seu próprio curso. Nossos esforços para alterar esse curso exercendo nossas vontades e tomando medidas em contrário são, em última análise, inúteis.

O efeito combinado de Darwin, Einstein, Freud, e Marx enfraqueceu o senso de responsabilidade pessoal e de dever. Visto que nada é como aparenta ser, o indivíduo só pode concluir que algo ou alguém é responsável pelo que está acontecendo. O resultado disso foi a anarquia moral.

Em resumo, a visão de mundo orientada por Deus que existia na Idade Média, foi substituída por uma centrada na razão humana. Mas também vimos que não demorou muito para as pessoas perceberem que a mente humana é inadequada para a tarefa de construir uma visão de mundo racional e abrangente. Advindo daí a conclusão: Visto que a razão humana é inadequada, a verdade está fora de nosso alcance. Portanto, a verdade se tornou relativa. Essas conclusões, no entanto, foram ignoradas e a sociedade seguiu em frente como se a mente humana fosse, de fato, adequada.

Esta progressão de pensamento ajudou a gerar as duas guerras mundiais, a modernidade, e o pos-modernismo. Nossa excursão pelo passado teria sérias lacunas se não déssemos uma olhada nestes dois assuntos.

As Guerras Mundiais

Foi relativamente fácil para os cristãos europeus sentirem que sua religião os decepcionou durante as guerras mundiais, no período que mais precisavam dela. Era cada país com sua igreja estatal contra a outra. O cristianismo europeu, supostamente baseado num mesmo fundamento moral, mostrou-se impotente em seu momento da verdade. Durante séculos, a igreja havia debatido e defendido intensamente diferenças maiores ou menores na doutrina, mas a Primeira Guerra demonstrou a irrelevância desse esforço. Era cristão matando cristão, cada um crendo que Deus estava do seu lado.

A Segunda Guerra Mundial devastou ainda mais a autoestima da igreja. Houve exemplos notáveis de cristãos que, corajosamente, se posicionaram contra Hitler e seu regime. Muitos foram presos. Alguns morreram. Dietrich

Bonhoeffer[19] é um exemplo bem conhecido. Em 1934, a Declaração de Barmen foi elaborada por líderes cristãos em repúdio à ingerência do regime nazista sobre a Igreja Evangélica Alemã.

No entanto, de modo geral, a igreja capitulou a Hitler. Roma assinou um pacto com ele em 1933. Os Luteranos colaboraram e alguns grupos até mesmo viam o movimento de Hitler como "salvadores".[20] Hitler desprezou essa resposta acovardada dos líderes religiosos. Ele disse: "Vocês realmente acreditam que as massas voltarão a ser cristãs? Absurdo. Nunca mais. . . . Os sacerdotes . . . trairão seu Deus por nós. Eles trairão qualquer coisa pelo bem de seus miseráveis pequenos empregos e salários".[21]

As guerras demonstraram a fraqueza das igrejas de muitas maneiras. As guerras as constrangiam. Seu constrangimento não é diferente de alguns sentimentos que os norte americanos demonstraram em relação a alguns aspectos do conflito do Vietnã. Certamente deve haver uma relação de causa e efeito entre o comportamento da igreja nas duas guerras e o contexto espiritual atual da Europa Ocidental. Países como França, Alemanha, e aqueles ao norte deles só podem ser descritos como "frios". Muitas igrejas naquela parte do mundo são pouco mais do que museus de um período da história em que havia vigor espiritual.

A Modernidade

Segundo Os Guinness, o termo *modernidade* foi cunhado para referir-se aos efeitos do processo científico sobre a civilização moderna. O processo científico provocou revoluções na economia, indústria, tecnologia, e política. Ele transformou a vida humana em todo o mundo.[22]

Guinness descreve a modernidade como um modo de

pensar que se desenvolve numa sociedade caracterizada por instituições, burocracias, tecnologias, urbanização, mídia de massas, economia global, etc.[23] Ela impõe "racionalização", a crença de que o uso da mente humana—do conhecimento—é a chave para o avanço da humanidade. A racionalização nos transforma em dados, estudos de viabilidade, e viciados em pesquisa. Se algo não pode ser medido ou quantificado, mal sabemos como lidar com aquilo. Ela também impõe "privacidade", a separação entre as esferas pública e privada da vida de uma pessoa. A privacidade restringe a vida espiritual pessoal ao lar e à igreja. Ela transforma em virtude o uso da frase, "Minha religião é pessoal; eu não gosto de falar sobre ela". Com a privacidade, a fé se torna irrelevante para a vida diária. A modernidade também impõe "pluralidade", que torna aceitáveis todos os tipos de visões de mundo, fé, e ideologias. Como consequência, ela reduz o comprometimento da pessoa com qualquer escolha particular. Ela diz: "Vou experimentar esse grupo; se não der certo, vou tentar outro". Desse modo mudamos de empregos, carros, cônjuges, cursos, valores, e doutrinas com "facilidade"—que é outra característica da modernidade.

A influência da modernidade sobre a igreja é algo que dificilmente pode ser desconsiderado. Guinness descreve isso claramente ao citar Peter Berger: "A Igreja Cristã contribuiu para a ascensão do mundo moderno; o mundo moderno, por sua vez, solapou a Igreja Cristã. Assim, no memso grau com que a Igreja adota a modernidade, sem criticá-la, cava o seu próprio túmulo".[24]

A modernidade faz com que a igreja compre o modelo dos negócios para realizar seu trabalho e definir seu sucesso. Isso leva ao enfraquecimento de sua reivindicação de que "a verdade está aqui" e deixa o indivíduo cristão com uma fé compartimentada que dificilmente faz alguma diferença em casa, no trabalho e até mesmo na sua vida interior. Talvez nisso esteja a resposta à questão levantada no início deste capítulo: "O que aconteceu com a nossa herança espiritual?" Na medida em que nós, cristãos, absorvemos a mentalidade moderna, também perdemos a fé no poder das verdades que professamos crer. Isso diluiu tanto as nossas convicções que elas realmente já não fazem muita diferença, em absoluto.

Olhe o Que Vem Por Aí!

Quando o Iluminismo surgiu no mundo ocidental, ele foi recebido como um libertador do sistema religioso dogmático e repressivo. Porém, como já vimos, aquele senso de liberdade teve vida curta. Rousseau demonstrou que as pessoas têm anseios que a mensagem unidimensional de Locke—de trabalhar em busca do interesse próprio—não satisfez. Depois, Nietzsche argumentou que não podemos viver sem religião, que as pessoas anseiam crer, mas que infelizmente não havia nada lá fora para acreditar. Apesar desses argumentos no sentido de que a razão humana é um guia indigno de confiança, nós a abraçamos. O Iluminismo produziu tanto o bem quanto o mal. Vimos a mente humana produzir uma série de brilhantes obras de arte, descobertas científicas, e avanços tecnológicos. Mas ela também produziu os horrores do totalitarismo e os refinamentos da perversa arte da guerra. Essas influências impulsionaram o mundo ocidental a uma fuga rápida e ininterrupta de Deus para a secularização, especialmente depois da Segunda Guerra Mundial.

Ser *secularizado* significa viver sem ter Deus em seu padrão de referência. O sinônimo bíblico é viver na impiedade, ser ímpio, e o antônimo é viver na justiça, ser justo (Romanos 1:16-18). Significa levantar de manhã, tomar café, ir para o trabalho, voltar para casa, olhar as notícias, e ir para a cama à noite—sem envolver Deus nessas atividades. Ser ímpio é simplesmente viver sem Deus. O problema com a secularização é que ela, assim como o Marxismo, é uma dieta insuficiente para a alma humana. As pessoas conseguem viver assim apenas por certo tempo antes de ansiar por algo mais. E então farão um bezerro de ouro, adorarão algo que elas mesmas fizeram, ou orarão para as estrelas. Isso, acredito eu, é para onde está caminhando a sociedade ocidental atual.

No Iluminismo, o homem substituiu Deus como centro da visão de mundo ocidental. Hoje, a natureza começou a substituir o homem. Há uma série de sinais indicando que esta é a direção que a sociedade está tomando enquanto procura satisfazer seus anseios espirituais. Como sempre ocorre com qualquer nova tendência, há muita coisa boa no que está acontecendo. Essa tendência vem como resposta a necessidades verdadeiras que são realmente cruciais. Assim como o Iluminismo surgiu de uma reação contra o ambiente repressivo das instituições religiosas da Idade Média, esta tendência vem à medida que nos conscientizamos da bagunça que fizemos com nosso planeta. Nós finalmente começamos a perceber que não podemos continuar abusando da natureza. Ainda temos um longo caminho a percorrer, mas estamos começando a arrumar as coisas. Esta preocupação recém-descoberta com a natureza é motivo de celebração. Mas a falsidade muitas vezes surge ao levar uma verdade longe demais—para sua conclusão ilógica.

Há vários indicativos de que estamos fazendo exatamente isso. À medida que a ecologia se torna uma parte cada vez mais importante de nossas vidas, nossa visão da natureza vai sendo afetada. Um amigo meu, chefe de departamento na área de ciências naturais de uma universidade estadual, disse: "Eu constantemente me deparo com o endeusamento da natureza pelos meus alunos. A 'Mãe Terra' se tornou a nova deusa deles". Esse endeusamento da natureza resulta num erro sério e perigoso, pois confunde a linha que Deus traça entre o homem e o restante da sua criação". As escrituras falam bastante sobre a importância de preservar a natureza, mas sem endeusá-la. A criação é para o homem, mas ele deve ser responsável e humano no uso dela. Em Gênesis 9:3-6, Deus diz:

> Tudo o que vive e se move lhes servirá de alimento. Assim como lhes dei os vegetais, agora lhes dou todas as coisas. Mas não comam carne com sangue, que é vida. A todo que derramar sangue, tanto homem como animal, pedirei contas; a cada um pedirei contas da vida do seu próximo. Quem derramar sangue do homem, pelo homem seu sangue será derramado; porque à imagem de Deus foi o homem criado.

Afastar-se da ordem de Deus ignorando a linha entre a vida humana e a vida natural, é degradar o homem. Ao contrário do que alguns possam pensar, isso não eleva a vida natural, mas reduz a vida humana ao ponto de perder o valor especial dado a ela por Deus. Qualquer filosofia, ou visão de mundo, que tenha uma compreensão falha da natureza humana é perigosa. Este é o erro primário do Marxismo, onde o homem é visto como um produto do processo evolutivo. Combinando a evolução com a visão dialética (materialista) da história de Marx, as pessoas só podiam mesmo se ver como objetos, irremediavelmente à deriva como destroços no fluxo da história (das forças econômicas). Para a realização do "bem" coletivo, o indivíduo é dispensável. Demorou setenta anos e dezenas de milhões de vidas para provar que Marx estava errado. Esta nova tendência também tem potencial para esse tipo de mal.

Filosofias Orientais

Nossa adoção de filosofias orientais ilustra as tendências

que venho narrando. Esse movimento é difícil de descrever, pois não tem um conjunto organizado de crenças. No entanto, como movimento, é organizado. Ele chega a nós através dos filmes, da arte, dos livros, e da música. Assim, nos deparamos com uma religião mundial eclética que se assemelha aos sistemas religiosos orientais, e não à religião bíblica. Sua principal premissa é panteísta, ou seja que tudo é um: A natureza é Deus, o homem é a natureza, portanto o homem é Deus. A natureza se torna o centro pelo qual os seres humanos encontram seu significado. Sua mensagem básica é que você cria sua própria realidade. Ela inclui elementos do hinduísmo.

Como essas crenças elevam a natureza, elas consequentemente desvalorizam a vida humana. De repente, as pessoas descobrem que suas vidas não têm prioridade sobre qualquer outra forma de vida. A crença na reencarnação auxilia a justificar ainda mais essa posição. Atos homicidas não fazem nenhuma diferença, pois, por exemplo, um feto abortado pode encontrar sua alma em outro feto ou possivelmente num animal. Este pensamento sinistro levará rapidamente ao comportamento correspondente.

As filosofias orientais agora estão difundidas também nas culturas ocidentais. Elas têm grande influência na ciência, educação, política, arte, e mídia. O objetivo final do movimento é criar um novo conjunto político de valores e padrões, para dar forma a uma nova visão política e social global.

Essas perspectivas são especialmente atraentes para a geração que não tem igreja. Muitos estão descobrindo que não conseguem viver na secularização e começaram a buscar uma experiência religiosa, que nem as religiões estabelecidas e nem a ciência são capazes de proporcionar. Algumas pessoas acharam um meio através do qual podem realizar rituais religiosos tais como cantos, yoga, e meditações, mas isso tem deixado o seu eu e seus desejos naturais descontrolados. Esse comportamento tem sido descrito como uma forma de hiperegoísmo.[25]

Aquilo que falamos pode ser resumido no seguinte diagrama:

A visão de mundo orientada por Deus que existia na Idade Média, foi substituída por uma visão de mundo centrada no homem. O Iluminismo foi uma força de transição dessa mudança. As revoluções econômica e industrial geraram a modernidade, a maneira de pensar que surge do viver num mundo institucional e tecnológico. A modernidade cria uma fome espiritual. Minha opinião é que muitos tentarão satisfazer essa fome tornando a natureza o novo centro de sua visão de mundo. Estamos nos tornando pós-modernos. No capítulo 10 voltaremos a essa discussão.

Quinhentos Anos em Quinze Versículos

Há um paralelo impressionante entre a sequência deste processo de quinhentos anos—desde o Iluminismo até a modernidade—e Romanos 1:18-32. Esta passagem descreve o processo pelo qual uma sociedade se afasta de Deus e entra em julgamento. O valor desta passagem para nossa discussão é que ela não dá somente a perspectiva de Deus sobre o que aconteceu conosco, mas também explica porque isso aconteceu. Ela também nos diz onde está a solução. Seria necessário um capítulo extra para explicar bem estes quinze versículos. Vou limitar meus comentários a uma rápida visão geral.

A passagem divide o processo em quatro estágios, cada um deles culminando numa queda. O primeiro é um estágio da consciência da existência de Deus. Nesta fase, são reconhecidas as verdades autoevidentes sobre Deus—que ele é todo-poderoso, que faz tudo com um propósito consciente, e que é santo. Os primeiros passos para longe de Deus estão na direção do autoengrandecimento. Consistem em não dar a Deus sua posição central em nossas vidas, a qual é de seu direito, e de não dar graças a ele. Dar graças é reconhecer o doador (agradecer ao que dá), enquanto a ingratidão é uma expressão do egocentrismo. À medida que a Idade Média dava lugar à Idade da Razão, as instituições religiosas serviam esmagadoramente para glorificar o homem em vez de Deus. Isso nos leva à primeira das quatro "quedas" encontradas nessa passagem.

Queda Espiritual

Podemos chamar de "queda espiritual" o ato de afastar-se de Deus e passar a confiar em si mesmo. A passagem diz: "Tendo conhecido a Deus . . . os seus pensamentos tornaram-se fúteis e os seus corações insensatos se obscureceram. Dizendo-se sábios, tornaram-se loucos". Seria difícil encontrar uma descrição melhor do Iluminismo como sendo uma rejeição a Deus como nossa premissa para a questão de abraçar a razão humana. Demos esse passo mesmo reconhecendo que a razão era inadequada para nos guiar. Isso levou à segunda queda.

Queda Intelectual

Quando o homem adotou a razão como seu único guia, ele, na verdade, jogou fora sua bússola. Rejeitou Deus como seu ponto de referência e afundou-se em confusão. Nessas condições tudo pode acontecer. A passagem diz: "Trocaram a verdade de Deus pela mentira, e adoraram e serviram as coisas criadas em lugar do Criador". Na confusão, nos tornamos uma sociedade de idólatras, adorando tecnologia, posses, poder, filhos, esportes, instituições (que nós mesmos criamos), pássaros, animais, répteis, e assim por diante. Assim, com nossos afetos colocados no lugar errado, a terceira queda tornou-se previsível.

Queda Moral

A passagem descreve esta terceira queda assim: "Por isso Deus os entregou à impureza sexual". Quando permitimos que nossos desejos ditem nosso comportamento, como Maquiavel defendia, pagamos o preço várias vezes. Isso acontece porque o desejo descontrolado se torna luxúria (apetite sexual) e a luxúria é insaciável. Não é possível "satisfazê-la para que desapareça". Alimentar a gula sexual é tornar-se seu escravo. Ela assume o comando.

Queda Social

O desejo incontrolado por fim significa uma sociedade descontrolada. Portanto, a quarta e última queda descrita em Romanos 1 é a queda da própria sociedade. A passagem continua: ". . . Ele os entregou a uma disposição mental reprovável, para praticarem o que não deviam. Tornaram-se cheios de toda sorte de injustiça, maldade, ganância e depravação. Estão cheios de . . . homicídio, rivalidades, engano . . . . Inventam maneiras de praticar o mal; desobedecem a seus pais . . . " Essas são as coisas que destroem uma sociedade. E a passagem continua: "Embora conheçam o justo decreto de Deus, de que as pessoas que praticam tais coisas merecem a morte, não somente continuam a praticá-las, mas também aprovam aqueles que as praticam" (Romanos 1:32).

Assim, o capítulo termina com Deus descrevendo o julgamento que as pessoas estavam trazendo sobre si mesmas. Também é evidente que essa espiral descendente deveria acabar nisso: em julgamento. Nenhuma sociedade consegue sobreviver à perda de sua moralidade. A cobiça e o ódio a farão em pedaços, mesmo que Deus não levante um dedo contra ela.

Conclusão

Nossa breve revisão histórica é desanimadora. Ela nos confronta com o fato de já estarmos vivendo numa sociedade que ficou à deriva ao cortar suas próprias amarras e está procurando um novo lugar para aportar. Enquanto isso, ela escolhe novas crenças e valores de maneira improvisada, com um desprezo alarmante à verdade, ou mesmo à razão. Romanos 1 nos informa para onde estamos indo. Nenhuma sociedade, que reivindica os valores que a sociedade atual defende, dura muito tempo. Parece que, quando uma nação cruza certo limiar de injustiça, imoralidade e idolatria, Deus a coloca em julgamento (Isaías 34:2; Amós 2:6-8; Jeremias 18:7-10).

Aquilo que hoje vemos em nossos vizinhos e amigos não é somente uma tendência passageira, algo que logo desaparecerá. As mudanças na visão de mundo que as pessoas estão enfrentando hoje tem o ímpeto de séculos de história por trás delas. Se ignorarmos, ou não levarmos isso a sério, falharemos no cumprimento da responsabilidade que Deus nos deu para com nossa geração. Fracassaremos se subestimarmos a distância que realmente há entre o descrente e a fé em Cristo. Nossa resposta como cristãos deve ser igual ao ímpeto das tendências sobre as quais falamos.

Qual seria uma resposta apropriada?

CAPÍTULO 3

O Povo de Deus na Sociedade: Por Que Estamos Aqui?

Quando os fundamentos estão sendo destruídos, que pode fazer o justo? (Salmos 11:3).

Nossa sociedade está se afastando de suas referências bíblicas. Qual é o papel dos que se identificam como povo de Deus? Qual seria uma resposta apropriada de nossa parte?

Estas perguntas são muito importantes. O povo de Deus reivindica ser membro da sua casa e herdeiro do seu reino. Somos participantes de seus propósitos, que vão de eternidade a eternidade. Seus propósitos ainda estão em ação e somos parte deles. Nada poderia ser mais importante do que buscar uma compreensão clara de seus propósitos e da nossa parte neles, para depois nos entregarmos a eles.

A finalidade deste capítulo é explorar apenas uma faceta dos propósitos de Deus para o seu povo. Qual é o nosso papel atual no mundo? O que devemos fazer e quem é responsável por fazê-lo? Na realidade, existe apenas um lugar onde podemos encontrar nossas respostas, e tal lugar são as Escrituras!

As conclusões a que chegarmos formarão a "tese" básica deste livro. Se você concordar com elas, podemos seguir em frente e explorar suas implicações.

O Povo de Deus e um Mundo Quebrado: Por Que Estamos Aqui?

Vários temas que permeiam a Bíblia poderiam nos guiar para as respostas que buscamos. Veremos três deles—primeiro separadamente e, depois, entrelaçados para formar nossa tese.

O Fio Escarlate: Redenção e Reconciliação

O tema redenção (resgate) e reconciliação segue como um fio escarlate de Gênesis a Apocalipse. Resgatar é obter de volta algo que anteriormente era seu. Reconciliar é eliminar a distância entre as partes que se tornaram estranhas entre si. Com a "queda" do ser humano, nós estávamos afastados de Deus. Já não éramos seus. Nossa rebelião nos alienou dele.

Assim que caímos, Deus começou a trabalhar para nos resgatar e nos reconciliar com ele. Ele sinalizou o início de seu trabalho ao procurar o casal caído, confrontando-os com o que haviam feito e depois, declarando a Satanás que o descendente da mulher o atingiria com um golpe mortal.

Seu próximo passo foi tirar Adão e Eva do jardim, antes que comessem da árvore da vida (Gênesis 3:21-24). Isso foi crucial. Imaginem as consequências, se tivessem comido! O homem caído, vivendo para sempre, compondo o seu mal. Se Adão não tivesse morrido, não poderia ter sido redimido. A morte se tornou uma necessidade. É a nossa saída para a vida eterna. O apóstolo Paulo escreveu: "Carne e sangue não podem herdar o reino de Deus" (1 Coríntios 15:50).

Posteriormente, as leis levíticas foram dadas como uma lição visível do resgate. Elas ensinavam ao povo a diferença entre o profano e o sagrado, e que o pecado tem consequências caras que culminam na morte. Essas leis também ensinavam ao povo que o pecado necessita de expiação. O cheiro da fumaça dos sacrifícios que pairava sobre o acampamento israelita era um lembrete constante dessa verdade.

Depois, através dos profetas, veio a promessa de um messias sofredor que seria o único e eterno portador do pecado. Portanto, quando Jesus se aproximou do Rio Jordão, João Batista o chamou de "o Cordeiro de Deus, que tira o pecado do mundo!" (João 1:29). Deus ofereceu Jesus em expiação pelos nossos pecados.

Aqueles poucos anos que Jesus passou nesta terra são os mais significativos de toda a história. Ele é a peça central, tanto da história humana quanto da eternidade. A vida que ele viveu, a morte que teve e sua vitória sobre ela, cumpriram tanto o resgate quanto a reconciliação que a Queda tornou necessários.

Esta obra de Cristo não foi um plano de emergência que Deus preparou quando as coisas começaram a dar errado. Efésios 1 nos diz que mesmo antes que os fundamentos do mundo fossem estabelecidos, uma cruz e um povo já estavam em seus planos. E esses planos também incluem confiar ao seu povo o ministério da reconciliação do mundo. "Deus . . . nos reconciliou consigo mesmo . . . e nos deu o ministério da reconciliação" (2 Coríntios 5:18).

A obra que Deus iniciou no Éden e completou em Cristo agora foi dada a nós como um encargo santo! Temos um trabalho a fazer nesse mundo descrente. Somos um povo enviado. Deus fez um investimento enorme para resgatar e reconciliar as pessoas. Não é de surpreender que ele tenha tornado a comunicação desta verdade uma grande responsabilidade.

O Tema do Ministério de Jesus

Qual o nosso papel no mundo? Uma olhada na vida de

Jesus pode nos ajudar nesta questão.

Jesus deixou claro que os afastados dele eram a verdadeira razão da sua vinda. Ele disse: "O Filho do Homem veio buscar e salvar o que estava perdido" (Lucas 19:10). Ele arriscou sua reputação entre a comunidade religiosa por causa das pessoas com quem andava. Todos perguntavam: "Por que ele come com coletores de impostos e 'pecadores'?" E ele respondeu: "Não vim para chamar os justos, mas os pecadores" (Marcos 2:16-17). Os perdidos não eram apenas o centro da sua atenção, como também estavam no centro das coisas que ensinava. Lucas 15 foi descrito como "o capítulo das coisas perdidas". Nele Jesus conta três pequenas histórias: uma da ovelha perdida, outra da moeda perdida, e uma terceira sobre o filho perdido. Ele descreve como o pastor abandonou tudo em sua busca ansiosa pela ovelha perdida, conta como a mulher virou sua casa de cabeça para baixo até encontrar sua moeda, e como o pai ansioso ficava olhando para a estrada até que seu filho rebelde retornasse. Em cada caso houve uma comemoração quando o que estava perdido foi encontrado. Jesus disse: "Eu lhes digo que haverá mais alegria no céu por um pecador que se arrepende do que por noventa e nove justos que não precisam se arrepender" (Lucas 15:7).

Alguém me disse que aquele que sofreu a perda em cada uma dessas parábolas foi o próprio Deus. Ele é o pastor, a mulher, e o pai. Nessas parábolas Jesus está descrevendo como Deus se sente. Deus sofreu uma grande perda e não está poupando esforços para recuperá-la.

Face a este contexto da vida e dos ensinamentos de Jesus, não é nenhuma surpresa a natureza dos seus mandamentos finais aos seus seguidores: "Este evangelho do reino será pregado em todo o mundo como testemunho a todas as nações" (Mateus 24:14). "Ide e fazei discípulos de todas as nações" (Mateus 28:19). "Vão em todo o mundo e preguem as boas novas a toda a criação" (Marcos 16:15).

"Arrependimento e perdão dos pecados serão pregados em [meu] nome a todas as nações" (Lucas 24:47). E ele orou para seu Pai: "Minha oração não é que os tires do mundo, mas que os protejas. . . . Assim como me enviaste ao mundo, eu os enviei ao mundo . . . para que o mundo possa crer" (João 17:15-21).

Podemos encerrar esse olhar sobre a vida de Jesus com uma observação óbvia: Nós também precisamos perceber que estamos no mundo por causa dos perdidos. Essa não é a única razão para estarmos aqui, mas certamente é uma das principais. Esta conclusão é virtualmente idêntica àquela que chegamos quando vimos o tema do resgate e da reconciliação.

A Glória de Deus

Qualquer discussão sobre os propósitos de Deus para o seu povo ficaria incompleta sem investigar o assunto da glória de Deus. Qual é o propósito de Deus para o seu povo? "Esta é fácil", respondemos nós. "Ela está na primeira página dos catecismos! É glorificar a Deus". E temos uma abundância de versículos bíblicos para apoiar essa resposta: "Tragam meus filhos de longe e minhas filhas dos confins da terra: todos que são chamados pelo meu nome, a quem criei para minha glória" (Isaías 43:6-7). "Para que nós, que fomos os primeiros a esperar em Cristo, possamos ser para o louvor da sua glória" (Efésios 1:12).

Como entendemos o significado disso? Deus é glorioso. Ele tem glória. A glória é intrínseca a seu ser. Se buscarmos alguns sinônimos para entender melhor a glória de Deus, as palavras "magnificência" e "esplendor" são as melhores que podemos encontrar.

A verdade da glória de Deus tem muitas implicações profundas, mas uma faceta dela é muito instrutiva no que se refere ao assunto deste capítulo. Ela não apenas ajuda a definir o papel do povo de Deus no mundo, como também identifica os meios básicos pelos quais esse papel deve ser cumprido.

"Glorificar" segundo João. O apóstolo João usa coerentemente a palavra glorificar de maneira simples e singular.

Ele começa seu evangelho declarando: "E a Palavra se fez carne e habitou entre nós por algum tempo. Vimos a sua glória, a glória do unigênito Filho... cheio de graça e verdade" (João 1:14). Portanto, desde o princípio João estabelece o fato de que Jesus veio para que nós, homens mortais, pudéssemos ser representantes visíveis da própria glória de Deus. Como isso foi feito? À medida que formos lendo esse evangelho, encontramos a resposta para essa pergunta na maneira como João usa o verbo glorificar.

Quando Jesus disse às irmãs de Lázaro que a doença de seu irmão era "para a glória de Deus, a fim de que o Filho de Deus seja glorificado através dela" (João 11:4), ele estava dizendo que a doença, a morte, e a ressurreição de Lázaro revelariam certas coisas sobre o Pai e também sobre ele próprio. Jesus se referiu à sua execução iminente como sendo sua hora de ser glorificado (João 12:23). Imediatamente após Judas ter sido identificado como traidor, Jesus disse: "Agora o Filho do Homem é glorificado, e Deus é glorificado nele" (João 13:31).

Como é possível que, ser traído por um amigo e ser executado publicamente, sejam interpretados como eventos gloriosos? Não podem ser, pois são fatos ruins. Mas os dois eventos serviram para revelar Jesus como de fato o prometido, enviado por Deus. A traição de Judas cumpriu uma profecia messiânica e a morte de Jesus revelou como é o próprio coração de Deus. "Nisto conhecemos o que é o amor: Jesus Cristo ter dado sua vida por nós" (1 João 3:16).

Esses usos surpreendentes do verbo glorificar nos auxiliam

a compreender seu significado. Jesus é glorificado e seu Pai é glorificado, sempre que uma pessoa ou acontecimento servir para revelar algo sobre ele para os que estão ao seu redor. Revelá-lo é glorificá-lo.

A descrição que Jesus faz do trabalho do Espírito Santo também é coerente com esta definição. Ele disse: "Ele me glorificará, porque receberá do que é meu e o tornará conhecido a vocês" (João 16:14). É a mesma ideia. O trabalho do Espírito Santo é revelar Cristo a nós (e em nós).

Por que Deus está tão empenhado em que as pessoas tenham uma compreensão precisa dele—isto é, em que ele seja glorificado? Jesus nos auxilia a entender essa questão na sua oração em João 17. Aqui ele está falando com seu Pai sobre a provação difícil que está passando—e olha para além dela, para o fruto que virá. Ele diz: "Pai, chegou a hora. Glorifica o teu Filho, para que o teu Filho te glorifique" (João 17:1). O que ele quer dizer é: Pai, mostre às pessoas quem Eu realmente sou pelo modo como Você me conduz através de tudo isso, não para meu próprio bem, mas para que eu possa revelá-lo ao mundo como realmente é. Por quê? Por que toda essa preocupação com a glória? Porque "esta é a vida eterna: que para que o conheçam, o único Deus verdadeiro, e a Jesus Cristo, a quem enviaste" (João 17:3). Ele precisa ser revelado (glorificado) com precisão, para que as pessoas o conheçam e sejam salvas!

Jesus estende a mesma função para nós. Na sua conversa com o apóstolo Pedro em João 21, ele previu uma morte violenta para Pedro. O autor do evangelho acrescenta: "Jesus disse isso para indicar o tipo de morte com a qual Pedro iria glorificar a Deus" (João 21:19). Jesus estava dizendo que a maneira pela qual Pedro morreria e o modo como ele lidaria com seu próprio martírio seriam frutíferos. Isso revelaria algo sobre Deus ao mundo.

Sofrimento e glória formam um par. Assim como no

caso de Pedro, o sofrimento e a glória são repetidamente encontrados juntos nas Escrituras. O próprio Pedro disse: "Ainda que agora, por um pouco de tempo, devam ser entristecidos por todo tipo de provação. Assim acontece para que fique comprovado que a fé que vocês têm, . . . é genuína e resultará em louvor, glória e honra, quando Jesus Cristo for revelado" (1 Pedro 1:6-7). Do mesmo modo, o apóstolo Paulo fala sobre a necessidade de compartilharmos "os seus sofrimentos, para que também possamos compartilhar da sua glória . . . que será revelada em nós" (Romanos 8:17-18). Qual é essa conexão entre o nosso sofrimento e o nosso glorificar a Deus?

Ouvi Josef Tson, um pastor romeno, falar sobre o lugar importante que os mártires têm nos propósitos de Deus. Ele começou chamando nossa atenção para o grupo de mártires descritos em Apocalipse 6:9 que perguntaram: "Até quando, ó Soberano santo e verdadeiro, esperarás para julgar os habitantes da terra e vingar o nosso sangue?" Disseram-lhes que "esperassem um pouco mais, até que se completasse o número dos seus conservos e irmãos que deveriam ser mortos como eles" (Apocalipse 6:10-11). O que era isso, perguntou Tson, uma cota de mártires que Deus queria ver preenchida antes do fim? Por que Deus teria tal intenção? Para que serve o martírio?

Respondendo sua própria pergunta, Tson destacou que em alguns lugares em que a escuridão espiritual é grande, pode ser necessário o martírio para que a verdade seja vista. Como aqueles que matam observam os que morrem e o modo como morrem, os assassinos só podem concluir que a verdade certamente está com aqueles que estão morrendo. A conversa de Jesus com Pilatos serve para destacar esse ponto. Jesus disse: "Por esta razão nasci . . . para testemunhar da verdade" (João 18:37). Mais tarde, um dos seus executores exclamou: "Verdadeiramente este homem era justo!" (Lucas 23:47), assim como o fizeram milhões desde então. O martírio extremo não necessariamente precisa acontecer para que alguém ou algo seja aceito. Qualquer que seja o sofrimento, é uma oportunidade para Deus revelar suas obras, dando-nos o poder de superá-lo. "A verdade", disse Tson, "precisa ser observada".[1]

Portanto, glorificamos a Deus quando revelamos algo sobre ele. Assim como pode-se dizer que a lua glorifica o sol quando reflete sua luz, do mesmo modo o povo de Deus, a luz do mundo, é chamado para refletir a pessoa de Deus. E há um público que assiste a isso, ou melhor, dois públicos.

O primeiro público é invisível! "O propósito [de Deus] era que agora, mediante a igreja, a multiforme sabedoria de Deus se tornasse conhecida dos poderes e autoridades nas regiões celestiais" (Efésios 3:10). Essa frase é impressionante. Nem sequer conseguimos enxergar esse público, pois faz parte da realidade invisível. Em Hebreus 12 vemos que esta audiência é composta por amigos e em Efésios 6 aprendemos que ela também inclui inimigos. De algum modo, a obra que Deus realiza no seu povo, aqui e agora, tem repercussão em nível cósmico! A nossa salvação reverbera através de mundos invisíveis.

O nosso outro público é mais tangível. Jesus disse: "Assim brilhe a luz de vocês diante dos homens, para que vejam as suas boas obras e glorifiquem ao Pai de vocês, que está nos céus" (Mateus 5:16). E Pedro nos instrui a "viver entre os pagãos de maneira exemplar para que, mesmo que eles os acusem de praticar o mal, observem as boas obras que vocês praticam e glorifiquem a Deus no dia da intervenção dele" (1 Pedro 2:12). Nosso segundo público é o mundo descrente.

Assim, concluímos que uma maneira pela qual "glorificamos a Deus" nos dias atuais é tornando-o conhecido. Este terceiro assunto, a glória de Deus, nos leva ao mesmo lugar que os outros dois. Mas nos ensina bastante sobre a natureza e a amplitude do ministério da reconciliação. Porque podemos glorificar a Deus em tudo que fazemos, todas as coisas da vida podem ser um ministério.

Tudo isso converge para uma única conclusão: O tema do resgate e da reconciliação, aquele fio escarlate que vai de Gênesis até Apocalipse, nos leva à conclusão de que Deus nos deu o ministério da reconciliação. Esta é a obra que nos foi dada para realizar neste mundo descrente. O tema do ministério de Jesus revelou a mesma coisa—que a razão principal da nossa permanência neste mundo é servirmos como representantes dele no mundo. E por fim, vimos o significado prático da palavra glorificar. Também vimos neste assunto que estamos aqui para revelar Cristo ao mundo (bem como ao reino espiritual). Assim, concluímos que o povo de Deus está no mundo para o bem das pessoas que estão afastadas dele. Repetindo, essa não é a única razão para estarmos aqui, mas certamente é uma das principais. Também entendemos um pouco mais sobre como realizar esse propósito. Fazemos isso revelando aos outros a pessoa de Deus, sua natureza e sua obra.

A Natureza do Ministério

Se estamos no mundo para dar testemunho ao mundo, precisamos entender como Deus pretende realizar sua obra através de nós. Precisamos descobrir quem faz esta obra e como ela deve ser feita.

A Dispersão do Povo de Deus

Já observamos que glorificar a Deus implica num público e que um deles é o mundo descrente. Jesus disse para seu Pai: "Não rogo que os tires do mundo, mas que os protejas do maligno.... Assim como me enviaste ao mundo, eu os enviei ao mundo" (João 17:15, 18). O povo de Deus foi enviado ao mundo.

Jesus seguidamente falava sobre a importância de enviar, ou dispersar, o seu povo ao mundo. Um exemplo disso está em Mateus 13, onde nos dá a parábola da boa semente e as ervas daninhas. Ele disse: "O reino dos céus é semelhante ao homem que semeou boa semente em seu campo. Mas... seu inimigo veio e semeou ervas daninhas entre o trigo.... Os servos do dono foram até ele e... perguntaram... 'Você quer que arranquemos (as ervas daninhas) totalmente?' 'Não', respondeu ele... 'Deixem que ambas cresçam juntas'" (Mateus 13:24-30). Ao explicar essa parábola, ele disse que ele próprio era o semeador, que "o campo é o mundo, e a boa semente são os filhos do reino. As ervas daninhas são os filhos do maligno, e o inimigo que as semeia é o diabo" (Mateus 13:38-39). O lugar da boa semente é na terra, bem ao lado dos filhos do maligno. Mas esse não é um lugar perigoso, perguntamos nós? Jesus reponde que sim, é, mas eu orei por eles, para que sejam protegidos do maligno.

Em Marcos 4 Jesus vai mais adiante com a mesma metáfora. Nessa passagem ele diz: "O reino de Deus é semelhante a um homem que lança a semente sobre a terra. Noite e dia, estando ele dormindo ou acordado, a semente germina e cresce, embora ele não saiba como. A terra por si própria produz o grão: primeiro o talo, depois a espiga e, então, o grão cheio na espiga" (Marcos 4:26-28).

Como jardineiro não sou lá grande coisa, mas gosto de fazer experiências. Aqueles pacotes de sementes, com suas fotos brilhantes de flores ou legumes, são irresistíveis. Algum dia, prometem eles, eu também terei um jardim parecido. Então eu preparo a terra e jogo as sementes nela. Naquele momento tenho uma sensação de perda. As sementes desapareceram, e o pacote vazio, repentinamente, não tem mais valor. Será que algo vai crescer naquele jardim? Plantar é arriscado, mas jamais haverá flores se essas sementes não forem enterradas.

Jesus leva essa metáfora da semente um passo adiante em João 12. Aqui ele diz: "Chegou a hora de ser glorificado o Filho do homem. Digo verdadeiramente que, se o grão de trigo não cair na terra e não morrer, continuará ele só. Mas, se morrer, dará muito fruto". Nesse trecho, Jesus se refere à sua própria morte, e depois estende o contexto incluindo qualquer pessoa que o seguiria. Ele prossegue explicando: "Aquele que ama a sua vida a perderá; ao passo que aquele que odeia a sua vida neste mundo a conservará para a vida eterna. Quem me serve precisa seguir-me; e, onde estou, o meu servo também estará" (João 12:23-26).

Essa afirmação dá o que pensar! Não basta apenas gastarmos nossa vida lá no meio das ervas daninhas. O propósito todo é que demos frutos. Mas para que isso aconteça, é preciso que a semente original morra. Para que uma semente se torne muitas outras, é necessário que ela germine. A própria vida dela precisa ser usada para que novas sementes venham a existir. Jesus usou a sua própria vida para provar o que disse. Se ele não tivesse morrido, teria continuado a ser uma única semente. E o mesmo acontece conosco. Não podemos tentar viver com dois objetivos: servindo a Cristo com uma parte das nossas vidas e a nós mesmos com o restante. Como sequer sabemos como o fruto acontece, a única contribuição que podemos dar ao processo é a nossa pessoa. E, assim, ele diz: "Onde estou, o meu servo também estará" (João 12:26).

Essas palavras de Jesus estão num descompasso muito grande com essa nossa "sociedade do bem-estar". A mensagem predominante atual está no sentido de que o principal objetivo da vida é atingir o máximo potencial da pessoa e que cada pessoa tem o direito divino de autorrealização. Em vista desse estado de espírito contemporâneo, preferimos passar por cima das palavras de Jesus. Mas não podemos, pois elas são dirigidas à essência do ministério. Elas definem o ministério.

O Que É "Ministério"?

Ministério tornou-se um termo tão comum, que até mesmo a mídia noticiosa o está usando quando se refere às boas e más notícias sobre nossos líderes religiosos. Para nossas discussões neste livro, necessitamos então de uma definição mais precisa. Veremos aqui as seguintes características do ministério, conforme descrito nas Escrituras: Ministério é servir; ministério é encarnação; e ministério é cada cristão usando o que tem para servir os cristãos e os incrédulos.

Ministério é servir. Nas Escrituras, ministério e serviço são sinônimos. Existem pelo menos seis palavras gregas diferentes que são traduzidas como "servo, servir", e elas ocorrem mais do que 250 vezes apenas no Novo Testamento. Jesus definiu o padrão de servir para o povo de Deus quando disse: "O Filho do Homem não veio para ser servido, mas para servir e dar a sua vida em resgate por muitos" (Mateus 20:28). Ele ensinou seus discípulos a pensar da mesma maneira: "Se alguém quiser ser o primeiro, ele deve ser o último, e o servo de todos" (Marcos 9:35).

Quando entendemos ministério como serviço, subitamente se abrem amplas oportunidades para todos. Sempre há espaço para mais um servo e servir requer pouco talento. Jesus disse que dar um copo de água fresca em seu nome é valorizado como serviço. Há muitas maneiras de servir. O apóstolo Pedro deu a seguinte instrução: "Cada um exerça o dom que recebeu para servir os outros, administrando fielmente a graça de Deus em suas múltiplas formas" (1 Pedro 4:10). Os líderes são instruídos a servir preparando "o povo de Deus para a obra do ministério, para que o corpo de Cristo seja edificado" (Efésios 4:12).

Essa ideia de "cada um servir com aquilo que tem" pode parecer um tanto vaga, mas há poder nela. Kenneth Latourette tenta explicar a propagação do evangelho através do mundo greco-romano nos cinco primeiros séculos. Isso aconteceu apesar da perseguição do povo de Deus. A sociedade estava se desintegrando, mas ele observa que a solidariedade dos cristãos em tempos de angústia se destacou. "Eles cuidavam de seus pobres e de seus aprisionados por causa da fé. . . . As igrejas ajudavam umas às outras com doações em dinheiro ou comida. Um cristão . . . estaria entre amigos em qualquer cidade ou vila que encontrasse outras pessoas de sua comunhão".[2]

Ao discutir esse mesmo fenômeno, F. F. Bruce conta como o povo de Deus cuidava não somente dos órfãos filhos de seus próprios membros, mas também resgatava e cuidava das crianças indesejadas que eram abandonadas à morte por seus pais. Essa prática, muito comum, era chamada de "exposição". Num caso registrado um marido, ao escrever para sua esposa grávida, disse: "Se for um menino, mantenha-o; se for uma menina, exponha-a (livre-se dela)". Os cristãos tinham a reputação de fazer coisas tais como cuidar de seus doentes e de não ficar amargurados com a escravidão. Senhores e escravos entendiam que eram iguais perante Deus. Bruce conclui: "Quando tentamos explicar o aumento do número de cristãos naqueles dias, apesar da hostilidade oficial, precisamos levar em consideração a impressão que esse tipo de comportamento causaria na população pagã".[3] Tiago escreveu: "A religião que Deus, o nosso Pai aceita como pura e imaculada é esta: cuidar dos órfãos e das viúvas em suas dificuldades e não se deixar corromper pelo mundo" (Tiago 1:27). Ministrar é ser um servo que agrada a Deus servindo os outros. Isto é possível para qualquer pessoa.

Ministério é encarnação. A definição de "encarnação" é "incorporar na carne" e isso requer viver entre aqueles a quem somos enviados. Isso era verdade para Jesus: "A Palavra tornou-se carne e viveu entre nós por certo tempo. Vimos a sua glória" (João 1:14). Isso era verdade para o apóstolo Paulo: "Nosso evangelho não chegou a vocês somente em palavra, mas também em poder, no Espírito Santo e em plena convicção. Vocês sabem como procedemos entre vocês" (1 Tessalonicenses 1:5). E isso também é verdade para nós.

Ministério é encarnação por natureza. Frequentemente substituímos encarnação por informação. Tendemos a sentir que realizamos o ministério fazendo circular a verdade bíblica. O fato de vivermos numa sociedade da informação facilita este equívoco. Circular informação custa tempo e dinheiro, mas não custa nossas vidas.

Enquanto escrevia este capítulo, fiz uma pausa e viajei a uma cidade para ver alguns casais que haviam se entregado a Cristo um mês antes. Eles chegaram a Cristo através de um amigo em comum, que também era um cristão relativamente novo.

Nos últimos anos, esse amigo em comum havia tentado repetidamente falar de Cristo a seus amigos, mas a reação deles sempre foi mais negativa que positiva. Então a saúde do nosso amigo desandou. Ele passou oito meses sofrendo e faleceu. Falando pelo grupo, um desses novos cristãos me disse: "Ele nunca teria nos alcançado se não tivesse ficado doente. Nós o observamos e vimos que ele não tinha medo de morrer. Ele teve dores durante oito meses, mas suportou tudo por sua fé e amor por Deus. Não que ele tenha se tornado angelical ou algo parecido. Ainda era o nosso velho amigo rabugento que sempre conhecemos. Mas ele sabia para onde estava indo. Aqueles oito meses foram destinados a nós". Neste caso, enquanto o testemunho consistia principalmente de palavras, houve pouco ou nenhum progresso em direção a Cristo. Mas a encarnação daquelas palavras as tornou inegavelmente verdadeiras. Ao morrer fisicamente, este amigo produziu frutos espirituais.

Paulo disse: "Eu morro a cada dia" (1 Coríntios 15:31). A morte física acontece apenas uma vez na vida, mas a morte de si mesmo (do eu, do ego) é uma questão diária. Precisamos escolher, a cada dia, se viveremos pela fé nos disponibilizando como servos a Deus ou se nos envolveremos em atividades auto-orientadas. A primeira opção resultará em Cristo se revelando de maneiras e em ocasiões que menos esperamos. Optar pela segunda é viver vidas estéreis e sem poder.

Ministério é cada cristão usando o que tem para servir uns aos outros e os incrédulos. Outra verdade que se torna aparente neste contexto é que o ministério realmente pertence a cada cristão. Todos nós devemos ser semeados no mundo; todos nós temos a vida do Espírito Santo em nós, que nos faz boa semente. Muitas passagens que tratam do povo de Deus no Novo Testamento enfatizam essa verdade.

Em Romanos 12, o povo de Deus é descrito como sendo um corpo, e cada parte diferente serve todas as outras. 1 Coríntios 12 desenvolve mais a mesma metáfora, mostrando como nossas diferenças individuais são essenciais para o bem-estar do todo. Efésios 4 enfatiza isso dizendo que todo o corpo "cresce e edifica a si mesmo em amor, na medida em que cada parte realiza a sua função" (Efésios 4:16). O apóstolo Pedro declara a mesma verdade sucintamente: "Cada um exerça o dom que recebeu para servir os outros, administrando fielmente a graça de Deus em suas múltiplas formas" (1 Pedro 4:10). Para muitas pessoas, a igreja se tornou um lugar para sentar e assistir. Em vez disso, ela deve ser um povo, unido entre si pelo Espírito Santo, cada um usando os dons do Espírito Santo para ajudar um ao outro a olhar e a viver como Cristo. Essa demonstração deve ser feita na presença de um mundo perdido. Nenhum corpo de cristãos pode cumprir o seu propósito de Deus se viverem isolados do mundo. Na realidade, nós já estamos estrategicamente posicionados no mundo pelo próprio Deus: "Cada um continue vivendo na condição que o Senhor lhe designou e de acordo com o chamado de Deus" (1 Coríntios 7:17).

Coisas Grandes Feitas por Pessoas Pequenas

A história da igreja pode desencorajar sua leitura. Como veremos nos próximos capítulos, muitas coisas nela têm sido uma bagunça. O problema com a escrita da história da igreja é que os historiadores sempre registram três coisas: a ascensão e queda de suas instituições; o material biográfico sobre pessoas que, por uma razão ou outra, chamaram a atenção do público; e os escritos de algumas dessas pessoas. A natureza humana fica fascinada com tamanho e poder. Mas este fascínio impediu que tivéssemos acesso a uma parte muito significativa da verdadeira história da igreja. Essa parte foi ignorada e não registrada, mesmo quando acontecia, porque ninguém a considerou digna de ser descrita.

A história da igreja, da perspectiva de Deus, é a história do Espírito Santo usando pessoas pequenas. Ela consiste de uma semente de mostarda aqui e outra ali, algum fermento escondido na massa ou uma semente enterrada na terra. Não há muitas pessoas sábias ou influentes nela. Pelo contrário, ela é edificada sobre os humildes—as pessoas pequenas. A maioria delas viveu e morreu sem ser notada, provavelmente sentindo em seus próprios corações que realmente nunca realizaram muito para Deus com suas vidas. Esta história nós perdemos, mas não para sempre. Certamente ela nos será contada quando estivermos juntos diante do trono de Deus.

No início dos anos 1900, um imigrante dinamarquês chamado Carson Christiansen, tinha uma fazenda perto de Thief River Falls, uma cidadezinha rural no estado de

Minnesota. Ele era cristão e certa vez procurou influenciar um casal de vizinhos, Peter e Anna, que também eram imigrantes dinamarqueses. Peter não queria nada com o assunto, mas Anna correspondeu. Ela creu em Cristo em 1922. Peter e Anna tinham quatro filhos. Preocupada com eles, Anna procurou o dono da mercearia local, Art Hanson, a quem ela ouvira que também era cristão. Ela o persuadiu a empregar um de seus quatro filhos, Arnold, um rapaz de dezenove anos. O resultado disso foi que Arnold creu em Cristo. A noiva de Arnold, Eva, logo também creu.

A história não lembra de Carson Christiansen nem de Art Hanson. Ambos provavelmente foram para seus túmulos achando que suas vidas não tinham sido muito mais do que agricultura e venda de mantimentos. Eles provavelmente nem sabiam que tinham sido boas sementes. Arnold e Eva se casaram e tiveram seis filhos. Eu sou um deles. Todos nós seis somos devedores àqueles dois homens desconhecidos, pois a herança que recebemos preservou nossos casamentos e trouxe todas nossos filhos, por sua vez, para a família de Deus. Como se isso não fosse motivo suficiente para celebração, o testemunho de toda nossa família resultou em frutos que chegam aos milhares e podem ser encontrados em todo o mundo. E nós também somos pessoas pequenas. "O mais pequenino se tornará mil, o menor será uma nação poderosa. Eu sou o Senhor; na hora certa farei que isso aconteça depressa" (Isaías 60:22). Para mim, este é um dos versículos mais motivadores de toda a Bíblia.

Essa mesma história tem se repetido inúmeras vezes ao longo dos últimos dois mil anos. Mas raramente vira notícia, pois é virtualmente invisível. Como nossa atenção está voltada para as instituições cristãs e seus programas, não damos muita importância às coisas pequenas, como uma pessoa alcançando outra. Isso continua acontecendo diariamente em todo o mundo, mas nós continuamos a considerá-lo como algo acidental. O que você acha que aconteceria se invertêssemos nossas prioridades e capacitássemos uns aos outros para servir a Deus, servindo pessoas como nosso foco principal?

Conclusões

Neste capítulo vimos que Deus está em busca desta sociedade e que nós, seu povo, somos peças importantes nessa busca. Podemos resumir nossas observações com duas afirmações. E com estas afirmações temos as respostas às perguntas que fizemos ao iniciar este capítulo: Qual é o nosso papel atual no mundo? E, quem é responsável por fazê-lo?

Primeiro, o povo de Deus está no mundo para dar testemunho ao mundo. Devemos viver entre nossos próximos incrédulos, servindo-os, revelando Cristo para eles. Segundo, este ministério depende de cada cristão. Todos nós devemos usar o que temos para servir a Deus, servindo nossos irmãos e os incrédulos.

Estas duas afirmações são a nossa tese! Elas são verdades bíblicas centrais referentes ao papel do povo de Deus na sociedade.

Você pode estar pensando que realmente não há nada de novo nisso. E que você já ouviu essas coisas serem ensinadas inúmeras vezes no passado. A maioria de nós também. Mas a verdade não é dada para aumentar nosso conhecimento. A verdade é para ser vivida. Essas verdades exigem uma resposta prática de nossa parte. E isso é difícil.

Na história da igreja, foram raros os períodos em que estas duas verdades estavam em plena prática. A igreja contemporânea também raramente se concentra em equipar cada cristão para o ministério de revelar Cristo às pessoas que estão ao seu redor. Esta é a principal razão pela qual a visão de mundo da nossa sociedade, a qual está espiritualmente à deriva, está fora de nosso alcance.

Nos próximos três capítulos, exploraremos o passado e o presente para ver como a igreja tem lidado com estas duas verdades. Esta excursão nos trará compreensão ao mostrar como foram trabalhadas com sucesso no passado e também nos ajudará a entender como a igreja se afastou delas. Estes capítulos nos ajudarão a ver o presente sob uma nova perspectiva. Eles nos capacitarão a entender por que somos do jeito que somos hoje, e ajudarão a indicar a direção que devemos tomar se quisermos trazer essas duas verdades de volta à vida.

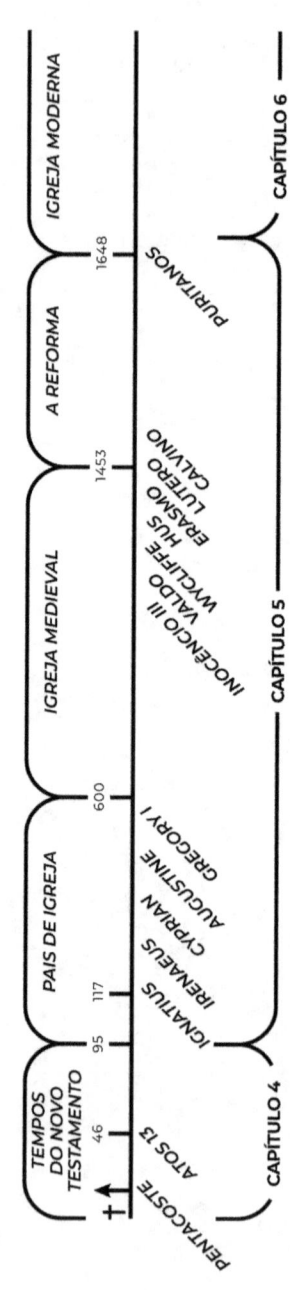

PARTE II:
De Atos Até o Presente: Uma Revisão Histórica

No capítulo 2, demos uma olhada na história para entender as origens da nossa sociedade secular. Nesta seção faremos um tour mais longo pela nossa história, mas desta vez observando algo diferente.

Encerramos o capítulo anterior com duas conclusões sobre o papel do povo de Deus no mundo. Concluímos que:

- o povo de Deus está no mundo para dar testemunho ao mundo, e eles devem viver entre seus próximos incrédulos, servindo-os e revelando Cristo para eles;
- o ministério depende de cada cristão e, assim, todos nós devemos usar o que temos para servir a Deus, servindo uns aos outros e os incrédulos.

Depois disso observamos que, na história da igreja, foram raras as épocas em que estas duas verdades estiveram em plena prática, fato que também se aplica às nossas igrejas atuais.

Anos atrás, passei vários dias com sete leigos de quatro cidades diferentes do que costumava ser a União Soviética. Nos encontramos por causa do nosso compromisso mútuo de tornar Cristo conhecido àqueles que nos rodeiam. Na última década, estes homens estiveram ativamente envolvidos com incrédulos, compartilhando a sua fé. Seus esforços foram frutíferos, mas estavam encontrando um problema comum a todos. Eles haviam sido expulsos das suas igrejas por terem "se associado com incrédulos sem autorização"!

Estou exagerando? De modo algum! Há anos atrás, uma das minhas filhas adolescentes veio até mim chorando porque havia sido repreendida por um pastor dos jovens por causa da sua amizade com não cristãos. Ela me perguntou: "Pai, é errado eu amar meus amigos não cristãos?"

Para tirar a dúvida consultamos o segundo maior mandamento: "'Ame o seu próximo como a si mesmo'. Toda a lei e os profetas", disse Jesus, "dependem destes dois mandamentos" (Mateus 22:39-40).

Até mesmo naquela época, o inquiridor de Jesus não estava à vontade com a ideia de ser amigo de pecadores. Buscando uma saída, ele perguntou: "Quem é o meu próximo?" (Lucas 10:29). Em resposta Jesus contou uma história sobre uma pessoa infeliz que foi espancada, roubada e abandonada à própria sorte. Jesus estava dizendo que são pessoas desse tipo que são nossos próximos. Isso ajudou a minha filha a se manter no caminho certo.

Mas esses exemplos de não estar em contato com essas verdades são moderados quando comparados ao que veremos nesta excursão pela história. Este passeio, que se estende por quase dois mil anos, será dividido em três partes: os períodos do Novo Testamento, dos pais da igreja até a Reforma, e da nossa igreja contemporânea. O diagrama da próxima página mostra esse nosso percurso.

Você está assustado? Inácio? Irineu? Cipriano? Será que o dilema da igreja atual poderia ter resultado de decisões tomadas menos de duzentos anos após a ressurreição? Será que Agostinho poderia ter interpretado de forma errada as Escrituras? Caso afirmativo, isso poderia ter afetado o nosso século?

A resposta é sim! Se você for um pragmático, se quiser

simplesmente desconsiderar essa possibilidade ou se achar que deveríamos fazer de outra forma, então você deve pular o capítulo 5. Mas se você quiser entender porque estamos na situação atual e porque dois mil anos de ímpeto da história estão nos empurrando para mudanças cruciais necessárias, então você deveria ler cuidadosamente os capítulos 4 a 6.

Talvez você já tenha a visão dos relógios a quartzo, mas a parte 2 deste livro mostrará a razão pela qual tantas pessoas sábias e piedosas acham difícil parar de pensar em engrenagens e molas.

CAPÍTULO 4

Como o Evangelho Cresceu? Um Olhar Histórico sobre o Novo Testamento

Isso pode ser feito! O povo de Deus pode ir ao mundo e cada cristão pode estar envolvido nessa missão de forma proveitosa. O valor de um capítulo que abrange o período da história do Novo Testamento (cerca de trinta e dois anos) é que ele nos mostra não apenas que os primeiros cristãos fizeram isso mas também como o fizeram. Este capítulo trará algumas surpresas à medida que examinarmos a dinâmica do crescimento do evangelho nesse período.

De Jerusalém a Antioquia

Este período, descrito em Atos 1 a 12, abrange cerca de quatorze anos. É uma época singular, uma situação única na história. A liderança era exercida basicamente pelos primeiros apóstolos e o foco do trabalho estava quase inteiramente nos judeus.

Deus realmente havia preparado a comunidade judaica para o seu messias. Durante um período de vinte séculos, ele fez um pacto com o povo judeu. Ele lhes dera a lei, o templo, e uma sucessão de profetas. Jesus disse aos apóstolos que os enviaria para colher o que não haviam plantado. Eles iriam para lugares onde outros já haviam feito o trabalho árduo de plantar e cultivar. Colheriam os benefícios do trabalho de outras pessoas. E assim aconteceu. O público para o qual Pedro falou em Atos 2 é descrito com sendo "judeus, tementes a Deus, vindos de todas as nações do mundo" (Atos

2:5). Eram pessoas que tinham a Palavra de Deus: os escritos de Moisés, os profetas, e os Salmos. Conheciam as histórias e acreditavam nas promessas do messias que viria. Era um assunto interno: de judeu para judeu. Na sua mensagem, Pedro poderia pular os detalhes dos acontecimentos históricos e ir direto ao ponto: Jesus! Ninguém perguntava: "Que Jesus?" Todos sabiam algo sobre ele. Muitos até o haviam escutado. Sem dúvida, alguns haviam sido curados por ele quando ia de povoado em povoado. Ele "foi aprovado por Deus diante de vocês por meio de milagres, maravilhas e sinais que Deus fez entre vocês por intermédio dele" (Atos 2:22). Alguns até participaram de sua morte.

E agora, ali estava esse pequeno grupo de 120 seguidores de Jesus, afirmando serem testemunhas oculares da sua ressurreição. Todos eram galileus mas falavam as línguas e os dialetos das regiões e nações vizinhas. Não é de se surpreender que três mil pessoas cressem naquele dia!

Isso foi apenas o começo. Dali em diante, a cada dia, cada vez mais pessoas creram. O crescimento foi tão rápido que logo Jerusalém ficou cheia dos ensinamentos sobre Jesus. A força energizante por trás dessa explosão em Jerusalém foi o Espírito Santo, que encorajou cada pessoa a falar sobre Cristo. Ele lhes deu um espírito de unidade e generosidade, e também aumentou suas credenciais, empoderando-os para realizar milagres.

A mensagem deles também fez com que não pudessem ser contidos. Parafraseando, ela era: "Vocês o mataram, Deus o ressuscitou e nós o temos visto e conversado com ele". A ressurreição era o ponto central da fala deles. Alguns eram testemunhas oculares de que o túmulo estava vazio naquela manhã de domingo e muitos outros, tanto da Judeia quanto da Galileia, viram Jesus vivo. Não pregavam apenas o túmulo vazio. A mensagem deles também era que haviam encontrado o Cristo vivo.

Outra qualidade que tornou irresistíveis esses primeiros seguidores de Cristo era o seu nível de compromisso mútuo, sua solidariedade. Eles eram devotados uns aos outros, a ponto de manter seus bens terrenos em comum. Compartilhavam juntos a vida diária. O poder da sua comunhão aparentemente intimidava e também atraía o mundo descrente. Lucas escreveu: "Dos demais, ninguém ousava juntar-se a eles, embora o povo os tivesse em alto conceito. Em número cada vez maior, homens e mulheres criam no Senhor e lhes eram acrescentados" (Atos 5:13-14).

Fico imaginando como aqueles primeiros cristãos interpretavam o que estava acontecendo. Para muitos, deve ter parecido que o judaísmo finalmente tinha se tornado realidade. Provavelmente, nunca lhes passou pela cabeça que, dentro de poucas décadas, o judaísmo declinaria a ponto de quase desaparecer e que eles estavam na verdade fazendo parte de uma nova obra global de Deus. Suas atividades centralizavam-se ao redor do templo, pois mantinham seu tradicional horário diário de oração no templo e continuavam a observar os costumes e festas judaicas. Não pensavam em se separar do resto de Israel. Para eles isso era simples. As antigas Escrituras tinham sido cumpridas.

Outros obviamente tinham uma percepção melhor do que estava acontecendo. Um jovem helenista, chamado Estevão, deve ter percebido que seria impossível que essa mensagem ficasse apenas dentro dos limites do judaísmo. Ele deve ter se dado conta de que o templo, com seus rituais e instituições, agora estava obsoleto. Foi preso e levado perante o Sinédrio sob a acusação de ter falado "contra este lugar santo e contra a lei", pois ele teria dito "Jesus, o Nazareno, destruirá este lugar e mudará os costumes que Moisés nos deixou" (Atos 6:13-14). Estevão se deu bem em sua defesa diante do Sinédrio até chegar à parte sobre o templo. Sua citação de Isaías em Atos 7:49-50 custou-lhe a vida: "O céu é o meu trono, e a terra, o estrado dos meus pés. Que espécie de casa vocês me edificarão? diz o Senhor. Ou onde seria meu lugar de descanso? Não foram as minhas mãos que fizeram todas estas coisas?"

Estêvão estava dizendo a mesma coisa que Jesus havia dito à mulher samaritana, que a hora "de fato já chegou, em que os verdadeiros adoradores adorarão o Pai em espírito e em verdade" (João 4:23); que Jerusalém não era mais o lugar. Essa rejeição do templo, do sacerdócio, e de tudo que estava ligado àquelas instituições formaram a base para a acusação de blasfêmia pelo Sinédrio. Estêvão foi apedrejado até morrer.

Aparentemente, muitos cristãos em Jerusalém não conseguiam entender o significado daquilo que Estêvão dizia. Não apenas continuaram a abraçar tanto o evangelho como seus costumes judaicos, mas também insistiam que tais coisas eram essenciais ao evangelho para todos os cristãos.

Com as primeiras perseguições, registradas em Atos 8, o povo de Deus teve que fugir de Jerusalém. Deixar Jerusalém significava deixar o templo. Assim, o templo deixou de ser o ponto central do movimento nascente. Isso liberou o evangelho do templo e o expandiu geograficamente.

Aqueles crentes que fugiram de Jerusalém demonstraram grande poder e coragem. Todos foram dispersos pela perseguição ao evangelho, mas o pregavam aonde quer que fossem. Como aproveitavam cada oportunidade, a mensagem se espalhou por toda Judeia e Samaria. Ninguém estava preocupado com prévia autorização por parte da liderança religiosa. Eles faziam tudo o que na época lhes parecia ser uma boa ideia. Filipe foi a Samaria e teve grande aceitação. Pedro e João ouviram falar disso em Jerusalém e foram ajudá-lo. Em seguida, Filipe ajudou um etíope a entender e crer em Cristo. Depois disso, ele foi de cidade em cidade pregando Cristo. Aparentemente, esse tipo de coisa acontecia muito, pois quando Saulo se converteu, o povo de Deus já tinha se espalhado pela Judeia, Galileia, Samaria, Fenícia, Chipre e Antioquia.

Havia muita liberdade e o Espírito Santo usava aqueles primeiros cristãos, inspirados com o fato do Cristo ressuscitado, para inundar as regiões vizinhas com as novidades. Mas havia limites, e que eram autoimpostos. Aqueles que foram dispersos pela perseguição, haviam confinado sua mensagem apenas aos judeus! "Os que tinham sido dispersos por causa da perseguição desencadeada com a morte de Estêvão chegaram até à Fenícia, Chipre e Antioquia, anunciando a mensagem apenas aos judeus" (Atos 11:19). Houve algumas exceções, mas em geral o povo de Deus não se aventurou para além da sua própria cultura. Por mais dinâmico que fosse, o povo de Deus estava limitado à sua cultura. Examinaremos esse fenômeno com mais profundidade à medida que avançarmos no conteúdo. Por enquanto, queremos fazer uma única observação: se o movimento do evangelho tivesse ficado livre para seguir esse mesmo padrão, isso teria sido desastroso para o futuro de seu crescimento. O movimento logo ficaria sem energia.

O evangelho de Cristo rapidamente permeou o mundo judaico. Houve uma grande colheita! Mas tudo isso teria cessado assim que a mensagem chegasse aos limites externos do mundo judaico. O evangelho teria se tornado preso à cultura, confinado como se fosse uma seita judaica. Somente quando se desvencilhou das crenças e costumes judaicos é que a mensagem ficou livre para se tornar as boas novas a todas as nações, como estava destinada a ser. Portanto, o que aconteceu depois no crescimento do evangelho foi absolutamente crucial.

Resumo

Vimos que à medida que o evangelho teve sua primeira onda, tomando Jerusalém e depois se disseminando na Judeia e Samaria, foi levado por judeus quase que exclusivamente para judeus. Isso foi feito intencionalmente, pois a maioria daqueles primeiros cristãos entendia o que estava acontecendo como o real cumprimento das profecias messiânicas. Jesus era o messias prometido e os cristãos judeus tendiam a interpretar esse fato em termos nacionalistas. Por exemplo, a última pergunta que os apóstolos fizeram a Jesus foi política: "Senhor, é neste tempo que vais restaurar o reino a Israel?" (Atos 1:6). Eles não estavam preparados para pensar além de seu próprio país ou de sua própria cultura.

O Esforço Apostólico: Atos 13-28

Um aspecto muito importante desta primeira onda do evangelho, de judeus para judeus, encontra-se nas exceções a essa norma. Essas exceções começaram a revelar a intenção de Deus para o resto do mundo.

A visita do apóstolo Pedro ao oficial militar italiano em Cesareia é uma dessas exceções. Pedro foi guiado pelo Espírito Santo e quando voltou a Jerusalém viu-se em apuros com seus amigos judeus por causa do que havia feito. Outra exceção foi a propagação do evangelho para Antioquia. Cerca de dez anos após o início de tudo em Jerusalém, algumas pessoas de Chipre e Cirene foram para Antioquia e começaram a oferecer o evangelho aos gregos daquela cidade.

A resposta em Antioquia foi significativa o suficiente para atrair a atenção dos líderes em Jerusalém. Enviaram Barnabé para ver o que estava acontecendo. Ele ficou encantado com o que encontrou e imediatamente foi atrás de reforços, que sabia onde procurar. Foi para Tarso recrutar Saulo, o fariseu rebelde. Saulo havia sido convertido alguns anos antes e quase foi morto duas vezes por pregar Cristo aos judeus. Teve que ser mandado embora de Jerusalém por causa do tumulto que causou. O fato de Saulo estar ocupado com a pregação do evangelho aos gentios lá em Tarso provavelmente era um segredo conhecido.

Então Atos 13 começa com os líderes de Antioquia reunidos. Eles eram uma mistura incomum de profetas e mestres (Atos 13:1). Barnabé era um levita de Chipre; Simeão era chamado Níger, ou "negro"; Lúcio era de Cirene; Manaém era grego educado na corte de Herodes, um colega de escola de Herodes Antipas; e havia o judeu, Saulo de Tarso. Enquanto esses homens juntos adoravam a Deus, o Espírito Santo chamou dois deles, Barnabé e Saulo, para uma nova obra. Ele estava formando uma equipe apostólica. Dali em diante, Barnabé e Saulo foram chamados de apóstolos em vez de profetas ou mestres. Eles haviam mudado sua função no corpo.

Logo depois que Barnabé e Saulo partiram para sua primeira viagem, Saulo abandonou seu nome judaico e começou a usar seu nome em latim, Paulo (como cidadão romano ele tinha que ter um nome legal em latim). O nome romano soava melhor aos ouvidos dos gentios. Os dois foram de cidade em cidade, parando primeiro nas sinagogas, para colher os frutos dos trabalhos dos patriarcas e profetas. Eles iam a todo lugar que quisessem escutá-los e ficavam lá pelo tempo que fosse fisicamente seguro que, em geral, não era muito longo. Ou, como em Éfeso, a estada se estenderia por anos, até que a tarefa de ensinar "toda a vontade de Deus" (Atos 20:27) estivesse completa e as bases da liderança fossem estabelecidas.

Naqueles dias havia várias equipes apostólicas. A que melhor conhecemos é a de Paulo. Paulo e Barnabé se separaram por causa de um desentendimento. Barnabé se juntou a Marcos, e Paulo escolheu a Silas como seu novo companheiro. Timóteo também logo se juntou a Paulo e Silas. Em certo momento, a equipe de Paulo tinha pelo menos oito homens. Paulo precisava desses homens para irem a qualquer lugar em que fossem necessários para completar o que tivesse ficado inacabado. Às vezes, Paulo enviava em seu lugar um homem de confiança, como Timóteo, quando ele mesmo não podia ir (Atos 20:4; Tito 1:5; 1 Coríntios 4:16-17).

Uma das coisas mais marcantes sobre Paulo era a clareza da sua visão. Ele conhecia seu propósito. Ele sabia aonde precisava ir, por onde começar quando chegasse lá, com quem falar, o que dizer e fazer, e também percebia quando terminava sua tarefa.

Paulo sabia que havia sido enviado aos gentios. Entendia que deveria ir de cidade em cidade e fazia questão de ir para os que ainda não tinham sido alcançados. Em Romanos 15, escreveu: "Assim, desde Jerusalém e arredores, até o Ilírico, proclamei plenamente o evangelho de Cristo. Sempre fiz questão de pregar o evangelho onde Cristo ainda não era conhecido . . ". E continua dizendo: "Mas agora, não há nestas regiões nenhum lugar em que precise trabalhar" (Romanos 15:20, 23).

Acho isso incrível! Paulo estava dizendo que havia terminado seu trabalho em todas as regiões ao leste da Itália. Agora estava fazendo planos para levar o evangelho à Espanha e esperava parar em Roma a caminho de lá, envolvendo os cristãos romanos nesta nova obra. O que ele queria dizer com "havia terminado"? Estaria deixando implícito que havia pregado o evangelho a todas as pessoas, de Jerusalém ao Ilírico? Certamente não.

Quando Paulo ia a uma nova cidade, ele tinha objetivos limitados. Não tentava fazer tudo. Em vez disso, via a si mesmo como alguém que lançava os fundamentos. A sua parte do trabalho estava pronta logo que houvesse pessoas enraizadas e crescendo em Cristo, e que, por sua vez, estivessem levando o evangelho adiante. Ele considerava seus esforços como bem-sucedidos apenas quando era evidente que o evangelho havia se enraizado e continuava a crescer, mesmo com sua ausência.

Era isso que Paulo estava falando quando escreveu aos Coríntios: "Nós... limitaremos nosso orgulho à esfera de ação que Deus nos confiou, a qual alcança vocês inclusive.... Nossa esperança é que, à medida que for crescendo a fé que vocês têm, nossa atuação entre vocês aumente ainda mais, para que possamos pregar o evangelho nas regiões que estão além de vocês" (2 Coríntios 10:13-16). Paulo reconhecia que o real impacto do evangelho numa região não seria feito por uma equipe apostólica que entrasse e depois saísse. Seria feito por aqueles que ficassem para trás: pelos de dentro, pelas pessoas da sociedade que se tornassem cristãs. Aparentemente, Paulo observava os cristãos novos para ver se aquela nova vida realmente continuava crescendo. Quando isso acontecia, ele dava um suspiro de alívio e voltava sua atenção para a próxima fronteira. Havia uma interdependência dinâmica entre os esforços apostólicos móveis de Paulo e os esforços locais das novas comunidades cristãs que ele estabelecia. Ele comunicou esta mesma interdependência quando escreveu aos cristãos de Filipos: "Façam tudo sem queixas nem discussões, para que venham a tornar-se puros e irrepreensíveis ... no meio de uma geração corrompida e depravada, na qual vocês brilham como estrelas no universo, retendo firmemente a palavra da vida. Assim, no dia de Cristo eu me orgulharei de não ter corrido nem me esforçado inutilmente" (Filipenses 2:14-16).

Este é um exemplo que podemos aproveitar. Aqueles cristãos entendiam que estavam no mundo para serem representantes de Jesus perante o mundo descrente. Eles também entendiam que a maneira básica de alcançar esse mundo era de viverem o evangelho como uma comunidade dentro de uma sociedade afastada de Deus. Paulo os ajudou a se manterem focados na sua missão e também a entender que a sua fidelidade em nível local tinha uma influência direta no quanto o evangelho se expandiria através do esforço apostólico. Uma vez que ficasse evidente que o evangelho tinha criado raízes e continuaria a dar fruto, a equipe apostólica sentia-se livre para passar às regiões seguintes.

Cruzando as Fronteiras Culturais

Para nós, é difícil entender a extensão do abismo cultural que separava os judeus do primeiro século dos gentios que os cercavam. Veremos isso mais de perto no capítulo 7. Por enquanto, um exemplo é suficiente. No relato da visita de Pedro a Cornélio, em Atos 10, vemos Pedro dizendo a seu anfitrião gentio: "Vocês sabem muito bem que é contra a nossa lei um judeu associar-se a um gentio ou mesmo visitá-lo" (Atos 10:28). Você consegue imaginar alguém dizendo isso a seu anfitrião?

De onde Pedro tirou essa ideia? Ele não a tirou do Antigo Testamento, e tampouco Jesus lhe havia dito algo parecido. Ela faz parte da "tradição dos anciãos", aquele conjunto de ensinamentos que vieram dos escribas judaicos daqueles dias. Simão Pedro, que possivelmente era o principal impulsionador entre os cristãos daqueles primeiros dias, lutava contra seu próprio etnocentrismo, enquanto observava o crescimento do evangelho. (Etnocentrismo é a crença na superioridade inerente de nosso próprio grupo e cultura). Face às nossas tendências naturais, não é difícil entender a importância de uma equipe apostólica transcultural como a do apóstolo Paulo.

O evangelho não teria se expandido e percorrido o mundo sem a equipe apostólica. O esforço apostólico era, basicamente, o povo de Deus se movendo na direção do mundo descrente. O Espírito Santo decidiu nos contar muito pouco sobre o que aconteceu após o Pentecostes com a maioria dos doze discípulos, mas nos deixou um relato detalhado dos esforços de Paulo. Certamente, isso foi proposital. Paulo era o mensageiro transcultural perfeito—no modo de pensar e na mensagem que pregava.

Paul Johnson enfatiza as qualificações de Paulo como apóstolo transcultural, tanto na sua história pessoal quanto na diversidade da experiência cultural na cidade de Tarso.[1] Paulo nasceu um judeu puro, da tribo de Benjamin, circuncidado no oitavo dia. Ele era a quarta geração de uma família de fariseus, um fervoroso guardião da lei judaica, treinado na escola rabínica de Jerusalém.

Johnson nos conta que a "família de Paulo mudara-se para Tarso na época da ocupação romana, tornaram-se cidadãos romanos ricos, mas permaneceram como pilares da diáspora conformista [as comunidades de judeus praticantes fora da Palestina]".[2] Tarso era uma cidade cosmopolita, chamada a "Atenas da Ásia Menor". Nela coexistiam várias expressões de comércio, cultura e religião. Obviamente, Paulo falava grego e aramaico. Ele era um produto da diversidade, mas foi preciso sua conversão para implodir seu compromisso conservador com as interpretações rabínicas da lei e transformá-lo num homem que poderia ser "tudo para com todos" (1 Coríntios 9:22). A chave para Paulo cruzar as fronteiras culturais era sua disposição de deixar para trás as tradições nas quais fora criado.

A Mensagem Transcultural

Paulo foi o primeiro a entender claramente que a lei e a tradição judaicas eram distintas do evangelho de Cristo. Esse entendimento não foi invenção própria. Foi revelado a ele. Paulo se refere ao "mistério que me foi dado a conhecer por revelação" (Efésios 3:3). "Minha mensagem", insistia ele, "não é de origem humana. Não a recebi de pessoa alguma nem me foi ensinada; ao contrário, eu a recebi de Jesus Cristo por revelação" (Gálatas 1:11-12). Ele também destacou que aquela mensagem misteriosa "não foi dada a conhecer aos homens de outras gerações" (Efésios 3:5).

Qual era o grande mistério? Paulo responde: "Mediante o evangelho, os gentios são coerdeiros com Israel . . . e coparticipantes da promessa em Cristo Jesus" (Efésios 3:6). Você pode achar que isso não era tão grande ou surpreendente assim, mas naquele momento da história do povo de Deus, era uma ideia bastante revolucionária. Essa revelação fez do evangelho uma mensagem para todas as nações, porque podia ser levada ao mundo, livre e desimpedida das tradições religiosas e culturais dos judeus. Essa compreensão clara do evangelho é o que tornou Paulo tão singular.

O Mensageiro Transcultural

Os apóstolos transculturais possuem a capacidade de entender o receptor da mensagem e comunicar a verdade pura do evangelho na terminologia que é familiar àquela pessoa. Eles são capazes de mostrar como o evangelho atende às necessidades e como livrará uma pessoa das coisas que ela mais teme e luta. Também são capazes de ajudar as pessoas que aceitam a mensagem a reordenar suas vidas em torno de Cristo e sua verdade.

Essa capacidade, de levar o evangelho de uma cultura para outra sem distorcer seu significado no processo, é rara. Todos nós somos, por natureza, etnocêntricos. Todos tendemos a comparar a nós mesmo, como se nossos modos de ser e nossas experiências fossem os critérios do que é certo ou errado, bom ou mau. De vez em quando, aparece alguém com a capacidade de manter seus próprios modos de ser numa perspectiva mais equilibrada e, assim, realmente aceitar as pessoas que são diferentes dela. Essa ausência de julgamento é imediatamente sentida por aqueles que estão na ponta receptora da mensagem.

O apóstolo Paulo foi um modelo de mensageiro transcultural. Ele conseguia ser um judeu entre judeus. Conseguia observar as tradições quando estava entre pessoas às quais isso era importante. Num grupo diferente, conseguia deixar essas mesmas tradições de lado e não se sentir mal com isso. Era fraco entre os fracos. Fazia tudo que fosse necessário para deixar à vontade aqueles a quem estava tentando passar a mensagem (1 Coríntios 9:19-23). Essa habilidade é necessária para preservar a pureza do evangelho quando atravessa fronteiras culturais.

Falemos agora sobre uma necessidade contemporânea! Onde estão os apóstolos dos dias atuais? Já eram, dizemos nós. Para muitos, o apostolado morreu junto com os doze primeiros apóstolos. Como disse John Hannah: "Ficamos tão impressionados com os doze primeiros que aposentamos o número".[3] Que tal isso? Podemos descartar essa função essencial como sendo algo do passado?

A Função Apostólica

A palavra apóstolo é usada de várias maneiras diferentes no Novo Testamento. Os doze discípulos foram obviamente uma ponte única e irrepetível entre a vida e obra de Jesus e o estabelecimento de seu povo. Eles receberam autoridade especial. O apóstolo Paulo também era único pelas razões que há pouco examinamos. Basicamente, sua singularidade está em seu chamado especial aos gentios e nas revelações dadas a ele relativamente à mensagem ao mundo gentio.

Mas o assunto do apostolado não termina aqui. Várias outras pessoas do Novo Testamento também foram chamadas de apóstolos. Essas pessoas não tinham as mesmas credenciais ou autoridade exclusivas. Não ocupavam nenhuma posição ou cargo. Seu trabalho ou função é que era apostólica. Havia até espaço para "falsos apóstolos"—o que seria impossível se o termo se aplicasse apenas a doze homens. Barnabé, Apolo, Silas, Timóteo, e Epafrodito são todos chamados de apóstolos no Novo Testamento (Atos 14:1-4, 14; Romanos 16:7; 1 Coríntios 3:21-22; 4:6, 9; 2 Coríntios 11:13; Filipenses 2:25; 1 Tessalonicenses 1:1 e 2:6-7; Apocalipse 2:2). Eram descritos assim por causa do tipo de trabalho que estavam fazendo. Então, perguntamos nós, como as pessoas no período do Novo Testamento entendiam o apostolado?

Nos tempos do Novo Testamento, apóstolo era uma palavra do dia a dia que significava *enviar/enviado*. O termo era usado para coisas: Nós "apostolamos" um pacote pelo correio. Também era usado para pessoas, como um delegado ou mensageiro: "alguém enviado com ordens". No Novo Testamento, a palavra *apóstolo* é usada para descrever uma pessoa que faz certo tipo de trabalho. Ela não trazia conotação de posição. E não necessariamente implicava em ser transcultural.[4] A descrição das funções no livro de Efésios devem ser entendidas dessa maneira. Paulo escreveu: "Ele designou alguns para apóstolos, outros para profetas, outros para evangelistas, e outros para pastores e mestres, com o fim de preparar os santos para a obra do ministério, para que o corpo de Cristo seja edificado" (Efésios 4:11-12).

Não creio que Efésios 4 tenha sido escrito com a intenção de descrever uma única comunidade de cristãos em alguma parte de Éfeso, ou até mesmo o conjunto de várias comunidades naquela cidade. Paulo estava descrevendo as funções que precisam estar disponíveis ou presentes para o povo de Deus, se quiserem cumprir seu chamado. Ele está dizendo: "Vocês precisarão da ajuda de pessoas que receberam o dom para servir como apóstolos, profetas, evangelistas, pastores, e mestres, se realmente esperam ver cada cristão engajado em servir e edificar o corpo! Vocês precisarão do apóstolo com sua visão do todo e sua capacidade de fazer coisas novas acontecerem! Precisarão do profeta com sua capacidade especial de interpretar os tempos no contexto da Palavra de Deus! O evangelista é necessário para ajudá-los em sua própria semeadura e colheita! Precisarão do cuidado gentil, e às vezes não tão gentil, do pastor para serem encorajados e andarem no caminho certo. E o mestre os ajudará a viver de acordo com a verdade de Deus!"

Não conseguiremos viver vidas saudáveis como povo de Deus se negligenciarmos qualquer uma dessas funções. Precisamos aceitar essas pessoas—todas elas—como dons do Espírito Santo para o povo de Deus. Quando fazemos isso, conclui a passagem, "todo o corpo, ajustado e unido pelo auxílio de todas as juntas, cresce e edifica-se a si mesmo em amor, na medida em que cada parte realiza a sua função" (Efésios 4:16).

A Expansão Natural do Povo de Deus: As Epístolas

Acabamos de ver como o esforço apostólico teve uma participação crucial, embora limitada, no crescimento do evangelho no mundo. Agora veremos como as expressões locais do corpo também têm uma participação distinta, embora também limitada. Cada parte do corpo tem limites. Nenhum indivíduo ou grupo deve fazer tudo. Se não conhecermos nossos limites, não saberemos por onde começar, o que fazer, ou quando nosso trabalho está terminado. É libertador para um corpo de cristãos conhecer seus limites dados por Deus.

Ficamos imaginando como teria sido fazer parte daquele primeiro núcleo de cristãos numa cidade como Tessalônica ou Corinto. Penso que talvez fosse algo assim:

De repente, sem aviso e saídos do nada, meia dúzia de homens chegaram à nossa cidade. A primeira parada deles foi na sinagoga—um lugar onde os judeus e alguns prosélitos observam sua religião. O ensino deles criou um tumulto tão grande que dividiram a congregação e foram expulsos da sinagoga. Eles então foram às casas dos seus convertidos, onde continuaram a ensinar. Seus vizinhos e familiares foram atraídos; muitos de nós acreditaram que isso se tornou o assunto das conversas na cidade. A oposição começou a crescer à medida que os líderes civis e religiosos da cidade começaram a temer pela estabilidade de suas respectivas instituições. Houve algumas prisões, alguns espancamentos, até que a equipe se viu forçada a sair da cidade. Mas em algum ponto ao longo dos acontecimentos, ouvimos e entendemos o que aqueles homens disseram sobre Jesus. Observamos o amor dos mensageiros por ele e uns pelos outros. Descobrimos, para nossa surpresa, que os visitantes nos amavam com o mesmo amor e nos tratavam com integridade. Seu ensino tocou profundamente o nosso coração. A mensagem falava dos nossos anseios mais íntimos. Então pegamos esse Jesus para nós mesmos como nosso único Deus. À medida que aumentava a pressão contra esses visitantes e contra alguns de nós, nos agarrávamos fervorosamente a todas as oportunidades para aprender tudo o que podíamos deles. Nós os exaurimos com nossa fome por saber mais. De repente eles se foram e nós ficamos sozinhos. Alguns de nós haviam aprendido o suficiente para continuar ensinando ao restante de nós. Outros surgiram como líderes. Algumas de nossas casas se tornaram o ponto central das atividades. Nós nos tornamos como uma família gigante, com cada um de nós ajudando com o que pudesse fazer. Estranhamente, não nos sentíamos abandonados. O Espírito Santo estava em nós e entre nós, nos ensinando e nos mudando de tal maneira que, até então, não acreditávamos que fosse possível.

Uma equipe apostólica havia passado pela cidade como uma colheitadeira, colhendo todos que estavam preparados para crer em Jesus: judeus, prosélitos, pessoas tementes a Deus e outros nos quais o Espírito de Deus estivera trabalhando. Esse núcleo de vida nova enfrentou duas tarefas imediatas, que provavelmente são atemporais: as duas prioridades imediatas para qualquer novo corpo de seguidores de Cristo.

Vidas Transformadas

A primeira tarefa era libertar os que creram da corrupção do mundo da qual foram salvos. Paulo descreveu isso metaforicamente ao dizer: "Eu os prometi a um único marido, Cristo, querendo apresentá-los a ele como uma virgem pura" (2 Coríntios 11:2). Os novos cristãos precisam de ajuda se quiserem se libertar da inércia de uma vida inteira de hábitos destrutivos. Precisam se libertar e depois seguir em frente, continuando a mudar até que realmente se pareçam com o próprio Cristo.

Aqueles primeiros cristãos enfrentaram uma tarefa formidável nessa área. Paulo descreveu a comunidade de cristãos em Corinto como sendo ex-idólatras, adúlteros, prostitutas, homossexuais, ladrões, bêbados, e trapaceiros. Eles não eram exatamente as pessoas mais bonitas da cidade. Como tais pessoas poderiam ser transformadas em uma noiva santa, digna do próprio Cristo? Veremos isto mais de perto no capítulo 9.

Representantes de Jesus no Mundo

A segunda tarefa desses novos cristãos era influenciar o seu mundo com essas boas novas. Paulo escreveu aos efésios: "Outrora vocês eram trevas, mas agora são luz no Senhor. Vivam como filhos da luz. . . . Não participem das obras infrutíferas das trevas. . . . Tudo que é exposto pela luz torna-se visível, pois a luz torna visíveis todas as coisas. . . . Tenham cuidado com a maneira como vocês vivem; que não seja como insensatos, mas como sábios, aproveitando ao máximo cada oportunidade, porque os dias são maus" (Efésios 5:8-16).

Esta passagem expressa a ideia central das epístolas referente à maneira como os cristãos numa situação local deveriam cumprir sua responsabilidade para com o mundo ao seu redor. Eles não deveriam ser passivos, nem se afastar da sociedade. Deveriam ter um senso de missão para com aqueles que os cercavam, mas as táticas que foram instruídos a empregar eram diferentes daquelas empregadas pela equipe apostólica.

Em nenhuma ocasião qualquer dos autores das epístolas disse aos que creram que voltassem à sinagoga e a sacudissem mais uma vez. Nem lhes foi dito para pregar na praça da cidade. Não lhes foi dito para ir de porta em porta. Não que essas coisas fossem erradas, mas, sim, que elas não seriam frutíferas. A colheitadeira recém havia passado pela cidade, colhendo os que estavam preparados. Não seria produtivo passar a colheitadeira uma segunda vez sobre o mesmo campo.

Aquele núcleo de novos cristãos servia de semente para o futuro. Eles foram plantados pela equipe apostólica e esperava-se que resultassem em contínua frutificação. Isso era alcançado quando aqueles cristãos viviam vidas tão boas entre os pagãos que a verdade era revelada. Quando as pessoas veem a verdade sendo vivida, querem ouvir o que temos a dizer. E o que elas ouvem faz sentido por causa do que viram. A relevância da verdade se torna inegável. A nova safra é colhida na época certa, mas a maneira de plantar, desta vez, é muito diferente daquela praticada pela equipe apostólica. Ela implica em arar o solo, semear, cultivar, irrigar e, finalmente, colher.

De modo geral, a função apostólica entrou em desuso entre nós nos dias atuais. Esta é uma perda calamitosa, pois isso leva a igreja local a tentar fazer tudo. Essa perda causa confusão e uma sensação de fracasso entre nosso povo. Por exemplo, quando cristãos comuns pensam em se envolver com os incrédulos, eles acham que precisam imitar o apóstolo Paulo. Eles interpretam o "ser uma testemunha" como tornar-se um esquadrão de assalto de uma só pessoa armada com o evangelho e isso é muito assustador. Como resultado, eles desistem e se concentram em tarefas "internas" mais seguras que precisam ser feitas dentro da igreja. Ninguém jamais lhes disse que poderia haver outro modo de evangelização bem mais adequado a eles, que lhes permitiria participarem proveitosamente dos propósitos de Deus durante toda a sua vida. Falaremos mais sobre isso nos capítulos finais.

Conclusão

Ao examinarmos o progresso do povo de Deus no Novo Testamento, vimos como os esforços apostólicos e locais eram inseparáveis. Um dependia do outro. Um teria falhado sem o outro. O esforço apostólico iniciou novas plantações. Os corpos locais alimentavam essas plantações e as traziam à maturidade e à frutificação. As equipes apostólicas ficavam "de plantão", orando, trocando cartas e enviando pessoas para servir às necessidades do povo de Deus. O compromisso contínuo da equipe apostólica era completar aquilo que estivesse faltando nos corpos locais. Eles ajudavam os cristãos a abrir as oportunidades naturais que os rodeavam. Os cristãos locais fortaleciam o esforço apostólico fornecendo pessoas, fundos, e hospitalidade. Eles colaboravam em oração. Ambos eram interdependentes, mas nenhum tentava ser dono ou controlar o outro. A autoridade de cada lado era merecida e voluntária, produto da confiança e do compromisso mútuos. Às vezes havia tensões e conflitos entre os dois. Mas a maior parte da expansão do evangelho nos tempos do Novo Testamento deve ser atribuída à cooperação dessas duas expressões do povo de Deus.

Kenneth Scott Latourette chegou à mesma conclusão, tendo como recurso um antigo documento cristão: *Didache Ton Dodeka Apostolon*, ou O Ensino dos Doze Apóstolos. Este documento "descreve uma organização da igreja que conhecia apóstolos e profetas viajantes, e profetas e mestres residentes. Ele instruía os cristãos a escolherem para si mesmos bispos e diáconos e a honrá-los juntamente com os profetas e mestres. . . . Em um evento ocorrido entre a parte final do primeiro século e a parte inicial do segundo século, ainda se percebia a variedade nas formas de organização das igrejas".[5]

Apóstolos, profetas, evangelistas, pastores, e mestres estão relacionados em Efésios 4:11 como sendo essenciais à vida do povo de Deus. Todo o espectro dessas funções—alguns "viajando", alguns "se dispersando", e outros "residindo"—foi necessário para que o povo de Deus cumprisse sua missão com aquela geração do primeiro século. O mesmo é necessário para os dias de hoje.

Uma das nossas fraquezas contemporâneas é a crença de que uma única comunidade local possa ser autossuficiente. Tendemos a ignorar a verdade de que os cristãos de uma cidade estão espiritualmente unidos sob uma só cabeça. O amor fraterno deve caracterizar a dinâmica entre as comunidades. Além disso, sofrem de "miopia espiritual" as comunidades que não recebem contínuas contribuições de pessoas que ministram num nível mais amplo que o local. Elas precisam mais do que relatórios ocasionais de tais irmãos; precisam deles por perto e por tempo suficiente para que sejam equipadas com as habilidades que eles ganharam ao longo do caminho. Sem isso, elas perderão o benefício da expressão contemporânea da função apostólica e ficarão desqualificadas em seus próprios esforços de expansão natural.

CAPÍTULO 5

De Inácio Até os Puritanos: 95-1620 d.C.

A experiência do povo de Deus no primeiro século prova que todo cristão pode estar proveitosamente envolvido na missão de ir a todo o mundo. Mas mesmo naquela primeira vez, a realização desse ideal exigiu um equilíbrio sensível entre aqueles que exerciam as várias funções necessárias. Às vezes as coisas ficavam tensas e, se não fosse pela humildade dos líderes, as diferenças poderiam ter gerado sérios conflitos. A submissão voluntária e mútua de autoridade entre líderes apostólicos e presbíteros preservou a unidade e possibilitou o trabalho.

Agora veremos o que aconteceu depois que a primeira geração saiu de cena. O âmbito deste capítulo se estende por quinze séculos. Começaremos com Inácio, um dos pais da igreja e contemporâneo do apóstolo João. Depois veremos vários outros líderes espalhados no tempo ao longo dos séculos. Cada pessoa que selecionei afetou o povo de Deus para melhor ou pior na área de nosso interesse. Por extensão, essa história teve uma grande influência no estabelecimento da igreja no Brasil.

A questão que tentaremos responder ao longo dos séculos permanece a mesma: Como a igreja agiu em relação à nossa tese? Como a igreja agiu para ir ao mundo? Qual o lugar de cada cristão comum no seu trabalho?

Sendo a história o que é e minhas limitações sendo o que são, embarco neste capítulo com apreensão. Will e Ariel Durant dedicaram suas vidas ao estudo da história. Os onze volumes de sua *História da Civilização* são em si mesmos um monumento histórico. Mas ao refletirem sobre a obra de suas vidas, disseram: "A maior parte da história é adivinhação e o resto é preconceito. Até mesmo o historiador que pensa elevar-se acima da parcialidade pelo seu país, raça, credo ou classe, trai a sua predileção secreta na sua escolha de materiais e nas nuances de seus adjetivos. O historiador sempre simplifica demais e apressadamente seleciona uma minoria administrável de fatos e rostos de uma multidão de almas e eventos cuja imensa complexidade ele nunca consegue abranger ou compreender".[1]

Neste capítulo farei o que o casal de historiadores Durant adverte, pois estou interessado em traçar a progressão de uma única faceta da igreja através da história. Certamente serei culpado de simplificar demais, ao selecionar minha "minoria administrável de fatos e rostos" dentre as multidões que compõem a história. Hesito em tentar abranger tanta história num tratamento tão breve. Reconheço que as coisas que não digo podem facilmente tirar o que digo do seu contexto apropriado. Mas irei em frente, pois não vejo outra maneira de estabelecer as bases para as observações que farei mais adiante. Precisamos entender onde foi que o povo de Deus perdeu pela primeira vez sua capacidade de ir ao mundo e por que isso aconteceu. Espero não levar ninguém ao engano.

Vou estreitar um pouco mais o foco deste capítulo. A tradição indica que os primeiros discípulos, juntamente com outros cristãos do primeiro século, saíram em todas as direções depois que as coisas se fragmentaram em Jerusalém. Ao se expandirem para as nações, eles deram origem a uma rica variedade de tradições cristãs. Nosso foco aqui será em apenas um ramo dessa expansão—o que deu origem à igreja ocidental.

Perseguições, Heresias, e Divisões

No capítulo anterior vimos como o judaísmo serviu de berço ao povo de Deus durante a primeira década ou mais. Isso foi vantajoso para eles dentro do Império Romano, visto que os judeus gozavam de uma isenção única da religião do estado, a qual incluía a obrigação de culto ao imperador. Por algum tempo, o estado romano tratou os seguidores de Cristo apenas como mais uma seita debaixo do guarda-chuva do judaísmo, estendendo-lhes a mesma isenção. Michael Green trata minuciosamente desses primeiros desenvolvimentos em seu livro *Evangelismo na Igreja Primitiva*, no qual me baseei fortemente para o conteúdo desta seção.[2]

Aqueles primeiros cristãos judeus precisavam daqueles tempos de paz relativa pois tudo era novo e pouco claro. Certamente muitos deles não sabiam direito no que estavam envolvidos ou para onde aquilo tudo os estava levando. Haviam crescido com as histórias dos patriarcas—Abraão, Isaque e Jacó—e de Davi, o pastor-rei. Sabiam que o trono de Davi seria eterno e que o messias um dia sentaria nele. Agora o messias havia chegado. Sua maneira de chegar pegou a todos de surpresa. Ele absolutamente não veio como um rei. A maioria pensou que ele fosse um profeta. Quando ele morreu, todos presumiram que tudo havia terminado. Mas a sua ressurreição provou que ele era, de fato, o messias! E depois de sua ressurreição, ele mesmo, em mais de uma ocasião, mostrou a alguns deles pelas Escrituras como tudo se encaixava.

Mas, agora, o que eles estavam se tornando? Ainda faziam parte do judaísmo ou eram algo diferente? E quanto a Moisés e a lei? Aquilo tudo deveria ser simplesmente ignorado e esquecido? Eram perguntas difíceis, do tipo que provocam sentimentos fortes em todas as direções. As tensões sobre essas questões correram soltas entre os cristãos do primeiro século. Mas as tensões internas não eram nada, comparadas com as ameaças externas.

O povo de Deus foi perseguido e finalmente rejeitado pela sociedade judaica. Uma vez rejeitados, tornaram-se vulneráveis aos poderes de Roma. As torturas brutais de cristãos por Nero no ano 64 d.C. foram as primeiras de uma série de ondas de perseguição. Os cristãos não eram respeitados pela sociedade. Geralmente eram vistos como pessoas estranhas, socialmente sem valor, que eram suspeitas de tudo, desde incesto até canibalismo. Tinham a reputação de serem perigosos, antissociais, e politicamente desleais ao estado. Juntar-se a eles significava namorar o martírio.

O ambiente filosófico no qual esses cristãos tinham que viver aumentava suas aflições. O gnosticismo prosperava na maneira grega de pensar da moda, a qual aceitava o racionalismo como o caminho para a verdade. O gnosticismo levou a razão ao extremo, concluindo que o espírito e a matéria tinham pouca conexão entre si. A carne era má, o espírito puro era bom. "Os gnósticos tinham duas preocupações centrais: a crença num mundo dualista do bem e do mal, e a crença na existência de um código secreto da verdade".[3] Ele era eclético, incorporando qualquer "verdade" que tivesse sido descoberta em qualquer das duas crenças.

Os seguidores de Cristo tinham que lidar com várias filosofias semelhantes, tais como o neoplatonismo e o maniqueísmo, e não estavam imunes às suas influências. Paul Johnson disse: "Até onde podemos julgar, ao final do primeiro século e virtualmente ao longo do segundo, a maioria dos cristãos acreditava em variedades de gnosticismo cristão, ou pertencia a seitas reavivalistas agrupadas ao redor de carismáticos".[4] E ainda: "Mesmo em Antioquia, onde tanto Pedro como Paulo haviam trabalhado, parece ter havido confusão até o final do segundo século. Antioquia abrigava uma multidão de cultos religiosos esotéricos. O gnosticismo era poderoso e pode ter se apropriado do cristianismo depois que os apóstolos partiram".[5]

Misturar o gnosticismo com o evangelho era destruir o evangelho. Visto que o espírito era bom e a carne era corrupta, segundo o gnosticismo, Cristo nunca poderia ter se tornado carne. Ele simplesmente parecia ser um homem, quando na realidade ele era puro espírito. Assim a verdade sobre Cristo foi perdida. O ascetismo (controle do corpo) substituiu a fé.

A salvação era entendida como sendo obtida pela negação do eu: fazendo coisas como se abster de união sexual e observar regulamentos. O martírio era valorizado. Outros, em nítido contraste, concluíram que não podiam ser corrompidos visto que agora eram predominantemente espirituais por natureza. Sua carne podia participar de festivais pagãos, lutas de gladiadores, e sexo promíscuo sem contaminação de seus espíritos.

A primeira carta do apóstolo João é na realidade uma contestação das ideias que formaram o gnosticismo. Ele escreveu "O que . . . ouvimos, o que vimos com os nossos olhos, o que contemplamos e as nossas mãos apalparam—isto proclamamos" (1 João 1:1-3). E, "todo espírito que confessa que Jesus veio em carne procede de Deus" (1 João 4:2).

À medida que a igreja entrava no segundo século, ela tinha que lidar não apenas com os inimigos externos, mas também com uma variedade de vozes dissonantes que haviam crescido internamente. Ainda não havia sido estabelecido um cânon dos livros do Novo Testamento; não havia sido estabelecido um conjunto comum de crenças. As primeiras seitas foram ebionismo, marcionismo, montanismo, e donatismo. Algumas dessas seitas eram claramente heréticas. Os marcionitas, por exemplo, ensinavam que o Antigo Testamento não tinha autoridade sobre os cristãos, e que o Deus do Antigo Testamento e o do Novo Testamento eram duas divindades distintas. Diziam que o Deus judaico do Antigo Testamento era mau. Um mundo que continha sofrimento e crueldade devia ser, pensavam eles, obra de um ser mau e não de um Deus bom. Assim concluíram que um segundo deus havia se escondido, fazendo sua primeira aparição como Cristo.

Quais eram as defesas contra todos esses falsos ensinamentos? Um dos primeiros baluartes foi encontrado nos credos. À medida que os credos se desenvolveram, eles serviram como uma linha de prumo que media a verdade contra o erro. O mais antigo deles, o Credo dos Apóstolos, é de origem incerta, mas acredita-se que vem dos ensinamentos orais dos apóstolos e era de uso comum em meados do século dois como uma confissão no batismo. A declaração continha a natureza de Deus, de Jesus Cristo, e as verdades essenciais que compõem o evangelho.

O Credo Niceno trata das questões relativas à natureza da encarnação de Jesus Cristo e foi inicialmente redigido no Concílio de Niceia, em 325 d.C. A frase "sendo de substância una com o Pai", uma parte do credo, revela a questão que estava em jogo.

Com a confiança que hoje temos nas Escrituras, esses credos e seus sucessores parecem sem importância para muitos de nós. Mas o seu papel na história do povo de Deus não pode ser subestimado.

A outra grande tentativa de lidar com o erro e preservar a unidade ocorreu pelo fortalecimento da autoridade e da organização da igreja. Esse é o assunto do restante deste capítulo.

O Que Você Teria Feito?

Esta breve descrição do contexto social e cultural do segundo século nos ajuda a entender um pouco do que a igreja tinha que enfrentar. Como vimos, o cristianismo era considerado uma seita maligna, com crenças consideradas absurdas e perigosas. Foi perseguido externamente e dividido por facções internamente. O que impediria que todos fossem reabsorvidos pela corrente principal da cultura grega? Nestas circunstâncias, o que você teria feito?

É fácil julgar o passado, pois em retrospecto as coisas sempre parecem tão claras. No entanto, um olhar sobre o presente deveria ser suficiente para nos curar de qualquer arrogância que possamos ter. Hoje em dia lutamos para tomar decisões sábias em meio à miríade de questões atuais. O mesmo aconteceu com os que estavam envolvidos na formação da igreja naqueles primeiros séculos.

Os Pais e Apologistas da Igreja: O Que Fizeram

Parece-me que as medidas tomadas para preservar o evangelho e proteger a unidade da igreja, no período compreendido entre a morte do último dos doze primeiros apóstolos e o ano 400, podem ser resumidas no trabalho de quatro homens. São eles: Inácio, Irineu, Cipriano, e Agostinho. Poderíamos e, provavelmente, deveríamos mencionar outros, mas penso que estes quatro são suficientes para contar a história. Nosso interesse não é apenas entender o que estes homens disseram e fizeram, mas também avaliar os efeitos de seu trabalho sobre a capacidade da igreja de ir ao mundo.

Inácio: Bispo de Antioquia

Inácio, bispo de Antioquia, foi um dos pais da igreja—nome dado aos escritores da literatura cristã que imediatamente sucederam os doze apóstolos (95-150).

Antes dos pais da igreja, a comunidade cristã não tinha um sistema de administração centralizada. Mas no início do segundo século, apareceu o começo de uma estrutura central. "A primeira epístola de Clemente ressaltava a importância da 'decência e ordem' na igreja. E parte desta ordem era uma estrutura hierárquica. As mulheres deveriam se sujeitar aos homens, os jovens aos mais velhos, a multidão aos presbíteros ou, alternativamente, aos bispos e diáconos escolhidos para esse fim".[6,7]

Na época em que Inácio escreveu, talvez vinte anos depois, ele foi capaz de definir esse sistema hierárquico em termos bem claros. Inácio foi condenado a ser lançado às feras no anfiteatro romano por volta de 117. A caminho de seu martírio, ele escreveu sete cartas. Numa delas, dirigida aos Esmirneanos, ele escreveu: "Que todas as coisas sejam feitas por vós com boa ordem em Cristo. Que os leigos sejam sujeitos aos diáconos; os diáconos aos presbíteros; os presbíteros ao bispo; o bispo a Cristo, assim como ele é ao Pai".[8]

Inácio ordenou que presbíteros e diáconos fossem ouvidos como oficiais reconhecidos na igreja. Ele também afirmou que nada deveria ser feito sem o bispo e que um batismo ou a celebração de uma festa de amor era ilegal sem o bispo. A eucaristia só podia ser administrada pelo próprio bispo ou por alguém designado por ele.

Na época de Inácio, cada congregação era independente, mas gradualmente o sistema de bispos se expandiu de um bispo sobre cada comunidade local, para um bispo sobre cada cidade, para um colegiado de bispos, para um comando monárquico.

As intenções dos pais da igreja parecem claras. Estavam preocupados com a unidade e a ordem dentro da igreja e buscavam um sistema de defesa contra a heresia que vinha de fora dela. Eles atingiram seus objetivos, mas a um custo altíssimo. Criaram um sistema de castas clericais que deixou o cristão comum sem ocupação com relação à sua participação no ministério do evangelho. A liberdade experimentada no período do Novo Testamento desaparecia à medida que a autoridade dos bispos crescia. Veremos como isso progrediu ao olharmos agora para Irineu.

Irineu: cerca de 130-212

Irineu viveu no período dos apologistas (150-300). Estes escritores defenderam o cristianismo, combateram o paganismo e deram início à teologia sistemática. Irineu foi criado em Esmirna e serviu como bispo de Lyon, no sul da França, de 178 a 202. Foi martirizado na perseguição do Imperador Sétimo Severo.

Neste ponto da história, as igrejas haviam adotado uma hierarquia informal composta de pequenas igrejas do campo, igrejas da cidade, igrejas da capital, e igrejas das grandes cidades. Havia igrejas das grandes cidades em Jerusalém, Antioquia, Alexandria, Constantinopla, e Roma.

Irineu, angustiado com o que considerava erros e corrupções do evangelho, escreveu um extenso tratado chamado *Contra Heresias*. Nesse tratado ele enfatizou a importância da unidade orgânica da igreja; que esta unidade orgânica, conforme descrita na Bíblia, deveria encontrar expressão visível numa unidade política. Essa unidade política deveria ser alcançada e mantida através de uma sucessão perpétua de bispos de Cristo. Ele insistia que os apóstolos haviam transmitido fiel e precisamente o que lhes fora ensinado por Cristo, e que haviam designado como sucessores os bispos a quem haviam entregue as igrejas. Ao fazerem isso, também haviam indubitavelmente transmitido a eles a verdade que Cristo lhes havia confiado.

Nesse tratado, Irineu escreveu: "Nós reprovamos

todos aqueles que . . . se reúnem em assembleias não autorizadas . . . indicando que essa tradição veio dos apóstolos . . . e que foi organizada em Roma pelos dois mais gloriosos apóstolos, Pedro e Paulo, . . . e que chegou até o nosso tempo por meio das sucessões dos bispos. Pois é uma questão de necessidade de que cada igreja deveria concordar com esta igreja, por causa da sua superior autoridade".[9]

Observe como Irineu mudou paradigmas de igreja como comunidade para igreja como instituição. Um colega meu se referiu a esta mudança como uma "dobradiça da história". David Bosch, ao falar desta mudança na igreja, disse: "As convicções inflamadas, derramadas nos corações dos primeiros adeptos, esfriaram-se e tornaram-se códigos cristalizados, instituições solidificadas, e dogmas petrificados. O profeta tornou-se um sacerdote da instituição, o dom tornou-se um serviço, e o amor tornou-se rotina. O horizonte não era mais o mundo, mas os limites da paróquia local".[10]

Novamente podemos ver como, a partir de uma preocupação legítima pela pureza do evangelho e pela unidade do corpo, foram tomadas medidas que tiveram efeitos contrários e negativos. Até mesmo um estudo bíblico espontâneo entre vizinhos podia agora ser taxado de ilegal, podendo ser encerrado com uma simples pergunta: "Vocês têm autorização do bispo para fazer isso?"

Cipriano: Bispo de Cartago e Mártir do Terceiro Século

No capítulo anterior vimos como, no primeiro século, todo cristão era considerado um sacerdote para Deus, servindo ao povo de Deus e aos incrédulos, mas no final do segundo século o clero havia sido estabelecido como uma "ordem" separada que virtualmente assumiu os direitos exclusivos do ministério. À medida que a hierarquia clerical refinava suas instituições, o cristão comum era, consequentemente, privado do pouco que restava em seu campo de trabalho. Cipriano se destaca como outro que contribuiu para esse processo.

A igreja continuava a ser atormentada pela perseguição externa e pelo cisma interno. Cipriano, assim como os que vieram antes dele, acreditava que a solução estava na institucionalização da igreja. No seu tratado A *Unidade da Igreja*, ele desenvolveu a ideia da sucessão apostólica contínua começando por Pedro. Este conceito de sucessão permitiu que Cipriano e outros desafiassem qualquer pessoa fora da instituição com o seguinte imperativo: "Apresente a origem das suas igrejas! Mostre a ordem dos seus bispos!"[11] Quem não conseguisse cumprir esse quesito era declarado herege.

Assim, na mente de Cipriano, o sistema de bispos representava toda a igreja. Ele disse: "Portanto, vocês devem compreender que o bispo está na Igreja e a Igreja está no bispo; e que se alguém não está com o bispo, não está com a igreja. . . . A Igreja, que é católica e una, não está rompida nem dividida, mas ligada e unida pelo cimento dos seus sacerdotes, que estão unidos uns aos outros".[12]

O próximo passo nessa progressão é inevitável. Cipriano naturalmente concluiria que não poderia haver salvação fora da instituição. Escreveu: "Você não pode ter Deus como seu pai, a menos que tenha a Igreja como sua mãe".[13] Ironicamente, o resultado final de seus esforços foi a distorção do próprio evangelho ao qual deu sua vida para preservar!

Paul Johnson resume os resultados deste período da seguinte maneira: "A lei implicava obediência; e a obediência implicava autoridade. Qual era essa autoridade? A igreja. O que constituía a igreja? Os homens que a dirigiam. . . . Quem estava encarregado do processo [de explicar as Escrituras]? A igreja. O que era a igreja? Os homens que a dirigiam".[14] Veremos agora o próximo passo lógico dado por Agostinho: a união desta igreja autoritária com o poder do estado.

Agostinho: Bispo de Hipona (354-431)

Na época de Agostinho, a sorte da igreja em relação ao estado começou a mudar. Uma aliança da igreja com o império começou com Constantino. Assim, a igreja se viu ocupada em aceitar o mundo do qual tinha, até então, ficado afastada. Agostinho, no seu livro *Cidade de Deus*, amplamente lido, proveu uma base filosófica que não apenas servia à ocasião, mas também afetou a fé cristã até hoje.

Vejamos a descrição de Kenneth Latourette da teologia de Agostinho e a descrição de Paul Johnson dos seus efeitos.

> Agostinho, de acordo com a visão bíblica, sustentava que ela [a história] tinha um começo e uma culminação. . . . Agostinho considerava o término desse império com esperança cheia de confiança, crendo que o Império Romano estava para ser substituído por uma ordem infinitamente melhor, que seria estabelecida por Deus. Agostinho sustentava que, desde a primeira rebelião do homem contra Deus, duas cidades passaram a existir: a terrena e a celestial. . . . A terrena era formada pelo amor a si mesmo e pelo orgulho. Ela não era inteiramente má, porque Babilônia e Roma, seus representantes mais elevados e outros governos, sem levar em conta o interesse próprio, trouxeram paz e ordem. A cidade celestial, de outro lado, é dominada "pelo amor a Deus mesmo a ponto de desprezar a si mesmo". Os homens entravam nela aqui e agora, e ela é representada pela igreja, embora nem todos da igreja sejam seus cidadãos . . . toda a história é dirigida e governada por Deus e se move para um apogeu em uma sociedade na qual a vontade de Deus deverá ser perfeitamente realizada.[15]

Está claro que a igreja foi o produto do evangelho. Também está claro que a igreja visível e institucionalizada, seja católica ou um dos corpos que discordou dela, foi atingida inúmeras vezes por contradições ao evangelho. Como Agostinho sinceramente reconheceu, as duas cidades, a terrena e a celestial, estão misturadas. Ele afirmou que elas deviam continuar misturadas até que o juízo final efetuasse a sua separação.[16]

O cristianismo não era a antissociedade, mas a própria sociedade. Liderada pelos eleitos, seu dever era transformar, absorver, e aperfeiçoar todos os vínculos existentes nas relações humanas, todas as atividades e instituições humanas, e regularizar, codificar e elevar todos os aspectos da vida. Aqui estava o embrião da ideia medieval de uma sociedade total.[17]

Foi neste ponto que as ideias de Agostinho começaram a ser aplicadas de algumas maneiras bem negativas.

A ideia de uma sociedade totalmente cristã incluía necessariamente a ideia de uma sociedade compulsória. As pessoas não poderiam escolher pertencer ou não pertencer. . . . Agostinho não desistiu da lógica da sua posição. De fato, com o problema de coagir os donatistas ele trouxe . . . a disposição de usar a violência em causas espirituais. . . . Perguntaria ele: Por que não? Se o Estado usava tais métodos [tortura] para seus próprios propósitos miseráveis, a igreja não teria o direito de fazer o mesmo e até mais para seus propósitos bem maiores? Ele não apenas aceitou, como também se tornou um teórico da perseguição. . . . Afinal, esse era o método do próprio Cristo. Não tinha ele, 'com grande violência', 'coagido' Paulo a se tornar cristão? Não era este o significado do texto em Lucas 14:23: 'Vá e obrigue-os a entrar'?[18]

Assim, de acordo com Agostinho, o estado precisava da igreja para transformar a sociedade e a igreja precisava do estado para impor essa transformação. Essa foi uma combinação terrível. Mesmo assim, ela perdurou pelos próximos mil anos como o conceito fundamental da Idade Média, um período frequentemente caracterizado por uma passividade desanimadora. Consumidas pela ansiedade sobre seus destinos eternos e crendo que a igreja tinha controle sobre eles, as pessoas se resignavam a aguardar seu destino.

A influência de Agostinho na igreja é significativa para nossa discussão, no sentido de que sua ideia de cristianismo como uma poderosa presença física e institucional no mundo, acabou resultando na supremacia papal. O conceito de uma igreja universal—que começou com Inácio, foi defendido por Irineu, e mais claramente definido por Cipriano—foi totalmente articulado por Agostinho.

Agostinho acreditava que a instituição visível da Igreja Católica em todo o mundo era o corpo de Cristo e que fora dela não havia salvação. Ele também achava que tanto o batismo quanto a santa ceia eram necessários para a salvação, mas que estes não garantiam que alguém estivesse entre os eleitos de Deus. Enquanto uma pessoa estiver nesta carne mortal, de acordo com Agostinho, ela não terá certeza de que está no número de predestinados.[19]

Apoiado pela teologia agostiniana, o clero exerceu um poder incrível durante toda a Idade Média. O céu e o inferno estavam em suas mãos. Assim, o cristão comum não apenas tinha perdido o ministério para o clero, mas o acesso à salvação pessoal também estava nas mãos do clero. A possibilidade de que o povo de Deus pudesse atuar de acordo com nossa tese tinha sido destruída. O cristão comum estava cercado pela igreja institucional.

O Que Eles Deveriam Ter Feito?

Todos esses homens que acabamos de descrever eram tanto brilhantes quanto piedosos. Eram zelosos a ponto de morrerem pela pureza do evangelho e pela unidade do povo de Deus. Somos gratos a eles, pois fizeram muito para preservar a fé que hoje gozamos. No entanto, como vimos, havia sementes de morte nas ideias que eles colocaram em ação e, com o passar do tempo, tais ideias destruíram as próprias coisas que se esforçaram para preservar. Isso me assusta. A sinceridade e o zelo não servem de garantia contra erros. É provável que qualquer coisa que tenha impressões digitais humanas seja seriamente estragada e finalmente precise ser substituída por Deus, o Senhor do seu povo. Até mesmo nossas melhores ideias resultam, ao longo do tempo, em consequências indesejadas.

O que podemos concluir disso? Com a vantagem de podermos olhar para o passado, podemos nos perguntar: O que eles deveriam ter feito? A Bíblia nos dá algo para continuarmos neste assunto? Sim, há lições a serem aprendidas tanto de Jesus quanto do apóstolo Paulo.

Lições de Jesus

Quando Jesus olhava para o futuro, ele sabia para onde estava enviando seus discípulos. Ele os avisou: "Vocês serão entregues para serem perseguidos e condenados à morte, e vocês serão odiados por todas as nações por minha causa. . . . Muitos abandonarão a fé. . . . Muitos falsos profetas surgirão e enganarão a muitos" (Mateus 24:9-11). Mas Jesus lidou com essas pressões de maneiras muito diferentes daquelas que acabamos de observar.

Clamando a seu Pai para proteger seu povo, ele disse: "Pai santo, protege-os pelo poder do teu nome . . . para que eles possam ser um assim como nós somos um. Enquanto eu estava com eles, eu os protegi e os mantive seguros pelo nome que me deste. . . . Minha oração não é que os tires do mundo, mas que tu os protejas do maligno. . . . Assim como tu me enviaste ao mundo, eu os enviei ao mundo" (João 17:11-18). Jesus nunca disse ou fez algo que indicasse que estruturas e organizações serviam para proteger o povo de Deus. Pastores e servos, sim, seriam necessários, porém ele nunca falou sobre estruturas. Não que ele fosse contra estruturas. Elas são necessárias, como ainda veremos, mas para proteger o seu povo ele tinha algo muito mais confiável: o Espírito Santo! Pouco antes de retornar ao Pai, ele disse a seus discípulos: "Não saiam de Jerusalém, mas esperem pelo dom que meu Pai prometeu... o Espírito Santo" (Atos 1:4-5). Ele lhes ensinaria todas as coisas. Ele os guardaria e lhes daria poder.

Lições de Paulo

Em Atos 20, vemos o apóstolo Paulo preparando-se para partir de Éfeso, onde havia dedicado três anos e meio ao estabelecimento dos cristãos. Na sua conversa final com os líderes, ele os lembrou da responsabilidade de pastorear o povo de Deus. Reconheceu os perigos inevitáveis da divisão e do falso ensino. Mas não tentou instituir uma organização protetora. Em vez disso, disse: "Eu os entrego a Deus e à palavra da sua graça" (Atos 20:32). Aqueles crentes em luta estavam cercados por perigos de todo tipo, mas Paulo acreditava que havia mais força a ser encontrada no Espírito de Deus e na Palavra de Deus do que em estruturas institucionais. Os pais da igreja que acabamos de ver, ou não tinham esta mesma percepção, ou não tinham a coragem de correr o risco de deixar que Cristo preservasse seu povo.

Não estou dizendo que organizações e instituições sejam erradas. A vida seria enlouquecedoramente caótica sem elas, mas elas são frequentemente mal utilizadas. Creio que aquilo que vimos em nossa revisão representa um mau uso. Para começar, aqueles homens tiraram suas ideias de como organizar e administrar a igreja dos modelos do Império Romano, em vez de Cristo e das Escrituras. Mas seu erro mais grave está no fato de que contaram com as estruturas que criaram para preservar os santos e sua fé. Como resultado "o cristianismo tornou-se, de muitas formas marcantes, uma imagem espelhada do próprio império. Ele era católico, universal, ecumênico, ordenado, internacional, multirracial, e cada vez mais legalista. Era administrado por uma classe profissional de letrados que de várias maneiras funcionavam como burocratas, e seus bispos, como governadores imperiais, embaixadores ou prefeitos, tinham amplos poderes discricionários para interpretar a lei".[20]

Não posso deixar de perguntar que maravilha teria sido para o povo de Deus se tivessem continuado a contar com o Espírito Santo, ao invés de estruturas, para sua sobrevivência. E o que seríamos hoje se tivessem mantido um foco mais equilibrado, preocupando-se com a importância de cada cristão estar envolvido na vida do corpo e na sua missão na sociedade, juntamente com suas preocupações com a pureza da doutrina e a unidade organizacional? Hoje, certas coisas seriam muito diferentes se tivessem mantido esse equilíbrio. E quem sabe, quão profundamente o evangelho teria penetrado na sociedade!

Da Igreja Medieval até a Reforma: 600-1517

Nesta seção, vamos passar por quase mil anos em apenas alguns parágrafos. O curso para a igreja da Idade Média foi estabelecido no ano 600, então a nossa atenção estará mais voltada para as forças que no final resultaram na Reforma.

Ao tratar a Idade Média dessa maneira, eu poderia contribuir com a noção popular de que a Idade Média foi um período histórico em que nada realmente aconteceu, e o que aconteceu foi ruim. Isso não é verdade. Muitas coisas importantes aconteceram, mas este não é um livro de história completa.

As visões parciais que temos de alguns dos primeiros papas revelam que a estrutura papal, uma vez concebida, rapidamente se tornou uma instituição poderosa. Elas também revelam que aqueles papas e as igrejas sob sua autoridade, fizeram algumas contribuições surpreendentes para a sociedade e para a expansão do evangelho.

Paul Johnson descreve as várias atividades de Gregório I, um dos primeiros papas da "Idade das Trevas",[21] que assumiu o papado em 589, ocupando-se com uma série de questões sociais e de negócios. Ele consertou aquedutos, criou cavalos, abateu gado, administrou legados, estabeleceu níveis de preços de aluguéis e arrendamentos, e assim por diante. Motivado pela necessidade de construir uma base financeira para a administração eclesiástica, Gregório fixou impostos sobre casamentos e taxas sobre falecimentos e terras.

Sob Gregório I, o clero já tinha uma estrutura de castas que se refletia nas suas vestimentas. Tanto a estrutura como a atitude espelhavam o senado e a legislatura imperiais. Portanto, de fato, o clero estava imitando a Roma imperial tanto na aparência como na função.

A maior contribuição do clero para este período foi a concepção e a aplicação de leis. A igreja primitiva da Idade Média tinha um corpo completo e sofisticado de leis escritas, que eram transmitidas ao mundo bárbaro pelos bispos missionários. Quando as sociedades bárbaras aceitavam o batismo, quase imediatamente os bispos estabeleciam arranjos para vincular os costumes legais da igreja com os códigos de leis pagãs existentes. Assim, nas mentes dos bárbaros, a igreja tornou-se identificada com o progresso e o futuro. A cristianização era vista como sendo o ponto no qual um povo passava de primitivo e bárbaro para civilizado. A igreja dava instituições, leis e história à sociedade bárbara. Ela também introduziu técnicas avançadas de economia e agricultura, e os monges que se espalharam pela Europa provaram ser bons agricultores.

Considerada a teologia, instituição, e indústria da igreja na Idade Média, era inevitável que acumulasse cada vez mais poder. Esse poder, por sua vez, era um convite ao abuso. O papa Inocêncio III (de 1198 a 1216) consolidou esse poder no que equivalia a uma teoria de governo mundial papal. A igreja universal, escreveu ele, exercia plenos poderes em todos os aspectos do governo. Ele disse (apropriando-se de Provérbios 8:15): "Por meu intermédio, os reis reinam e os príncipes decretam justiça".[22] Com isso, Inocêncio III desafiava o cargo do próprio imperador. "Ou o papa era o bispo-chefe do imperador, ou o imperador era o fantoche nomeado pelo papa".[23] Um dos dois teria que sair. Isto iniciou uma luta feroz pelo poder que, no final, ocasionou a Reforma.

As armas papais nessa luta foram a excomunhão e o interdito. Eram armas terríveis, pois a excomunhão condenava uma pessoa à desgraça eterna e o interdito significava que os sacerdotes entrariam em greve, recusando-se a efetuar casamentos, enterros, etc. À medida que a luta pelo poder se acelerava, os bispos abusavam cada vez mais dessas armas. Assim, o antagonismo entre rei e clero só podia crescer.

Nesse período, houve reis que adotaram o ideal de uma única igreja e estado cristãos. Henrique II da Inglaterra foi um deles. Ele realmente queria fazer a sociedade cristã funcionar. Acreditava que uma igreja ativa, vigorosa, e até mesmo militante fosse necessária para o bem-estar do reino. Mas na sua época, o século doze, a postura do papado havia se tornado tão radical que essa boa vontade foi desperdiçada. Então, os precursores da Reforma logo começaram a se fazer ouvir.

Os Primeiros Reformadores

Rever as questões levantadas pelos primeiros reformadores revela as forças que impulsionaram a própria Reforma.

Pedro Valdo (1217)

Entre os primeiros precursores da Reforma estava Pedro Valdo, um comerciante rico de Lyon. Procurando imitar Cristo, ele vendeu tudo o que tinha e saiu a pregar na cidade e no campo. Logo atraiu seguidores, que fizeram o mesmo. A igreja os proibiu e, em 1184, Valdo foi excomungado pelo papa. Apesar disso, eles continuaram.

Valdo pregava contra a corrupção na igreja. Dizia que mulheres e homens leigos podiam pregar, que missas e orações pelos mortos não tinham valor e que um leigo era tão competente quanto um sacerdote para ouvir confissões.

Valdo e seus seguidores, os valdenses, foram taxados de hereges. A Igreja Católica e as autoridades civis decidiram eliminá-los. Foram perseguidos até que poucos sobrevivessem.

João Wycliffe (cerca de 1328 a 1384)

João Wycliffe foi aluno e professor em Oxford. Ele atacou o papado com a acusação de que os papas podem e cometem erros, e que um papa mundano estava sujeito à disciplina e deveria ser afastado do cargo. Afirmava que "a salvação não depende de uma conexão com a Igreja visível ou da intermediação do sacerdócio, mas apenas da eleição de Deus".[24] Condenou a adoração de santos e relíquias, e as peregrinações. Rejeitou a ideia das indulgências e missas pelos mortos.

Sua atitude mais audaciosa foi traduzir a Bíblia Vulgata

(em latim) para o inglês vernacular (nacional). Insistia que as Escrituras eram a autoridade suprema e que as pessoas comuns poderiam entendê-las. Enviou pregadores viajantes a quem chamou de "pobres sacerdotes que pregam . . . [para] homens iletrados e simples", ou simplesmente de "pregadores itinerantes". Eles pregavam onde quer que fossem ouvidos— nas estradas, nas vilas, ou nos pátios das igrejas.

Através dos seus escritos e do trabalho dos itinerantes, Wycliffe conquistou um grande números de seguidores conhecidos como "lolardos".

João Hus (cerca de 1373 a 1415)

Hus, estimulado pelas obras de Wycliffe, denunciou os males da Igreja Católica e da sociedade da Boêmia. Acusou o clero de corrupção, desde os sacerdotes paroquiais até o papa. Sustentava que Cristo, e não Pedro, era o Cabeça da igreja e que a Bíblia era a única regra para a vida.

A principal preocupação de Hus foi a reforma moral. Ele clamou por um clero moral e pela livre pregação do evangelho. Hus foi condenado por suas crenças e queimado na fogueira em 16 de julho de 1415.

Erasmo de Roterdã (cerca de 1466 a 1536)

Em 1499, Oxford, Inglaterra, Erasmo assistiu a palestra sobre o livro de Romanos do deão da catedral de São Paulo, John Colet. Foi tão inspirador que ele dedicou os próximos quarenta anos de sua vida a reexaminar as Escrituras e a escrever uma série de livros pequenos e baratos para ampla distribuição.

Erasmo se considerava um leigo. Tirava o sustento das suas publicações e insistia que não poderia haver intermediários entre os cristãos e as Escrituras. Ele queria ver a Bíblia o mais acessível possível—e em traduções vernáculas. Esse era um posicionamento corajoso, porque mais ou menos a partir de 1080, o clero proibiu que os leigos lessem a Bíblia—fosse vernacular ou não. As tentativas de examinar a Bíblia eram vistas como prova de heresia e poderiam custar a vida da pessoa!

Resumo

Certos temas recorrentes são aparentes nas posições dos primeiros reformadores. Eles protestavam contra a corrupção do clero e até do papado. Questionavam o próprio conceito de papado. Clamavam pelo acesso livre às Escrituras para as pessoas leigas e defendiam seus direitos de pregar e ministrar. Assim, nas palavras de Latourette, "O tsunami vindo das fileiras de cristãos comuns ocasionaria uma maré transbordante". Ela purificaria a Igreja Católica Romana de alguns de seus piores abusos morais e fluiria em "um ou outro aspecto no que é comumente conhecido como Protestantismo".[25]

Mas será que esses ventos frescos que sopravam através da igreja seriam suficientemente fortes para trazer de volta os ideais de nossa tese para que pudessem ser praticados?

Da Reforma aos Puritanos (1517-1628)

A Reforma não foi um movimento único como alguns possam pensar. Foi mais um comboio de movimentos que ocorreram simultaneamente. A Reforma Protestante consistir em quatro movimentos principais: Luterano, Reformado, Anabatista, e Anglicano. A Reforma Católica veio como uma reação a esses movimentos, sendo na realidade uma contra-reforma. Tanto os movimentos católicos quanto os protestantes tinham em comum o desejo de limpar a igreja da corrupção e corrigir seus erros.

Nesta seção, tentaremos entender como a Reforma influenciou a percepção da igreja quanto à sua responsabilidade para com o mundo incrédulo e à sua visão do ministério do cristão comum dentro e fora da igreja. Cada um dos movimentos protestantes lidou com esta questão de maneira um pouco diferente.

Luteranismo

Martinho Lutero (1483-1546) foi o primeiro líder que se destacou no Protestantismo. Quando era um monge católico, o significado da frase de Romanos 1:17, "O justo viverá pela fé", raiou sobre ele. A partir de então (ao redor de 1516), Lutero viveu admirado com o perdão de Deus e com o dom gratuito da salvação. Através dele, "a justificação pela fé" tornou-se a verdade dominante.

A emissão de indulgências pela Igreja Católica Romana baseava-se na crença de que o papa poderia recorrer ao tesouro dos santos para remir as penalidades temporais pelo pecado tanto para os vivos quanto para as almas no purgatório. A indulgência era uma ideia bastante vendável. Seu potencial lucrativo era um convite à corrupção do clero. Assim, a venda de indulgências ajudou muito a incitar a Reforma: ela provocou Lutero a pregar, em 31 de outubro de 1517, suas 95 teses na porta da Igreja do Castelo de Wittenberg, na Alemanha. Lutero estava lançando o desafio, oferecendo-se para debater o assunto com qualquer que se dispusesse a enfrentá-lo. Esse ato é costuma ser visto como o início da Reforma.

Lutero discordou da ideia de que se poderia acumular boas obras fazendo peregrinações, jejuando, confessando, e invocando os santos. Ele rejeitou a noção de que papas, bispos, sacerdotes, e monges fossem superiores aos leigos. Todos os cristãos, afirmava, eram sacerdotes consagrados e, portanto, competentes para discernir o que era certo nas questões de fé. Ele sustentava que cada cristão tinha o direito e o dever de interpretar as Escrituras, a única autoridade.

Em abril de 1521, Lutero se defendeu perante o corpo judiciário da igreja e do imperador. Considerando o clima daqueles dias e o que havia acontecido com Hus em circunstâncias semelhantes, ficamos imaginando como ele sobreviveu para falar desse episódio. "Um único indivíduo estava colocando sua razão e sua integridade contra instituições estabelecidas que eram o baluarte da sociedade".[26]

Lutero iniciou um movimento e, posteriormente, o organizou. Ele via a igreja como "a assembleia de todos os crentes em Cristo sobre a terra . . . mesmo que estejam distantes a milhares de quilômetros uns dos outros, ainda assim são chamados de assembleia em espírito, porque cada um prega, crê, espera, ama, e vive como o outro . . . e essa unidade é em si suficiente para fazer uma Igreja".[27]

Ao definir a igreja visível, Lutero disse: "As marcas externas, pelas quais podemos perceber onde esta igreja está na terra, são o batismo, o sacramento e o evangelho; e não Roma, ou este ou aquele lugar. Pois onde houver batismo e o evangelho, ninguém pode duvidar que haja santos, mesmo que sejam apenas bebês em seus berços".[28]

As Igrejas Reformadas

Ainda que o movimento reformador dentro do Protestantismo tenha surgido através do esforço de várias pessoas, João Calvino (1509-1564) fez o máximo para moldá-lo. Aos vinte e seis anos de idade, na Basileia, Suíça, Calvino publicou sua primeira edição de *Os Institutos da Religião Cristã*. Provavelmente este foi o livro mais influente da Reforma porque oferecia uma apresentação clara, ordenada, e compreensiva da fé cristã. Calvino revisou este trabalho ao longo da sua vida, publicando sua quarta revisão em 1559.

Ao tratar o assunto da igreja, Calvino afirmou que ela não era igual a nenhuma instituição visível, mas que incluía todos os eleitos. Ela era invisível e conhecida apenas por Deus. Quanto à manifestação visível da igreja, ele disse que ela existia "onde quer que se encontrasse a palavra de Deus pregada e ouvida puramente, e os sacramentos administrados de acordo com a instituição de Cristo". Os membros da igreja incluíam "todos aqueles que por meio de uma confissão de fé, uma vida exemplar e uma participação nos sacramentos professam o mesmo Deus e Cristo como nós mesmos".[29]

Calvino estava interessado em que houvesse ordem na igreja. A igreja deveria ter juízes encarregados de censurar o vício e excomungar os paroquianos rebeldes. Calvino sustentou que originalmente havia apóstolos, profetas, evangelistas, pastores, e mestres. Ele acreditava que Deus levantava os três primeiros apenas em ocasiões especiais, enquanto pastores e mestres eram permanentes.

Inspirado por Agostinho, Calvino manteve a visão de uma comunidade sagrada, onde a igreja e o estado funcionavam juntos. Ele tentou fazer da cidade de Genebra um modelo dessa cooperação.

Os Anabatistas

O movimento Anabatista foi contemporâneo do Luteranismo e do Calvinismo, mas era mais radical que esses dois. Suas origens são incertas. Não era liderado por alguns poucos indivíduos fortes à maneira como eram os movimentos Luteranos e Reformados. Consequentemente, essa considerável diversidade torna difícil resumir no que os

Anabatistas acreditavam.

Em geral, eles consideravam as Escrituras e, em especial, o Novo Testamento, como sua autoridade. Desejavam retornar ao cristianismo primitivo do primeiro século e tendiam a se afastar da sociedade, a buscar a perfeição em comunidades próprias, longe da contaminação do mundo. Acreditavam em igrejas compostas por aqueles que haviam experimentado o novo nascimento. Rejeitavam o batismo infantil, considerando válido apenas o batismo administrado a crentes conscientes. Esta foi a origem de seu nome. Foi um apelido que pegou: Anabatistas, aqueles que batizavam pela segunda vez.

Entre as vertentes de Anabatistas, havia alguns que acreditavam que a profecia havia revivido dentro deles. Alguns negavam a divindade de Cristo. Muitos eram ardentemente missionários, procurando persuadir com seus pontos de vista não apenas aos cristãos, mas também levando o evangelho a toda a humanidade.

Os Anabatistas foram perseguidos por todos os lados: pela Igreja Católica Romana, pelos Luteranos, e pela Igreja Reformada.

Os Anglicanos e os Puritanos

Inicialmente encorajada por razões políticas e pessoais de Henrique VIII, a Reforma Anglicana na Inglaterra foi diferente das outras. Para conseguir se divorciar de Catarina de Aragão e casar com Ana Bolena, ele teve que assumir o controle da Igreja Católica Romana na Inglaterra. O Ato de Supremacia, publicado em 1534, atingiu esse fim. Ele declarou o rei como "o único chefe supremo na terra sobre a Igreja da Inglaterra". Na doutrina, a Igreja da Inglaterra permaneceu basicamente a mesma. A única diferença, é claro, estava em sua definição de igreja. De acordo com o credo Anglicano, "A igreja visível de Cristo é a congregação de homens fiéis, na qual a palavra pura de Deus é pregada e os sacramentos são devidamente administrados de acordo com a ordenança de Cristo, em todas as coisas que, por necessidade, são requeridas à mesma".[30]

Os Puritanos, uma facção dentro da Igreja Anglicana, queria maiores reformas. Seus objetivos eram purificar a igreja de acordo com a Bíblia, restringir a participação na igreja àqueles que haviam demonstrado sua eleição e estabelecer a autonomia de determinadas congregações.

Em 1628, mais de vinte mil Puritanos embarcaram para a Nova Inglaterra para elaborar a reforma completa, que sentiam ainda não ter sido realizada na Inglaterra e na Europa.

O Que Houve com os Puritanos?

A migração dos Puritanos começou em 1628 e durou dezesseis anos. A força motivadora por trás daquelas viagens arriscadas e sem volta foi o pacto que esses Puritanos fizeram com Deus e uns com os outros para serem uma igreja e uma sociedade que fosse cristã na maneira como a definiam. "Eles viam sua ação colonizadora como sendo dada por Deus: uma 'tarefa no deserto', uma experiência de vida cristã, e a fundação de uma 'cidade sobre um monte'".[31]

Peter Marshall e David Manuel escreveram sobre a estrutura da vida puritana. Quando os puritanos se estabeleciam, "primeiro estabeleciam uma igreja, depois a cidade formava-se ao redor dela".[32] Assim, para eles a igreja e o governo eram inseparáveis. A vida girava em torno da igreja.

O domingo era o primeiro dia da semana, não o último. Havia o culto matinal, que durava três a quatro horas, depois faziam uma pausa para um almoço leve e retornavam para o ensino da tarde, que poderia durar mais três horas. Depois vinha a janta dominical, a refeição mais substancial da semana.³³

O pastor era a figura central, geralmente formado em Oxford ou Cambridge. Como o homem mais estudado da comunidade, ele era a única fonte de conhecimento secular e religioso. Assim, atendia a múltiplas necessidades: pastoreava e educava. Tinha um papel equivalente ao de âncora de notícias de TV.

Os Puritanos e os primeiros colonizadores americanos de outras origens eclesiásticas, tais como os peregrinos, demonstraram grande vitalidade espiritual. A santidade e a integridade pessoais eram questões de vida ou morte. Eram pessoas disciplinadas e impunham suas normas uns aos outros.

Quanto à estrutura da igreja, os primeiros colonizadores romperam com as hierarquias clericais comuns à Europa, e o congregacionalismo se tornou o substituto comum. Mas o pastor e o sermão continuaram a ser a peça central da vida da igreja. É difícil imaginar como poderia ter sido diferente, pois a sociedade era predominantemente rural e o analfabetismo era elevado.

Os Puritanos contribuíram para a fundação dos EUA. A religião bíblica daqueles primeiros colonos americanos teve uma significativa influência nos sistemas jurídicos, políticos, e econômicos da incipiente nação. Mas as áreas de nosso interesse neste livro não estavam em sua agenda.

O Que é a Igreja, de Acordo com os Reformadores?

Quanto mais refletimos sobre a Reforma e sobre as realizações daqueles que a fizeram acontecer, tanto mais incrível ela se torna. Por causa de suas convicções, indivíduos sozinhos repetidamente desafiaram e frequentemente confrontaram tremendas instituições que tinham o poder de vida ou morte sobre eles. Comunidades inteiras de cristãos anônimos aceitaram a perseguição, a tortura, e a morte em vez de negar o que acreditavam. Certamente, a assinatura do Espírito Santo está presente em todo aquele período de cem anos. O que teria sido da igreja se essas pessoas não tivessem feito o que fizeram? As questões pelas quais lutaram eram vitais: a justificação pela fé; a autoridade das Escrituras e o livre acesso a elas; o sacerdócio do cristão comum; e o chamado à pureza e à integridade.

Mas a questão permanece: Será que a Reforma conseguiu restaurar a perspectiva bíblica da igreja como sendo o povo de Deus enviado ao mundo? Ela restaurou ao cristão o seu lugar no ministério? Nossas respostas se encontram no trabalho que os reformadores fizeram ao redefinir a igreja.

Neste capítulo vimos algumas das definições dos reformadores sobre a igreja. Quando repudiaram o sistema papal, a doutrina anterior que tinham se desfez. Até então, o papa havia sido o fator unificador da igreja. Sua hierarquia clerical abrangia isso. Os reformadores tiveram que se dedicar à tarefa de desenredar a igreja do papado. Eles se perguntaram: Como deveria ser uma igreja sem um papa? A maioria deles definiu a igreja em duas dimensões. Isto é, eles descreveram uma igreja universal e invisível constituída de todos que verdadeiramente pertenciam a Deus, e descreveram a expressão local e visível dela.

Quando comparamos essa definição bidimensional com a multiforme expressão do povo de Deus no Novo Testamento, é difícil deixar de concluir que algo grande está faltando no seu trabalho. A igreja que descrevem parece feita mais para se congregar do que qualquer outra coisa. As "expressões viajantes" do povo de Deus estão ausentes. E ainda que os cristãos comuns tivessem a liberdade de encontrar a salvação e estudar as Escrituras por conta própria, eles não recuperaram sua parte na propriedade do ministério.

Três dos quatro movimentos da Reforma Protestante—Luteranismo, Presbiteriana Reformada, e Anglicana—se tornaram igrejas estatais. O Luteranismo e as igrejas Presbiterianas Reformadas eram, de muitas maneiras, uma continuidade da Igreja Católica em seus respectivos países. O mesmo pode ser dito do Anglicanismo. Cada um buscava ser a igreja de toda a comunidade. Eles foram bem-sucedidos em vários países. As pessoas entravam na igreja pelo batismo infantil e todas as pessoas batizavam seus filhos.

Assim, nas áreas de nossa preocupação, nada realmente mudou. O clero manteve a propriedade (exclusiva) do ministério e o "mundo incrédulo" foi registrado (pelo batismo) na igreja. Os Anabatistas ficaram no extremo oposto pois, com sua postura frequentemente separatista, evitavam o contato com a sociedade incrédula.

Por que algo tão central como o propósito de Deus para o seu povo no mundo e a natureza de seu ministério pode continuar esquecido neste período histórico? Penso que seja porque as reformas são sempre em resposta a necessidades específicas. Elas acontecem num contexto. Os reformadores lidaram com as necessidades imediatas conforme as percebiam. Sem dúvida, eles mudaram o mapa em favor do evangelho. Mas não conseguiram, e nem poderiam, resolver todos os problemas.

A maioria das questões que ficaram sem solução tinham sua origem na Igreja Católica Pré-Romana. Elas eram da época dos pais da igreja! Os reformadores não foram tão longe a ponto de questionar os precedentes estabelecidos pelos pais da igreja antes da Igreja Católica Romana. Os pais da igreja foram os criadores da dicotomia entre clero e leigos. É verdade que os reformadores protestantes confirmaram o sacerdócio de todos os cristãos, mas pouco fizeram para facilitar sua reintegração ao ministério nos níveis exigidos por nossa tese.

CAPÍTULO 6

A Igreja nos Estados Unidos

Quando eu originalmente escrevi este capítulo, abordei as tendências modernas da igreja exclusivamente nos EUA. Na época, meus leitores eram apenas os norte-americanos. No entanto, durante o processo de publicar o livro no Brasil, surgiram dúvidas sobre a relevância deste capítulo para os leitores brasileiros. Até pensei em excluir o capítulo.

De um lado, eu sabia que os modelos recentes da Igreja Protestante nos EUA têm uma certa influência no Brasil. Mas por outro, eu reconhecia que a história das igrejas brasileiras e a cultura do Brasil têm muitas diferenças em relação aos EUA. Por exemplo, aproximadamente 70% dos brasileiros ainda se definiam como católicos enqaunto este capítulo tem um enfoque maior na cultura recente da Igreja Protestante nos EUA. O que fazer?

A conselho de amigos brasileiros, decidi publicar o capítulo. Eles me convenceram que este capítulo pode contribuir com algo relevante no Brasil. Porém, é importante explicar que o conteúdo deste capítulo pode ser facilmente mal interpretado, levando as pessoas a pensar que a situação no Brasil é igual à situação nos EUA. Certamente não é. O Brasil tem sua própria cultura e história, independente dos EUA. Não estou dizendo que todas as ideias neste capítulo se aplicam ao contexto do Brasil. Peço ao leitor brasileiro para usar discernimento ao avaliar minhas idéias sobre a igreja atual nos EUA, tirando suas próprias conclusões sobre a relevância delas no Brasil.

Em nosso passeio pela história, agora nos voltaremos

para o presente, em busca de como o povo de Deus tem se saído com seu ministério para com o incrédulo. No capítulo 4 vimos que atingir este ideal foi uma questão delicada até mesmo para aquela primeira geração, exigindo submissão mútua voluntária entre os apóstolos e presbíteros que orientavam o povo de Deus. A liberdade do primeiro século foi se perdendo nos séculos seguintes, dando lugar a uma estrutura hierárquica controladora. Isso dividiu a igreja em duas castas—o clero e os leigos—e deu ao clero controle exclusivo sobre o ministério. As pessoas foram incorporadas à igreja através do batismo obrigatório. A Reforma Protestante realmente não consertou essa situação. Ela afirmou a verdade de que o Espírito Santo habita cada cristão e lhe dá dons para o serviço—o sacerdócio de cada crente. Mas como Howard Snyder disse: "Hoje, quatro séculos após a Reforma, as implicações desta afirmativa protestante ainda precisam ser elaboradas". A dicotomia entre o clero e os leigos persiste. Snyder continua: "Porque sempre pressupomos que esta dicotomia está na Bíblia, isso tornou-se para nós um grande obstáculo para uma compreensão bíblica da igreja. Neste ponto é que estão atrasadas algumas reconsiderações fundamentais".[1]

Na Sombra Do Passado

Nos Estados Unidos do século dezessete, a vida era rural e centrada na comunidade. A igreja e a prefeitura eram próximas uma da outra de várias maneiras. A igreja dependia basicamente do sermão e do santuário para conseguir realizar seu ministério. Isso servia bem às pessoas. Entretanto agora, no final do século vinte, os tempos mudaram incrivelmente. Vivemos numa sociedade urbana e insular, onde o estado e a igreja estão se tornando cada vez mais opostos entre si, e onde o pensamento popular e o pensamento bíblico estão se tornando cada vez mais conflitantes. Acabaram-se os dias em que podíamos esperar que o mundo viesse a nós. Mesmo assim, continuamos tentando. De fato, é nisso que gastamos a maior parte de nossa energia—tentando fazer com que o mundo venha a nós.

Anos atrás, juntamente com vários de líderes de igrejas, participei de um fórum para alcançar os sem-igreja. Faltei ao primeiro dia, e quando me juntei ao grupo, eles estavam discutindo sobre vagas de estacionamento da igreja. Alguém estava descrevendo uma forma de identificar os carros que nunca haviam antes aparecido na igreja. A conversa mudou para a relação entre o tamanho do estacionamento e o crescimento da igreja. Um dos participantes falou de uma igreja que havia pintado um mural na parede acima do seu estacionamento para atrair pessoas.

No primeiro intervalo pedi a um amigo o resumo das discussões do dia anterior. Entendi que as discussões haviam se concentrado no que a igreja poderia fazer para atrair os sem igreja. Aparentemente, as discussões não passariam da temática sobre a distância entre o estacionamento e o prédio da igreja. Percebi então que aquele grupo e eu estávamos operando a partir de suposições diferentes. Eles supunham que uma abordagem correta poderia atrair os sem igreja para participar dos programas da igreja. A maioria dos homens no seminário eram pastores de igrejas com mais de mil pessoas, um fato que servia de apoio à sua suposição. Por outra lado, minha suposição era que mesmo que alguns fossem atraídos, a maioria dos descrentes não seria. Pessoas até podem ser atraídas a uma igreja por aquilo que ela oferece, mas o problema está no que geralmente se tornam. A grande maioria faz parte de um bando migratório de igrejeiros, que parece estar sempre procurando um lugar para pousar onde mais coisas estejam acontecendo. Aumento desse tipo não é nenhum crescimento da igreja. É apenas um novo embaralhar das mesmas cinquenta e duas cartas.

    Algumas das pessoas sem igreja até podem ser atraídas para a igreja, e há vários exemplos disso bem encorajadores ocorrendo hoje. Mas estou convencido que sempre serão relativamente poucas. No entanto, a principal corrente das pessoas sem igreja da sociedade americana, arrebatada pela onda de modernidade descrita no início deste livro, não será capaz de sair para vir a nós. E o que será dela? Nossa mentalidade persistente de "vinde a nós" sugere que realmente cremos que as pessoas a que se recusam a entrar pela porta da frente da igreja estão fora do alcance de Cristo.

De Pequenas Igrejas a Análise Demográfica

    Eu paguei meu curso universitário trabalhando como açougueiro numa pequena loja no centro de Mineápolis. O açougue compartilhava o espaço com um estande de frutas e verduras. Isso foi no final dos anos 1950. Uma das minhas responsabilidades era fazer a contabilidade no final do dia. Durante os quatro anos de meu emprego, vi as vendas brutas caírem a um terço do que eram quando comecei. Um padrão havia ficado evidente. A cadeia alimentícia Red Owl estava abrindo supermercados nos bairros e nós não conseguíamos competir com o serviço que eles ofereciam: compras em um só lugar, onde o cliente podia adquirir tudo de que precisava, uma vez por semana, com amplo e fácil estacionamento. Cada vez que abria uma nova loja da Red Owl, nossas vendas sofriam outra queda. Os açougues estavam se tornando obsoletos. Finalmente, fechamos o negócio!

    As coisas na igreja não eram muito diferentes. Pai pregava e mãe tocava piano e dirigia o coral ao mesmo tempo. A Sra.

Hanson era uma soprano que furava nossos ouvidos e o Sr. Ferris nunca acertava a nota, mas todos nós não ligávamos muito para isso. Os sermões testavam a paciência de todos, mas nos davam algo para conversar no domingo, enquanto almoçávamos carne assada com purê de batatas. A atitude era de boa tolerância e a ideia de deixar tudo aquilo para encontrar algo mais interessante raramente era levada a sério. Assim era nossa igreja, com soprano e tudo mais.

A revolução social dos anos 1960 atingiu a igreja, assim como a todas as outras instituições da nossa sociedade. Ficou claro que a pregação de papai e aquele coral fora de tom não iriam alcançar o mundo. Não alcançavam nem a nós! Os cristãos jovens que queriam algo a mais se reuniam nos grupos frequentemente chamados de "paralelos à igreja". Foi uma época de colheita no meio de uma geração em crise. Enquanto eu observava o esvaziamento das igrejas locais, ficava imaginando se algum dia a maré voltaria para elas. Para os grupos paralelos à igreja, o método de pregação usado não parecia ter importância lá fora nos campi universitários, nas bases militares, ou até mesmo nas ruas. Você podia fazer tudo errado e mesmo assim obter alguma resposta positiva das pessoas. No final da década, os seminários começaram a se encher como fruto desses esforços.

Nos anos 1970, novamente a sorte da igreja tomou outro rumo. Pelo meio da década, muitos dos seminaristas de origens paralelas à igreja haviam se formado e ganho experiência suficiente em liderança de igreja para saberem muito bem o que queriam. Suas experiências nos campi e nas ruas haviam ampliado sua visão. Muitos eram inovadores e altamente talentosos, e valorizavam a excelência. Assim, os anos 1970 viram o surgimento das super-igrejas.

Nos anos 1980 surgiu mais um novo modelo de igreja de sucesso. Ela tem sido chamada de igreja "empreendedora". Isso, também, é um reflexo dos dias atuais.

A inspiração para a igreja empreendedora é resumida por George Barna da seguinte maneira: "A questão é clara—a igreja não está conseguindo entrar nas vidas e nos corações das pessoas. Meu argumento, baseado no estudo cuidadoso dos dados e das atividades das igrejas americanas, é que o principal problema que assola a igreja é sua incapacidade de adotar uma orientação de marketing no que se tornou um ambiente guiado pelo marketing".[2]

Esse modelo requer um espectro de serviços especializados. De acordo com Leith Anderson: "Cada vez mais [norte] americanos estão optando pelas 'igrejas de serviço completo', que podem oferecer qualidade e variedade na música, amplos programas para jovens, diversas oportunidades educacionais, uma equipe de aconselhamento, grupos de apoio, trabalho com solteiros, atividades esportivas, serviços múltiplos no domingo de manhã, um berçário moderno, e . . . outros serviços e programas".[3] Obviamente, apenas uma grande organização é capaz de oferecer tudo isso. Portanto, ter tamanho é um pré-requisito. Já ouvi essas igrejas serem chamadas de "shoppings espirituais" contendo uma série de serviços especializados num só lugar.

A igreja empreendedora tem trazido um novo vocabulário para os encontros dos presbíteros. É provável que alguém ouça discussões sobre "quem é o cliente", "conhecendo o mercado", e "relação custo-benefício". Não há nada de ambíguo na definição de sucesso deste modelo. Pensa-se em "resultados finais" em termos quantificáveis. O desempenho é avaliado em relação a números.

Peter Drucker, o guru em administração, usa a igreja para ilustrar uma lição de marketing: "As ações de marketing das empresas devem ser para todos clientes potenciais e não apenas para seus clientes". Sua ilustração do uso bem-sucedido deste princípio é o conceito de igrejas "pastorais" que aprenderam a explorar as mudanças demográficas como oportunidades de marketing. "Igrejas tradicionais e sinagogas nos EUA têm perdido membros de forma constante por quarenta anos", relata ele.

> [As pessoas] estavam entediadas com as igrejas tradicionais e ficavam cada vez mais em casa. . . . [Os líderes das novas] igrejas pastorais os viam como 'clientes potenciais'. Eles perguntavam: 'O que os clientes precisam e querem de uma igreja?' Como resultado, focam nas necessidades espirituais do indivíduo e na necessidade do indivíduo de estar numa comunidade livremente escolhida, e mais próxima. E tentam satisfazer as pessoas mais jovens e prósperas que desejam trabalhar na igreja e ocupar cargos de responsabilidade na sua governança.
>
> Quinze anos atrás, havia poucas dessas igrejas próximas dos fiéis e a maioria delas eram bem pequenas. Hoje existem cerca de vinte mil igrejas pastorais grandes, cada uma com uma filiação de duas mil pessoas ou mais, e cerca de cinco mil delas têm congregações com mais de quatro ou cinco mil.[4]

O ponto principal de Drucker é que aqueles que deveriam ser clientes mas não são, são o grupo principal a ser observado. E isso requer uma correta ação de marketing para conquistá-los.

Ainda que essas igrejas gigantescas sejam os modelos predominantes de sucesso, um percentual muito pequeno das igrejas do país conseguem entrar neste círculo. Leith Anderson relata que "há uma estimativa de 375 mil igrejas nos Estados Unidos e a maioria delas são pequenas. Metade . . . tem setenta e cinco pessoas ou menos no culto de uma típica manhã de domingo. A maioria delas são surpreendentemente estáveis e indestrutíveis", observa Anderson. "[Seus membros] provavelmente continuariam a se encontrar mesmo que o pastor morresse, o prédio da igreja pegasse fogo e a tesouraria quebrasse. Eles são edificados e mantidos juntos por relacionamentos familiares permanentes".[5] Portanto, as grandes igrejas não contam toda a história, mas os anseios definitivamente tendem na direção da grandeza.

Como Entender Isso

Quem disse que tentar atrair as pessoas para a igreja não funciona? Parece que isso se tornou uma ciência e que estamos vendo resultados como nunca antes. Mas o modo como avaliamos essas coisas realmente depende do que estamos procurando. E isso se reflete nas questões que estamos levantando.

Se a nossa preocupação é ver a igreja responder às mudanças demográficas e sociológicas da nossa sociedade de modo que consiga manter seu povo, então temos muita razão de estarmos animados com o que estamos vendo. A igreja está conseguindo manter os seus, o que não é pouco dadas as pressões que esta sociedade pluralista está colocando sobre a comunidade cristã. No entanto, atualmente há indicações de que cada vez mais membros estão se desengajando da igreja (ver prefácio da segunda edição.)

Este livro começou com a descrição de uma série de influências que remodelaram os Estados Unidos e, inevitavelmente, a igreja. Vimos que está se tornando cada vez mais difícil para uma família manter-se unida, tanto em termos relacionais quanto econômicos. O ritmo da vida se acelerou. A mobilidade se tornou um estilo de vida. Os mercados de trabalho relacionados a muitas carreiras forçam a mobilidade. Essa mobilidade parece agora ter atingido todas as áreas da vida, já que prontamente nos movemos de cidade em cidade, de casa em casa, de emprego em emprego e, às vezes, de casamento em casamento.

Houve uma época em que se encontrava numa igreja um lar para sempre, na alegria ou na tristeza. Agora, muitos igrejeiros se juntam a uma igreja por um certo período de suas vidas, e depois, quando seus interesses e necessidades mudam, não se importam de mudar para outra.[6] Se essa mobilidade é realmente um traço cultural, os líderes das igrejas enfrentam duas escolhas ao procurar lidar com ela. Podem escolher lutar contra a mobilidade e perder. Ou podem entendê-la e descobrir como trabalhar com ela.

Já descrevemos os esforços da igreja para alcançar esta sociedade. E o que ela conseguiu fazer foi basicamente manter seu próprio povo. Também conseguiu atrair de volta alguns dos que estavam na periferia, os quais têm uma herança de igreja mas haviam se tornado inativos. Isso não é pouco. Ela conseguiu isso, em parte, aprendendo com o mercado. Aprendeu suficientemente bem a ponto de Drucker usar a igreja como uma ilustração para a indústria sobre como reagir em tempos de mudanças!

Mas na realidade, com todas essas inovações, só conseguimos manter aquilo que já era nosso. O resto da sociedade não está lendo nossos anúncios. Nós realmente não nos mobilizamos para tomar a iniciativa e ir ao mundo.

Antes de continuarmos a explorar o que poderia constituir uma iniciativa desse tipo, são necessárias algumas observações referentes a essa tendência atual que acabamos de descrever. Há um aspecto negativo.

O Aspecto Negativo

No curso da história, a igreja tendeu a padronizar seu estilo de liderança segundo a estrutura de poder predominante na sociedade. Isso continua sendo a regra atual.

Vimos como os pais da igreja a enxergavam como um reino e seguiam o modelo do império. Na época, a ideia parecia boa e "funcionou". Mas vimos o fruto ruim advindo dessa imitação. Nos Estados Unidos, o modelo predominante é o mundo dos negócios. Nosso compromisso com a democracia também se refletiu em nossas igrejas, mas como já vimos, os norte americanos estão fundamentalmente se inspirando no mundo dos negócios.

Os proponentes dessa tendência argumentam que a igreja é um negócio e precisa ser tratada como tal. É verdade que há um lado empresarial nos assuntos da igreja. Ele existe desde Atos 6. Mas o lado empresarial não pode ser o fator controlador. É interessante que o Novo Testamento utiliza uma variedade de metáforas para descrever a igreja—um corpo, uma noiva, um edifício, uma família, um campo, um rebanho, uma casa, e um templo. Penso que o Espírito de Deus fez isso para impedir que ficássemos presos a um único modelo. Temo que a igreja norte americana tenha deixado a Bíblia de lado para assumir um modelo que produzirá alguns frutos ruins.

Richard Halverson trata isso da seguinte forma: "O modo como pensamos sobre a igreja faz toda a diferença. Pensar nela como uma organização determina uma maneira de andar . . . pensar nela como um organismo exige um *modus operandi* totalmente diferente. Quando o aspecto organizacional é fundamental, a quantidade de membros, o prédio, e o orçamento são decisivos . . . e mensuráveis. Quando a natureza orgânica é fundamental, a qualidade de vida, as atitudes, e os relacionamentos são decisivos . . . e não são facilmente mensuráveis".[7]

Pensando nos Resultados

Quando adotamos o modelo empresarial, somos forçados a definir o sucesso numericamente. Estaremos pensando em termos de custo-benefício ao perguntar: O que conseguimos com nosso dinheiro, com nosso esforço?

Mas como medir o fermento escondido na massa ou o crescimento do grão de mostarda? Como acompanhar a semente plantada no campo? Como quantificar o serviço espiritual—a cada hora? Como avaliar o tempo gasto em oração? Os verdadeiros resultados espirituais não estão apenas fora do nosso controle. Frequentemente, nem conseguimos vê-los e muito menos explicar como eles acontecem. Não só não podemos medir quantitativamente o ministério, como também o distorcemos quando tentamos.

Recentemente, dei consultoria a uma organização que trabalha com crianças problemáticas. Depois de meses de trabalho voltei com minhas recomendações. Senti a resistência às novas ideias e sabia por quê. Eles vinham avaliando seu ministério com base na relação custo-benefício. Falar dele dizendo que custa "um dólar por criança" resultava numa excelente peça promocional. O que estávamos recomendando transformaria os resultados daquele ministério, mas eles não poderiam mais falar em custo-benefício.

A avaliação numérica do ministério no final se torna manipuladora. Até pode começar bem, mas quando chegam os tempos de baixo rendimento, a tentação é fazer pressão para que as pessoas desempenhem de acordo com nossa definição de sucesso. Quando isso acontece, tudo vira de cabeça para baixo. Aqueles que estão sendo servidos acabam servindo aos líderes para o cumprimento de seus objetivos, porque as pessoas são o resultado deste "negócio".

Eu poderia encher páginas e páginas com ilustrações que apoiam esse fato. Assisti a organização em que trabalho cair nisso e depois sair. Tivemos que sair. Nossas pessoas tendiam a fazer apenas as coisas mensuráveis, as que lhes dariam créditos. Elas estavam negligenciando as coisas intangíveis, que realmente são a alma do ministério.

Competição

Outro efeito ruim que resulta do modelo empresarial é a competição. A competição é boa para os negócios, e os esportes não têm graça sem ela, mas deixa o corpo de Cristo mutilado.

Numa conversa recente com um amigo, perguntei-lhe como iam as coisas na sua igreja. Eu sabia que sua igreja havia passado por algumas mudanças na liderança e outras circunstâncias desestabilizadoras. Ele respondeu: "Estamos indo bem, mas está difícil. A prefeitura não nos permite construir mais neste terreno e há outras igrejas na cidade que têm grandes projetos de construção. São elas que agora têm a imagem de estar onde as coisas estão acontecendo. Nós éramos o lugar onde as coisas aconteciam no final dos anos 1970 e início dos 1980, mas essa nossa imagem está desaparecendo. Nossa decoração interior está ficando ultrapassada, então temos que redecorar. E isso custa dinheiro. É difícil competir. Sei que isso soa muito mal, mas é assim que as coisas são".

Isso é horrível, mas considerando as escolhas que fizemos para medir o sucesso, também é inevitável. Se o sucesso é medido por comparecimentos, orçamentos e prédios, então determinada congregação pode rapidamente entrar em competição com as outras da cidade. Isso é bastante absurdo à luz daquilo que as Escrituras dizem sobre o corpo! Como é possível que determinada comunidade se sinta bem com os últimos cem novos membros, quando sabe que oitenta e sete deles vieram de outra igreja a dois quilômetros de distância que está passando por dificuldades? O apóstolo Paulo diz: "Quando um membro sofre, todos os outros sofrem com ele" (1 Coríntios 12:26). Somos exortados a que "nada façam por ambição egoísta ou por vaidade, mas em humildade considerem os outros superiores a vocês mesmos" (Filipenses 2:3).

Como observamos, estamos lidando com uma sociedade móvel. Consequentemente, quem está lá e o que acontece às 9:30 e às 11:00 no domingo de manhã nem sempre significa o mesmo que se fez alguns anos atrás. As igrejas frequentemente interpretam um rápido afluxo de algumas centenas de pessoas como se fosse um crescimento sólido e que está na hora de construir. Então gastam milhões. Pouco tempo depois, suas sortes mudam à medida que o rebanho segue em frente. O remanescente fiel passa os anos seguintes num modo de manutenção. Lyle Schaller, um consultor paroquial, diz: "Muitas congregações estão desmoralizadas porque seu trabalho número um é alimentar o elefante branco".[8] Acabou a aventura. Quando a participação passiva se estabelece, ela cria mediocridade nas vidas individuais. Precisamos estar atentos a essas tendências ou valores que são inerentes ao nosso "modelo de negócio" e resistir a elas. E ter o cuidado de substituir esses valores nascidos do pragmatismo por valores da palavra de Deus, trazidos pelo seu Espírito.

Recuperando Nossa Mobilidade

Repetindo: O modo como nos sentimos sobre como estamos indo em termos de igreja se reflete nas questões que estamos levantando. Quando olhamos para nós mesmos da perspectiva da nossa tese, temos que dizer que realmente nada mudou. Nós ainda operamos dentro do mesmo paradigma que tinha a igreja quando nossa sociedade era rural e altamente analfabeta. Ainda que a sociedade atual seja urbana e alfabetizada, e ainda que a parte principal da sociedade sem-igreja já tenha se afastado filosoficamente, nosso paradigma ainda é "venha e ouça". Nossas formas ainda estão centradas em sermões e santuários. Consequentemente, continuamos a reunir as pessoas que estão dispostas a dar esse primeiro passo sem alcançar o resto.

Recentemente, passei várias horas com um grupo de estudantes cristãos do ensino médio. Discutimos sobre suas frustrações na tentativa de alcançar seus colegas. Eles enfrentavam um enorme desafio. Discutimos os problemas principais do mundo estudantil do ensino médio: drogas, álcool, abuso sexual, violência, e suicídio. O grande dilema deles era que não existia um ambiente razoável onde os colegas interessados em Cristo pudessem obter ajuda. Seus amigos não cristãos precisavam de um lugar onde pudessem ir para dar uma olhada, sem que isso os diminuísse aos olhos de seus pares. Alguns dos cristãos haviam tentado a única coisa que sabiam: levar esses amigos para o grupo de jovens da igreja. Mas foi um desastre total. Sentindo-se obviamente desajustados, aqueles amigos desapareceram para sempre.

Finalmente, um dos frustrados estudantes exclamou: "Falando a verdade. Para ir ao céu neste país você precisa ter nascido branco, anglo-saxão, de classe média, e protestante". Era um exagero, mas ele deu seu recado. Está na hora de nos mexermos. Se quisermos atingir a parte principal da sociedade, as pessoas sem igreja, temos que tomar a iniciativa e encontrá-los em *seu* território. Por que isso é tão difícil de entendermos?

A Reforma Inacabada

Um dos nossos principais problemas é que os reformadores, como já vimos, nos deixaram com definições de igreja que são basicamente bidimensionais. Eles descrevem a igreja universal mas nos dão definições de uma igreja local. Esse é o problema. A triste realidade é que ir aos incrédulos, viver vidas cristãs entre eles e lhes revelar Cristo, raramente está em nossa eclesiologia. Os cristãos não tiveram muito progresso em recuperar seu lugar no ministério. A igreja saiu da Reforma sem nenhuma visão de penetração na sociedade pelos cristãos e nenhuma provisão para as expressões itinerantes ou móveis do povo de Deus.

Falta: Equipar o Cristão para o Ministério

O cristão está estrategicamente inserido no mercado, no bairro, e nas instituições da sociedade. Ele está na cena do desastre quando este acontece, está lá no momento da oportunidade, para abraçar e servir as pessoas quando surge a ocasião. O cristão é a chave para entrar na nossa sociedade.

A principal função da liderança deveria ser servir os cristãos, equipando-os para o ministério. Eles precisam de recursos, habilidades, e encorajamento constante. Precisam ser liberados e aprovados enquanto se dispersam para preencher suas funções no corpo e entre seus amigos incrédulos. Há apenas um problema: nossos líderes não sabem como fazer isso. O que nos leva à questão de como recuperar nossa capacidade de ir.

Falta: As Funções "Viajantes" do Corpo

O corpo não está completo se as funções viajantes e itinerantes não estão sendo exercidas. Efésios 4:11 diz que, para equipar os santos, todas as funções são necessárias: apóstolos, profetas, evangelistas, pastores, e mestres. Quando tentamos fazer isto com menos, simplesmente não funciona! Há coisas que o pastor-mestre não consegue preencher na equação. Em parte, os leigos das igrejas estão atualmente sem rumo, porque o equipamento adequado simplesmente não está disponível para eles.

As partes móveis e viajantes do corpo não servem apenas para missões ao estrangeiro, como podemos pensar. Uma igreja nunca está livre da sua necessidade de ser estimulada a ampliar a visão e serviço. E é preciso que todas essas partes forneçam a experiência e a habilidade que os cristãos precisam para começar a germinar em seu próprio campo. Essas pessoas móveis também são necessárias para liderar novos plantios nos pontos de difícil acesso de nossa própria sociedade.

A Reforma foi o início. Ela nos deu a liberdade que desfrutamos hoje. Devolveu-nos a nossa Bíblia. Mas os próprios reformadores não gostariam que parássemos onde paramos. Cabe a nós levar o processo adiante, restaurando a expressão multiforme do povo de Deus vista no Novo Testamento.

Vozes de Liderança

Parece que o Espírito Santo está levando muitas pessoas a pensarem de formas semelhantes às que estou expressando. Por exemplo, Robert E. Slocum diz o seguinte em seu livro *Maximize Your Ministry* (Maximize Seu Ministério): "A . . . igreja precisará focar-se em equipes descentralizadas de leigos equipados como igreja no mundo, ao invés de concentrar todas as atividades aos domingos no santuário".[9] Ele também diz: "Creio que as 'grandes' congregações da era de 'alta tecnologia' não serão julgadas pelo tamanho, taxa de crescimento, ou número de estrelas espirituais na sua folha de pagamento. As 'grandes' igrejas serão aquelas que servem de campos de treinamento e campos de base para homens e mulheres leigas que ouvem Cristo chamá-los para escalarem suas montanhas particulares e que respondem a esse chamado".[10]

Outro excelente livro pequeno sobre este assunto é *Amor, Aceitação & Perdão*, de Jerry Cook. Ele coloca a questão da seguinte maneira: "Não é tarefa do pastor atender às necessidades de todos. . . . O pastor deve ser um facilitador. . . . Duas coisas são necessárias: As pessoas precisam ser treinadas para usar seus próprios dons no ministério e a igreja deve lhes dar o direito de ministrar em situações de crise local".[11] Ele observa que no conceito predominante da igreja, a ênfase é "visibilidade, organização, programa, e promoção. . . . Os objetivos . . . são definidos em termos de número de atendimentos, de orçamento e de facilidade. . . . [Isso acontece porque,] se você for fazer um grande trabalho para Deus e todo ele é feito dentro do prédio, precisará de um prédio enorme".[12] E isso requer, é claro, um grande quadro de pessoal profissionalmente treinado.

Conclusão

Até agora, as inovações e mudanças que fizemos como igreja permaneceram dentro do nosso paradigma histórico. Ainda temos que realmente questionar as pressuposições sobre as quais se baseia esse paradigma. Creio que está na hora, mas isso precisa ser feito com grande cuidado e humildade perante Deus e perante um ao outro. Devemos começar fazendo as perguntas certas.

A pergunta que normalmente fazemos é, "O que está funcionando que aumentará nossos números?" Desse modo traímos nosso pragmatismo. "Bom" é o que "funciona". O que precisamos perguntar é: "O que as Escrituras dizem sobre nosso ministério?" É perturbadoramente raro encontrar pessoas que buscam interpretar os tempos e o papel do povo de Deus dentro dos nossos tempos a partir do contexto da verdade bíblica. Nós podemos fazer isso! Temos o povo, a liberdade, e os recursos. E realmente isso não é tão difícil assim.

Nossas igrejas são ricas em pessoas talentosas e piedosas, que têm fome de viver seu compromisso com Cristo e seus propósitos. Temos muitos professores, pastores, e administradores talentosos, que se destacam no que fazem e que têm demonstrado sua habilidade com as Escrituras. Muitas dessas pessoas, tanto funcionários quanto membros, vivem com sentimentos vagos de insatisfação com o que suas experiências cristãs estão lhes proporcionando. Alguns tentam viver em dois mundos—mantendo suas atividades na igreja e, ao mesmo tempo, tentando penetrar em seu círculo de amizades com o evangelho. Eles sentem a tensão vinda dos dois lados. Outros se resignaram a viver com o status quo, tendo concluído que não há alternativas reais. E também há uma terceira categoria formada por um número cada vez maior de pessoas que estão simplesmente caindo fora.

Mas permanece o fato de que, atualmente, há uma abundância de cristãos espiritualmente maduros e facilmente motivados entre o povo de Deus.

Outro grande trunfo é a liberdade que desfrutamos hoje como igreja. A repressão persistente relativa à conformidade que controlava a igreja nos séculos anteriores não existe mais. Hoje somos livres para pensar, perguntar, e inovar. É verdade que alguns de nós ainda precisam descobrir que a porta da jaula está aberta, mas a liberdade está lá. A grande quantidade de experimentos inovadores e animadores em andamento testemunham esse fato.

O povo de Deus atual é talentoso, com possibilidades aparentemente ilimitadas. Perante Deus isso aumenta ainda mais a nossa responsabilidade! Como podemos assumir essa responsabilidade construtivamente, de modo que sejamos colocados nos lugares certos, para fazer o que deveríamos estar fazendo e, ao mesmo tempo, fortalecer e confirmar tudo que há de bom na igreja do jeito que ela é? O restante deste livro se concentrará em como alcançar esse ideal.

PARTE III:
Padrões para o Futuro

CAPÍTULO 7

Liberdade e Diversidade: Um Exemplo do Primeiro Século

Acho fascinante que o povo de Deus, no primeiro século, tenha enfrentado uma tarefa que não era diferente da que estamos enfrentando hoje. De fato, os desafios que eles enfrentaram foram muito mais assustadores do que os que estamos encarando. Eles foram chamados a separar Jesus do judaísmo a fim de se tornarem um povo para todas as nações. Nós somos chamados a separar Jesus das nossas tradições religiosas a fim de torná-lo disponível para todas as nações. No primeiro século eles conseguiram fazer aquelas mudanças sem se despedaçarem no processo. Talvez, se examinarmos como fizeram isso, também consigamos fazê-lo. É disto que trata este capítulo.

Ao percorrer o Novo Testamento para ver como os primeiros cristãos lidaram com a demanda por diversidade em suas situações, não estou sugerindo que o que eles fizeram deva se tornar norma para nós. Aqueles primeiros cristãos não eram de modo algum infalíveis. Muito do que fizeram foi em reação às situações imediatas que exigiam atenção. Por exemplo, a razão de os cristãos em Jerusalém escolherem sete homens para servir como diáconos foi porque havia trabalho para sete homens. Havia algumas viúvas gregas que foram desconsideradas. Eles fizeram o que era natural ou óbvio. Em Jerusalém os cristãos se encontravam no templo. O templo era o lugar habitual de oração mesmo antes de Cristo aparecer. Eles encontravam soluções práticas para os problemas. Em Éfeso, Paulo evangelizou e ensinou na escola de Tirano, provavelmente porque Tirano a disponibilizou para ele, depois de ter sido expulso da sinagoga.

Insistir nos sete diáconos, na adoração no templo ou na criação de um princípio a partir do que aconteceu na escola de Tirano, é aplicar mal as Escrituras. Nem tudo o que aconteceu entre aqueles primeiros cristãos estava certo. Eles cometeram erros. Paulo e Barnabé brigaram um com o outro. Pedro e Paulo tiveram seus dias ruins um com o outro. Portanto, não queremos recriar o primeiro século nos dias atuais. Mas o Espírito Santo preservou o registro do que fizeram para nossa instrução. À medida que conseguimos entender o que eles fizeram e por que o fizeram—e podemos verificar que suas ações foram o resultado de princípios bíblicos—somos recompensados com um direcionamento que nos servirá nos dias de hoje. Assim, conforme formos avançando neste capítulo, nossa atenção estará voltada para a função, ou ação, que está sendo exercida, e não para a forma, ou estrutura, específica de suas atividades.

"Primeiro aos Judeus"

Se quisermos entender as tensões que os primeiros cristãos tiveram que enfrentar, precisamos examinar um pouco o que significava ser um judeu naqueles dias, principalmente aquele que foi levado a crer em Cristo.

Deus deu o evangelho primeiro aos judeus. Acho fascinante que ele tenha orquestrado os acontecimentos de tal modo que a chegada do Espírito Santo, entre aqueles 120 discípulos que esperavam reunidos numa sala em Jerusalém naquele domingo de manhã, dia 28 de maio do ano 30 d.C., tenha coincidido com a peregrinação anual que os judeus devotos faziam àquela cidade. Era o dia de Pentecoste e "havia em Jerusalém judeus, tementes a Deus, de todas as nações debaixo do céu" (Atos 2:5). Tudo o que Pedro e os outros tiveram que fazer foi explicar o que estava acontecendo, e três mil pessoas creram. Num só evento, as boas novas de Cristo finalmente tinham encontrado seu caminho para todas as nações.

Nos primeiros capítulos de Atos, os sermões eram dirigidos aos "homens de Israel", aos "irmãos e pais", e geralmente começavam com a repetição das histórias conhecidas de Abraão, Isaque, e Jacó. Aqueles primeiros cristãos, todos judeus, compartilhavam um mundo de coisas em comum com o povo de sua nação e tiravam o máximo proveito disso. Logo encheram Jerusalém com as novas da ressurreição. Como vimos no capítulo 4, foi a perseguição por seu próprio povo, e não o planejamento estratégico, que fez o povo de Deus sair de Jerusalém e ir para a Judeia e Samaria. No entanto, eles aparentemente acreditavam que Jesus fosse propriedade exclusiva dos judeus. "Os que tinham sido dispersos por causa da perseguição desencadeada com a morte de Estêvão chegaram até a Fenícia, Chipre, e Antioquia, anunciando a mensagem apenas aos judeus" (Atos 11:19). Entretanto, as opiniões estavam divididas quanto a isso, pois o verso seguinte relata que alguns "foram a Antioquia e começaram a falar também aos gregos". Deus fez com que esse esforço também prosperasse, pois "muitos creram e se converteram ao Senhor".

O evangelho combinava bem com as práticas religiosas judaicas que existiam. Os crentes judeus mantiveram o formato da sinagoga. Eles mantiveram o que era familiar, exceto que agora, em Jesus, tinham o seu messias! Agora eram "judeus completos". Para eles, finalmente tudo fazia sentido. É compreensível que essa tenha sido a perspectiva dos cristãos judeus, o que nos faz compreender por que a expansão do evangelho ao mundo gentio criou tensões e conflitos.

Uma das primeiras percepções que podemos ter do

abismo que havia entre o mundo dos cristãos judeus e o mundo dos gentios é o relato da visita do apóstolo Pedro a Cornélio. Cornélio é descrito como sendo "piedoso e temente a Deus; dava muitas esmolas ao povo e orava continuamente a Deus" (Atos 10:2). Ele foi orientado por Deus, numa visão, a chamar Pedro. Ainda assim, Deus teve que fazer Pedro passar por uma preparação especial antes que ele visitasse o homem. Pedro estava no terraço de uma casa em Jope, quando também teve uma visão. Nela, um lençol contendo comida proibida aos judeus desceu do alto por três vezes. Pedro recusou três vezes. Antes que pudesse entender o significado da visão, três homens enviados por Cornélio estavam à sua porta. Assim, partiu com eles. Quando entrou na casa de Cornélio e ouviu sua história, uma percepção completamente nova veio a Pedro. Ele disse: "Agora percebo verdadeiramente que Deus . . . de todas as nações aceita todo aquele que o teme" (Atos 10:34-35). Então Pedro explicou o evangelho a Cornélio e, antes mesmo que terminasse, o Espírito Santo desceu sobre todas as pessoas da casa. Os cristãos judeus que estavam com Pedro "ficaram admirados que o dom do Espírito Santo fosse derramado até sobre os gentios" (Atos 10:45).

Agora, aqui havia um dilema. Pedro não teve outra saída a não ser batizar as pessoas da casa, mas quando voltasse a Jerusalém, o que o pessoal diria sobre isso? Ele já havia quebrado a tradição dos anciãos apenas ao entrar na casa de Cornélio. Então, quando Pedro voltou a Jerusalém, os cristãos judeus o criticaram dizendo: "Você entrou na casa de homens incircuncisos e comeu com eles" (Atos 11:3). Depois que Pedro explicou tudo, os seus críticos concluíram por si mesmos: "Então, Deus concedeu arrependimento para a vida até mesmo aos gentios!" (Atos 11:18).

Mas as verdadeiras tensões ainda não haviam começado.

"Depois aos Gentios"

Podemos apenas especular por que Deus não designou um dos primeiros doze para levar o evangelho aos gentios. Em vez disso, ele empregou alguém de fora do círculo daqueles que foram o fruto do ministério terreno de Jesus. Vimos no capítulo 4 quão adequado era o apóstolo Paulo para a missão. Sua formação religiosa, cultural, social e política era diferente da dos doze. Estes eram quase todos galileus—comerciantes sem estudo. Paulo era culto e cosmopolita. Era um cidadão romano que poderia passar por um egípcio na sua aparência. Não sabemos se essas diferenças tinham algo a ver com a escolha de Deus ou não. Tudo que sabemos com certeza é o que Deus disse sobre o assunto: "Este homem é meu instrumento escolhido para levar o meu nome perante os gentios e seus reis" (Atos 9:15). Paulo, de fato, era extraordinário. Em nenhum momento, demonstrou o tipo de etnocentrismo com que vimos Pedro lutar—e com o qual muitos de nós lutamos.

Era por volta de 46 ou 47 d.C. quando Paulo e Barnabé saíram para sua primeira viagem missionária, que às cidades da Galácia e durou cerca de dezoito meses. Pregaram o evangelho como Deus o havia revelado a Paulo: que não há diferença entre judeus e gentios, e que a justificação é pela fé em Cristo independentemente da lei.

Aparentemente, algumas pessoas importantes, provavelmente de Jerusalém, não concordaram com tudo aquilo. Então, refizeram a rota de Paulo e Barnabé numa viagem missionária própria. Seu propósito era corrigir o evangelho de Paulo porque ele havia deixado de fora a necessidade da circuncisão, não havia instruído os gentios a observarem os costumes judaicos e nem lhes havia dito para guardar os dias e festas especiais.

Paulo ficou irado quando ouviu falar disso. Imediatamente, enviou uma dura carta para circular entre seus filhos espirituais na Galácia, refutando o ensino dos contra-missionários. Na carta ele os repreende: "Admiro-me de que vocês estejam abandonando tão rapidamente aquele que os chamou . . . para seguirem outro evangelho que, na realidade, não é o evangelho. O que ocorre é que algumas pessoas os estão perturbando. . . . Mas ainda que nós ou um anjo dos céus pregue um evangelho diferente daquele que pregamos a vocês, que seja amaldiçoado!" (Gálatas 1:6-8). Ele envolve Pedro, como tendo provocado a confusão: "Quando Pedro veio a Antioquia, enfrentei-o face a face, por sua atitude condenável . . . temendo os que eram da circuncisão" (Gálatas 2:11-12). Paulo chamou Pedro de hipócrita e até criticou seu próprio parceiro, Barnabé, por ceder sob pressão.

Paulo lançou o desafio. Ele estava pronto para a guerra. Mas, perguntamos nós, qual era o problema? Os contra-missionários não estavam questionando os ensinamentos básicos. Tanto quanto Paulo, eles acreditavam na divindade de Jesus Cristo, na sua morte e na sua ressurreição. Aceitavam a autoridade das Escrituras. Acreditavam na justificação pela fé. As únicas preocupações deles eram com questões relacionadas aos costumes judaicos, tais como: o quê e com quem alguém come; os dias, meses, estações, e anos a serem observados; e a necessidade de circuncisão (Gálatas 2:14, 4:10, 5:2).

Para Paulo, esses extras equivaliam à destruição total do evangelho. Ele disse: "Ouçam bem o que eu, Paulo, tenho a dizer: Caso se deixem circuncidar, Cristo de nada lhes servirá" (Gálatas 5:2). Essa foi uma afirmação estranha. Todos os cristãos judeus eram circuncidados e continuavam praticando a circuncisão. Então, Cristo também não tinha nenhum valor para eles? De modo nenhum! Incoerente? De modo nenhum. Mais adiante veremos por quê.

Divisor de Águas para o Futuro do Evangelho

Todas as questões logo acabaram no tribunal. Os líderes, tanto das expressões locais quanto das viajantes do povo de Deus, se reuniram em Jerusalém. Não estou seguro sobre a sequência dos acontecimentos—se a carta aos Gálatas foi escrita antes ou se o debate em Jerusalém aconteceu primeiro. Isso realmente não importa porque não houve confusão quanto às questões.

Um lado afirmava que "se vocês não forem circuncidados conforme o costume ensinado por Moisés, não poderão ser salvos" (Atos 15:1). O outro dizia que não, que "ninguém é justificado pela prática da lei, mas mediante a fé em Jesus Cristo" (Gálatas 2:15).

Paulo e Barnabé estavam numa situação bem difícil. A oposição tinha muita simpatia, apoio, e os ensinamentos de Moisés para ajudá-la: "Terão que ser circuncidados. Minha aliança, marcada no corpo de vocês, será uma aliança perpétua" (Gênesis 17:13). Como alguém poderia se livrar do peso dessa declaração?

Nesse debate é importante observar as evidências. A certa altura da discussão, Pedro contou sua história com Cornélio, mostrando que ele havia aprendido sua lição com a experiência. Ele disse: "Deus . . . demonstrou que os aceitou, dando-lhes o Espírito Santo, como antes nos tinha concedido . . . [e] purificou os seus corações pela fé" (Atos 15:8-9). Em seguida Pedro coloca brilhantemente o seu dedo no cerne da questão: "Por que agora vocês estão querendo tentar a Deus, pondo sobre os discípulos um jugo que nem nós nem nossos antepassados conseguimos suportar?" (Atos 15:10). O próximo testemunho na agenda veio de Barnabé e Paulo, contando as coisas milagrosas que Deus havia feito entre os gentios através deles. Contaram histórias de guerra. A bênção de Deus sobre seus esforços demonstrou sua aprovação.

No final, Tiago tomou a palavra e disse: sim! Aquilo que estava ocorrendo se baseava nas Escrituras conforme escrito em Amós. Sua conclusão, em sintonia com a observação de Pedro, foi: "Portanto, julgo que não devemos pôr dificuldades aos gentios que estão se convertendo a Deus" (Atos 15:19). Cada cristão deveria escrever essa frase e pendurá-la na porta da geladeira.

A defesa se baseou em três coisas: a experiência de Pedro com Cornélio, a qual demonstrou que Deus podia operar fora do contexto das estruturas e tradições judaicas; a bênção óbvia de Deus sobre os esforços de Paulo; e a Bíblia. Com base nesses argumentos, o evangelho de Cristo foi declarado distinto da tradição judaica.

O Que Estava em Jogo?

E se aquela decisão tivesse tomado o outro rumo? Se Paulo e Barnabé tivessem perdido aquele debate, teriam que voltar à Galácia e dizer: "Desculpe pessoal, nós estávamos errados. Vamos ter que circuncidar a todos. E nosso próximo estudo será sobre Levítico, para termos certeza que vocês entenderam direito as festas e os costumes a serem observados".

A pureza e a mobilidade do evangelho estiveram em jogo naquele dia. Até onde teria chegado o movimento cristão se Paulo e Barnabé tivessem perdido o debate? Eles ganharam a liberdade de oferecer um evangelho limpo ao mundo gentio—um evangelho que estava livre das armadilhas culturais e tradicionais.

Exigir que as pessoas aceitem qualquer coisa além do que está escrito nas Escrituras é colocar um jugo nos seus pescoços que não serão capazes de suportar. Qualquer coisa além das Escrituras é demais. Essa tem sido uma tensão constante e recorrente ao longo da história. Também é uma tensão na atualidade. Parece que não conseguimos resistir à tentação de incluir alguns adendos ao evangelho da graça.

Paradoxo!

A maneira pela qual este primeiro grande conflito foi tratado nos oferece um tesouro de orientações práticas sobre como preservar a unidade em meio à diversidade. Unidade não é uniformidade ou conformidade. A unidade depende da capacidade de afirmar e apoiar ativamente a diversidade. Deve haver espaço para a diversidade na forma como o corpo encontra sua expressão, porque o mundo para o qual somos enviados é diverso.

O que não aconteceu na esteira do debate em Jerusalém é tão significativo quanto o que aconteceu. Paulo e Barnabé haviam vencido. Concordou-se que a circuncisão e a observância da lei judaica eram desnecessárias para a salvação.

Os cristãos em Antioquia, Síria, e Cilícia aguardavam ansiosamente o resultado. Então os líderes de Jerusalém escreveram uma carta contendo as decisões e a enviaram para Antioquia através de Paulo, Barnabé, Silas, e Judas. Depois disso, Paulo e Silas partiram para visitar e levar as decisões aos cristãos da Síria e Cilícia. No caminho, Paulo pegou um novo membro para a equipe, Timóteo—e a primeira coisa que fez foi circuncidá-lo!

E agora, o que foi isso? Paulo e Barnabé não haviam recém saído de um debate em que se decidiu que a circuncisão era desnecessária? Paulo não havia escrito as palavras, "Caso se deixem circuncidar, Cristo de nada lhes servirá"? (Gálatas 5:2). Por que então Paulo circuncidou Timóteo? A explicação dada no texto diz: "Circuncidou-o por causa dos judeus que viviam naquela região" (Atos 16:3). Mas isso ainda não parece fazer muito sentido. Imagine a confusão nas mentes dos cristãos que Paulo visitou com a notícia de que a circuncisão era desnecessária, mas com Timóteo bem ali, mancando ao lado dele.

Um acontecimento registrado em Atos 21 complica o quebra-cabeças, mas também ajuda a esclarecê-lo. Aqui Paulo faz sua última visita a Jerusalém. A reação dos seus anfitriões foi confusa, pois até então Paulo era uma figura altamente controvertida. Os líderes Tiago e os presbíteros ficaram contentes em vê-lo. Passaram o primeiro dia, ou dias, contando histórias uns aos outros. Paulo "relatou minuciosamente o que Deus havia feito entre os gentios por meio do seu ministério". Depois chegou a vez do povo de Jerusalém contar sua história. Disseram a Paulo: "Veja, irmão, quantos milhares de judeus creram, e todos eles são zelosos da lei" (Atos 21:19-20).

O quê? Afinal, sobre o que foi o debate de Atos 15? Eles não tinham decidido que a manutenção da lei era desnecessária? Mas aqui os presbíteros de Jerusalém estão preocupados com o simples fato de que Paulo havia aparecido na cidade! Disseram a Paulo que aqueles milhares de judeus que creram já tinham ouvido falar dele, pois sabiam "que você ensina todos os judeus que vivem entre os gentios a se afastarem de Moisés, dizendo-lhes que não circuncidem seus filhos nem vivam de acordo com os nossos costumes. Que faremos? Certamente eles saberão que você chegou" (Atos 21:21-22). A presença de Paulo era uma ameaça à unidade.

Penso que esse relato sobre Paulo era verdadeiro. Ele ensinou os judeus envolvidos em seu ministério entre gentios a se adaptarem àqueles que estavam trazendo a Cristo (1 Coríntios 10:27-33). Mas aqui em Jerusalém, para preservar a unidade, Paulo concordou em raspar sua cabeça e passar pelos ritos judaicos de purificação. Ele estava praticando o que pregava: "Tornei-me judeu para os judeus, a fim de ganhar os judeus. . . . Para os que estão sem lei, tornei-me como sem lei" (1 Coríntios 9:20-21). Talvez finalmente possamos entender o sentido de tudo isso. A partir do debate de Atos 15, o povo de Deus assumiu duas expressões distintas: uma expressão judaica e uma expressão gentia. Gálatas 2 deixa claro que as coisas realmente eram assim.

Duas Variantes do Povo de Deus

Em Gálatas 2, Paulo descreve uma outra reunião crucial ocorrida em Jerusalém entre seis líderes principais: Tiago, Pedro, João, Barnabé, Tito, e ele próprio. O assunto era sobre o que fazer com a tensão crescente entre os cristãos judeus e os cristãos gentios, que começava a ameaçar a capacidade dos gentios de entender o evangelho.

Paulo estava bem preparado para participar dessa reunião privada. Ele a descreve assim: "Expus diante deles o evangelho que prego entre os gentios . . . para não correr ou ter corrido em vão" (Gálatas 2:2). Paulo estava preocupado que fosse perdido tudo que já tinha feito. Se aqueles contra-missionários que operavam fora de Jerusalém continuassem agindo, se continuassem visitando e confundindo os cristãos gentios, eles destruiriam o evangelho aos gentios.

Pedro, Tiago, e João concordaram com o evangelho pregado por Paulo. Em seguida os seis tiveram uma percepção muito útil, que resolveu todo o problema! Paulo relata: "Eles reconheceram que a mim havia sido confiada a pregação do evangelho aos incircuncisos, assim como a Pedro, aos circuncisos" (Gálatas 2:7). Decidiram que o trabalho entre os judeus e o trabalho entre os gentios eram de naturezas tão diferentes que seria melhor tratar os dois movimentos separadamente. Paulo continua: "Eles concordaram em que nós deveríamos ir aos gentios e eles aos judeus" (Gálatas 2:9). Essa decisão não desuniu o povo de Deus. Ela simplesmente permitiu que ser reconhecesse e garantisse a necessária diversidade. A decisão de diversificar preservou a unidade do corpo. Havia uma expressão judaica e outra gentia do corpo. As diferenças foram culturalmente consideradas.

Lições do Primeiro Século

A experiência dessa primeira geração de cristãos é uma fonte rica de orientação para nós, quando enfrentamos o desafio de alcançar a grande parte da nossa sociedade que é diferente de nós. Nos capítulos 1 e 2, vimos como pessoas tão próximas como nossos vizinhos podem estar em mundos tão distantes do nosso em termos do modo como pensam—e andando em sentido contrário. Para nós, pode ser inconcebível que os santuários, hinos, e sermões que achamos corretos e consideramos tão significativos não façam nenhum sentido para eles—isto é, se ao menos uma vez conseguíssemos trazê-los para estarem juntos conosco. Será que estamos prontos para admitir que, se tais pessoas estão abertas para conhecerem Cristo e se tornarem uma parte do seu povo, isso terá que acontecer no gramado delas? Nossa abordagem deve estar de acordo com suas necessidades, através de formas que sejam significativas para eles. Será que estaríamos confortáveis em apoiar esse tipo de diversidade? Duas lições se destacam no exemplo do primeiro século, que ajudam a esclarecer o que pode estar envolvido em levar o evangelho ao americano não alcançado.

As Diferenças Culturais São Reais

A primeira grande crise do povo de Deus foi um conflito cultural, mas os judeus acharam que as questões eram doutrinárias. Eles não conseguiam imaginar a vida sem Moisés e a lei. Ao longo dos séculos, as leis de Moisés haviam se tornado mais do que religião—tinham se tornado tradições profundamente enraizadas que lhes davam identidade como povo.

Mas os gentios não conseguiam viver *com* aquelas tradições. Como elas não eram familiares, os gentios teriam ficado confusos sobre o que era graça e o que era cultura judaica. E na confusão, aquela incipiente verdade da justificação pela fé teria se perdido. Assim Paulo foi inflexível na proteção dos gentios contra a influência judaica. Os judeus até conseguiam manter simultaneamente as suas tradições e a "graça pela fé", mas os gentios certamente pensariam que obedecer a todas aquelas leis desconhecidas era o que tornaria possível seu relacionamento com Deus. Assim é a natureza humana.

Em Gálatas 2:11-14, Paulo ilustra isso ao contar a história sobre a visita de Pedro a Antioquia, durante a qual ele comia com os gentios—afinal, Pedro havia sido liberado pela experiência de Cornélio! Mas então chegaram alguns homens de Tiago vindos de Jerusalém. Pedro, sabendo no que aqueles homens acreditavam sobre judeus e gentios comerem juntos, e não querendo suportar aquela pressão, deixou os gentios e foi se sentar com os judeus. Mas o apóstolo Paulo estava observando e, como um bom pai espiritual, sabia que sua principal responsabilidade era para com seus filhos espirituais. Imaginando o que estava passando nas suas mentes, Paulo entendeu que aqueles cristãos gentios só poderiam tirar uma conclusão—que eram cristãos de segunda classe. Poderiam estar pensando que, para serem verdadeiramente aceitos, precisariam começar a observar os dias especiais, os costumes, e a circuncisão do mesmo modo que os cristãos judeus faziam.

Paulo, percebendo que aqueles cristãos gentios jamais conseguiriam fazer isso sem perder sua compreensão da graça pela fé, na confusão confrontou Pedro diante de todos, dizendo que seu comportamento era hipócrita e que estava forçando os gentios a seguir os costumes judaicos.

Quando cristãos novos são obrigados a adotar um novo conjunto de costumes a fim de se tornarem membros (de dentro) da comunidade, eles não apenas correm o risco de confundir sua compreensão da graça pela fé, como também se tornam estranhos (de fora) à sua própria cultura. É tão óbvio e, no entanto, muitas vezes ignorado.

Enquanto escrevia este capítulo, recebi uma carta de um jovem missionário no Brasil que havia conhecido alguns de meus irmãos brasileiros. Depois que observou sua fé e como buscavam se relacionar com pessoas fora da igreja, ele comentou: "Sinto que o grupo está fazendo um excelente trabalho de evangelismo local, provavelmente o melhor trabalho que já conheci. A maioria das pessoas está envolvida e não é uma abordagem cristã nada fácil".

Mas esse missionário estava incomodado porque esses cristãos são "desorganizados". Na carta ele descreve seu desejo de instituir "uma estrutura e organização que tornem as pessoas responsáveis pela doutrina e pelo comportamento moral". Queria um culto de adoração, doações organizadas, e assim por diante.

O que este missionário não percebia é que a maioria das coisas que ele queria instituir já existiam e estavam lá há muitos anos. Nada que fosse desorganizado se perpetuaria por vinte e cinco anos, expandindo-se em muitas cidades do país, como tinha acontecido com aquela expressão do povo de Deus que ele conheceu. A organização era invisível para esse jovem missionário porque não tinha a forma que ele estava acostumado a ver. Seu paradigma era diferente. Na minha resposta, disse-lhe que o que ele estava vendo já estava organizado e e que, se tentasse implementar suas ideias, elas produziriam o mesmo efeito que produziram nos Estados Unidos, onde os cristãos frequentemente são passivos e poucos compartilham sua fé de forma ativa e proveitosa.

Este é o problema que vejo em muitos dos esforços de implantação de igrejas ao redor do mundo. O responsável começa com um projeto em mente, sabendo o que é uma igreja porque foi criado numa delas. Porém, o povo de Deus deve se expandir não pela produção de réplicas de uma estrutura, mas trazendo incrédulos à fé e atendendo às suas necessidades. À medida que os novos crentes seguem juntos pela vida, as formas apropriadas são acordadas e surgem para facilitar as funções bíblicas. Cada comunidade deveria ter suas próprias características. Creio que é por isso que Jesus nos mandou ir, fazer discípulos, e ensiná-los a obedecer todos os seus mandamentos. Se nos restringirmos a ajudar as pessoas a seguir Cristo e evitarmos insistir nas formas que utilizarão, surgirão formas adequadas às pessoas e às suas necessidades.

Haverá diversidade à medida que cada comunidade encontra sua própria expressão dentro do contexto da verdade bíblica. É importante que tal diversidade exista por duas razões. Primeiramente, as formas de vida no corpo precisam se adequar às necessidades e à cultura dos que estão sendo alcançados. Em segundo, as formas não devem parecer alienadas ou desnecessariamente esquisitas aos incrédulos que estão observando. É nossa preocupação com organização que nos leva a tentar colocar todas as culturas e classes de pessoas sob o mesmo teto. Mas o fato de não podermos fazer isso não implica em desunião. É simplesmente o reconhecimento da realidade da diversidade cultural.

A Liberdade É o Pré-Requisito para Servir Pessoas de Acordo com Suas Necessidades

O livro de Gálatas tem sido o texto básico deste capítulo. *Prisioneiro, encerrado,* e *escravidão* são palavras recorrentes neste livro da Bíblia. Seu tema poderia ser chamado de "liberdade e escravidão".

Quem é que domina o escravo? O pecado, dizemos nós. Correto. Foi isso que Jesus disse: "Todo aquele que peca é escravo do pecado" (João 8:34). Na carta de Paulo aos Gálatas, ele diz: "A Escritura declara que o mundo inteiro é prisioneiro do pecado" (Gálatas 3:22), e que o carcereiro é a lei!

Paulo menciona outro carcereiro não identificado anteriormente. Ele diz: "Estávamos escravizados aos princípios elementares do mundo" (Gálatas 4:3). A palavra grega referente a esses princípios que ele usa é *stoicheia*. Ela se refere à deificação dos elementos, à adoração do ar e da matéria—os materiais básicos dos quais tudo no universo é composto, inclusive o homem. Em resumo, Paulo está falando sobre religiões pagãs, as quais os gálatas haviam abandonado para aceitar a Cristo. Religiões pagãs escravizam. Os poderes dos deuses do sol, do vento, e das estrelas eram ameaçadores e terríveis, mantendo as pessoas presas numa superstição tenebrosa. Paulo os lembra que Deus enviou seu Filho para redimi-los de tudo aquilo. Eles não eram mais escravos. Eram filhos! E livres (Gálatas 4:4-7).

Então Paulo pergunta por que, agora que vocês são livres e conhecem a Deus, estão voltando à *stoicheia*? "Por que razão vocês querem voltar a tal escravidão?" (Gálatas 4:9).

Os gálatas não estavam pensando em reavivar seus velhos deuses—Zeus, Ares, e os demais. Eles estavam se escravizando ao se envolver com as tradições judaicas, observando dias de festas e jejum, mudando para a comida kosher (que obedece à lei judaica), e sendo circuncidados. Para eles, certamente misturar um pouco de judaísmo com sua fé em Cristo não era tão ruim quanto orar para estrelas! Afinal, tanto Cristo quanto a lei vêm do mesmo livro. Mas para Paulo, tanto o sistema pagão quanto o judaico—qualquer sistema de origem humana—é *stoicheia*. Uma pequena tradição judaica sobreposta a Cristo os escravizaria tão rapidamente quanto Zeus o faria.

Sistemas. Os seres humanos parecem ter uma necessidade perversa e irresistível de transformar tudo que acreditam num sistema, que prontamente usam para escravizar a si mesmos e a todos ao seu redor. Fazemos isso repetidamente com a fé cristã, cada vez colocando em risco a verdade da graça facilmente obscurecida. Dizemos: "Se você quer ser um bom cristão, eis aqui algumas poucas coisas de que deve abrir mão. E aqui estão algumas coisas que você deve se assegurar de fazer. E não se esqueça de aparecer nos próximos dias. Se você fizer estas coisas, agradará a Deus e a nós". Quando fazemos isso, perde-se o que realmente importa e que pode produzi a verdadeira transformação espiritual.

No livro de Colossenses, o apóstolo Paulo também usa *stoicheia* de maneira similar. Aqui ele diz: "Já que vocês morreram com Cristo para os princípios elementares do mundo [*stoicheia*], por que vocês, como se ainda pertencessem ao mundo, se submetem a regras: 'Não manuseie!' 'Não prove!' 'Não toque!'? Todas essas coisas estão destinadas a perecer pelo uso, pois se baseiam em mandamentos e ensinos humanos. Essas regras têm, de fato, aparência de sabedoria, . . . mas não têm valor algum para refrear os impulsos da carne" (Colossenses 2:20-23).

Como veremos no próximo capítulo, todo o sistema religioso dos fariseus baseava-se na premissa de que a bondade—a justiça—era uma questão de primeiro estabelecer o sistema de regras e depois obedecê-lo. Meu colega Aldo Berndt observa que Jesus colocou seu dedo na futilidade de se buscar a justiça através da observância de um sistema de regras. Jesus disse: "Se o teu olho direito te faz pecar, arranca-o e joga-o fora" (Mateus 5:29). Aldo comentou: "Mesmo que alguém fosse tão longe a ponto de praticar tal regra, essa pessoa veria a impureza através do buraco sangrando em sua cabeça". Obedecer regras não resolve os problemas da nossa carne. No entanto, nós todos tendemos a construir nossos sistemas de comportamento, sendo muito mais fácil segui-los do que confrontar honestamente os problemas reais. Esses sistemas não levam à verdadeira transformação. Isso precisa vir de dentro, pela mão do Espírito de Deus.

Assim, concluímos que qualquer que seja o sistema ou a religião, não há liberdade fora de Cristo. E Paulo teme que os cristãos que se aprisionam em algum sistema acabem perdendo sua liberdade. Assim, ele escreve: "Foi para a liberdade que Cristo nos libertou. Portanto, permaneçam firmes e não se deixem submeter novamente a um jugo de escravidão" (Gálatas 5:1).

Somos livres! Livres da escravidão do pecado e dos sistemas humanos de religião e tradição. Mas o que fazer com tal liberdade? O mundo inteiro anseia por liberdade. Nossa Declaração de Independência é uma afirmação de que nós preferimos morrer do que ser subjugados. Inúmeras pessoas sob o comunismo abandonaram suas famílias e todas suas posses e fugiram para o Ocidente para ter liberdade. Muitas vezes me pergunto o que as pessoas fazem com a liberdade que pagaram tão caro para ter. Como isso realmente melhora sua qualidade de vida diária? Ou será que são como o cachorro que corre atrás do carro, que se conseguisse alcançá-lo, não saberia o que fazer com aquilo?

Mas, a nossa liberdade, conquistada arduamente por Cristo, é necessária para o propósito de Deus para nós. Paulo explica o que devemos fazer com a nossa liberdade: "Irmãos, vocês foram chamados para a liberdade. Mas não usem a liberdade para dar ocasião à vontade da carne; ao contrário, [usem-na para] servir uns aos outros mediante o amor" (Gálatas 5:13). Liberdade significa não estar preso a um sistema ou agenda humana. Como tal, a liberdade nos permite servir os outros de acordo com *suas* necessidades. Eu não tenho que trazer uma pessoa para dentro do meu sistema ou para dentro da minha comunidade para só assim poder ajudá-la. Podemos operar com base na agenda dessa pessoa de acordo com suas necessidades. Este é o verdadeiro sentido de ser "focado no receptor".

Conclusão

Ao servirmos tanto o crente quanto o descrente, podemos resumir tudo numa só pergunta: Quem se adapta a quem? Os que servem se adaptam aos que são servidos ou é o contrário? Quando o apóstolo Paulo plantava novas sementes do evangelho em lugares onde Cristo não era conhecido, ele tinha o cuidado de ser "tudo para com todos, para que por todas as formas possíveis pudesse salvar alguns" (1 Coríntios 9:22).

Liberdade de adaptação tem duas aplicações. A primeira está no nosso relacionamento com o incrédulo. Precisamos estar dispostos a deixar de lado nossas formas de práticas religiosas, nossos códigos de conduta em assuntos polêmicos, nossas doutrinas bem elaboradas, e até mesmo nosso vocabulário religioso, pois tudo isso serve apenas para confundir a simplicidade do evangelho junto ao incrédulo que busca. Precisamos ir aonde os incrédulos estão e construir relacionamentos com eles dentro do contexto de seu mundo. Precisamos nos adaptar a eles e nos sentirmos bem na presença deles e nas suas circunstâncias. Precisamos amá-los e aceitá-los como são, quer coloquem sua fé em Cristo ou não. Esta é a verdadeira adaptação e o verdadeiro amor.

A segunda aplicação da liberdade de adaptação está nos relacionamentos entre os membros do povo de Deus. No primeiro século, o povo de Deus administrou grandes conflitos por causa da prioridade que deram à compreensão da graça através da fé em Cristo, tanto pelos judeus quanto pelos gentios. Nós, que compomos a igreja neste país, precisamos da mesma amplitude de visão. Frequentemente, hoje a diversidade é motivo de suspeita e não de celebração. As acusações de ilegitimidade são levantadas entre várias partes do corpo. Usamos nossas suspeitas para justificar nossa competitividade. Tais atitudes enfraquecem a igreja. Nossa falta de unidade forma uma barreira à efetiva comunicação com o mundo incrédulo ao qual somos enviados. É extremamente difícil nos movermos de onde estamos para o tipo de liberdade e diversidade na unidade que acabamos de ver entre o povo de Deus no primeiro século.

Esta aceitação da diversidade precisa permear todas as manifestações do povo de Deus, inclusive nas funções locais e nas apostólicas ou móveis. Nenhum de nós é dono da franquia do evangelho!

CAPÍTULO 8

Para a Liberdade e a Diversidade

A natureza humana e a tradição se unem para nos derrotar na nossa busca pela liberdade e diversidade.

Vimos como o povo de Deus no primeiro século lutou para se libertar do casulo da tradição judaica, a fim de tornar a mensagem do evangelho acessível ao mundo inteiro. Foi uma luta saudável, que os ensinou que a diversidade é uma virtude essencial, não uma fraqueza. São necessários todos os tipos de pessoas para alcançar todos os tipos de pessoas. A diversidade permite ao povo de Deus alcançar uma faixa mais ampla do mundo com o evangelho.

Que a diversidade é uma virtude não deveria ser surpresa para ninguém. Deus aparentemente a ama! É só olhar para a natureza. Na sua infinita criatividade, não há duas espécies que ele tenha feito exatamente iguais. Sua criação é prodigiosa na sua diversidade. Para onde quer que olhemos, seja nas montanhas ou nas planícies, nas florestas ou no mar, ficamos impressionados com a profusão de variedades na sua obra. Deus aparentemente desfruta dessa diversidade que ele fez. Como exemplo, ele descreve, com satisfação, as características do beemote (hipopótamo): "Veja o beemote que criei quando criei você e que come capim como o boi. Que força ele tem em seus lombos! Que poder nos músculos do seu ventre! . . . Os montes lhe oferecem tudo o que produzem, e todos os animais selvagens brincam por perto" (Jó 40:15-16, 20).

Depois, referindo-se ao leviatã (crocodilo), ele pergunta:

"Você consegue pescar com anzol o leviatã ou prender sua língua com uma corda? ... Consegue fazer dele um bichinho de estimação, como se ele fosse um passarinho, ou pôr-lhe uma coleira para dá-lo às suas filhas? ... Nada na terra se equipara a ele: criatura destemida! Com desdém olha todos os altivos; reina soberano sobre todos os orgulhosos" (Jó 41:1, 5, 33-34).

Estas são palavras que os grandes artistas talvez pudessem usar para explicar ao observador os pensamentos que inspiraram suas obras-primas.

A diversidade caracterizará a multidão que adorará Jesus—pessoas de "toda tribo, língua, povo, e nação" (Apocalipse 5:9) estarão lá. Eu ficaria surpreso se Deus não preservasse esta diversidade por toda a eternidade, mesmo que ele nos transforme a todos na imagem do seu Filho.

Incorrigivelmente Etnocêntricos

Por que, então, a maioria de nós luta contra a diversidade? Por que nos sentimos bem melhor com a conformidade? Talvez isso ocorra porque os humanos são etnocêntricos por natureza ou por necessidade. Definimos anteriormente o etnocentrismo como a crença na superioridade inerente de nosso próprio grupo e cultura. É essa tendência que todos nós temos de usar nossas próprias formas de fazer as coisas como padrão de comparação. Costumamos rir da maneira como as pessoas de outro estado falam. "Nossa, você dificilmente chamaria aquilo de português! Engraçado como você e eu somos os únicos que realmente falam sem sotaque". Todas as culturas são etnocêntricas. A maioria de nós pensa que as nossas maneiras são as melhores e que os outros são inferiores.

Algum nível de etnocentrismo é necessário para a sobrevivência. Precisamos amar e ser leais às nossas famílias para que sobrevivam. Um pai prefere os seus filhos às outras crianças. O mesmo vale para uma nação. Seus cidadãos precisam estar conscientes de que seu estilo de vida precisa ser preservado para que tenha continuidade. Eles precisam crer que vale a pena lutar por certas coisas—e até morrer por elas se necessário.

O etnocentrismo gera a tradição. A tradição é a passagem de crenças e costumes de uma geração à outra. Todos nós vivemos sob a influência destas duas forças. A vida seria inimaginável sem elas. Todos precisamos de um lugar e de opiniões comuns pelos quais nos orientarmos. Precisamos ter uma identidade, um povo, um estilo de vida. Muitos dos nossos hábitos diários têm sua origem nas nossas tradições. Eles começam logo que acordamos. Nossas tradições nos ajudam a decidir o que vestir, o que tomar e comer no café da manhã, e quando fazê-lo. Nos dizem como cumprimentar as pessoas que encontramos de acordo com o nível de intimidade. Os estranhos recebem determinada saudação, enquanto outra é reservada para os íntimos. As tradições nos instruem sobre nosso comportamento quando entramos numa casa. Tiramos os sapatos ou não? Beijamos a anfitriã ou não? Elas nos dizem quando ir embora e como proceder: Nós apenas levantamos e saímos, ou primeiro nos despedimos de cada pessoa da casa?

As tradições nos ajudam a tomar mil decisões por dia, e nós, raramente ou nunca, paramos para pensar nisso. Elas tornam a vida confortavelmente previsível. Elas nos tornam membros (de dentro) da sociedade e nos dão um senso de lugar comum.

A identidade pessoal também está relacionada com as tradições de uma cultura. Cada cultura tem sua própria tradição na arte, música, vestuário, culinária, etc. À medida que crescemos, adquirimos preferências em cada uma dessas áreas dentro da gama de opções aprovadas pela cultura.

Um prefere rock e não pop; outro jazz e não clássicos. Temos um certo orgulho das nossas escolhas, quaisquer que sejam. Através das nossas escolhas, afirmamos tanto nossa identidade quanto nossa individualidade.

O orgulho nacional depende das tradições para sua manutenção. Vermelho, branco, e azul dispostos em estrelas e listras; o hino nacional; as histórias dos heróis da nação e da promulgação da Constituição—todas têm o poder de gerar fortes emoções. A identidade individual está ligada à identidade nacional.

Não é de admirar que seja tão bom voltar para casa depois de passar um tempo num país estrangeiro. Pode ser muito trabalhoso estar num lugar onde essas incontáveis decisões diárias subconscientes são repentinamente forçadas ao nível consciente. Quando estamos em um país estrangeiro nos desgastamos tentando entender como lidar até mesmo com assuntos banais. Uns risinhos contidos e algumas olhadelas nos lembram que estamos inadequados, até mesmo quando nos esforçamos para descobrir qual o comportamento mais apropriado para o momento. Sob o estresse da situação, pode tornar-se irresistível a tentação de fazer comparações desfavoráveis entre o país anfitrião e o nosso. Com o tempo, "pitoresco" é redefinido como "estranho" e "estranho" logo passa a significar "atrasado, irracional, ineficiente", ou coisa pior. Quando chegamos a esse nível, estamos mostrando nosso etnocentrismo para todo mundo ver.

Assim vivemos com esse dilema. Somos etnocêntricos por natureza. Como indivíduos e como povo, necessitamos de certos parâmetros, de certo grau de conformidade para o bem da nossa própria saúde mental. Então, como podemos ao mesmo tempo ser verdadeiros defensores da diversidade?

Liberdade, o Contrapeso

É neste ponto que a liberdade que temos em Cristo se torna muito importante. A compreensão dessa liberdade serve de contrapeso ao nosso etnocentrismo. Jesus nos diz: "Portanto, se o Filho os libertar, vocês de fato serão livres" (João 8:36). E Paulo também nos diz: "Foi para a liberdade que Cristo nos libertou" (Gálatas 5:1). Com qual finalidade? Para "servir uns aos outros em amor" (Gálatas 5:13).

Cristo nos libertou. Nessa passagem Paulo está dizendo aos cristãos da Galácia que eles estão livres de um certo conjunto de tradições. Deus lhes deu um novo lugar comum, uma nova identidade. O mesmo acontece conosco. Temos uma cidadania superior. Somos cidadãos do reino de Deus e membros da sua família. Isso não significa que deixamos de dar valor às tradições da nossa sociedade. Pelo contrário, significa que estamos livres de seu controle. Seu domínio sobre nós foi quebrado porque já assumimos nosso lugar ao lado de Cristo no "reino celestial". Há outro "lugar comum" ao qual pertencemos. Teoricamente, nós que temos Cristo deveríamos estar entre aqueles que mais apreciam a maioria das coisas boas da nossa cultura. Temos uma perspectiva que nos permite a liberdade de apreciar o que é bom e deixar o resto de lado, livres do controle do etnocentrismo e suas tradições. Não somos apenas livres do seu controle, mas também livres da compulsão de impô-los aos outros.

Esta perspectiva nos permite ser verdadeiros servos. Qual é a relação entre liberdade e serviço? Temos visto que todos somos etnocêntricos, assim como a pessoa que estamos servindo. Ela encontra um senso de lugar comum, de identidade, no seu próprio conjunto de tradições, assim como nós encontramos no nosso. Pode não ser um grande problema quando quem serve e quem está sendo servido compartilham um ethos comum.¹ Mas isso é exceção. A maioria das pessoas, especialmente aquelas que não cresceram no ambiente da nossa igreja, são substancialmente diferentes de nós. Isso nos coloca diante de uma questão crucial quando nos encontramos com tais pessoas: Quem vai vencer? Quem deve se agarrar a seus costumes e quem deve ceder?

Nosso procedimento padrão é pedir ao que está sendo servido que se adapte ao que serve. Ele é o recém-chegado à nossa comunidade ou talvez seja novo em Cristo. Uma vez que estamos confortáveis com nossos costumes e os consideramos significativos para nós, presumimos que os outros encontrarão o mesmo conforto e significado assim que eles pegarem o jeito de fazer as coisas do nosso jeito. E além disso, nós arrazoamos que nossos costumes são "mais cristãos" e que está na hora da outra pessoa mudar. Queremos que essa pessoa se adapte aos mandamentos bíblicos da moralidade, mas também impomos nossos escrúpulos. Os escrúpulos são os padrões tradicionais de comportamento de um grupo, aos quais são dadas justificativas religiosas.

Geralmente, há uma séria perda quando a pessoa que está sendo servida entra em conformidade com as tradições e os escrúpulos. Ambas as partes perdem. Quando mudanças desnecessárias são impostas, é fácil para o novo cristão confundir as mudanças culturais que esperamos dele com as mudanças espirituais que Deus pretende (Romanos 12:2). Frequentemente, quando há confusão nesse ponto, a pessoa faz o que é humanamente esperado dela e para por aí. Ela fica aquém da graça de Deus e troca o crescimento espiritual real pela conformidade. A compreensão da graça é fundamental para todo crescimento espiritual: "Por todo o mundo este evangelho vai frutificando e crescendo, como também ocorre entre vocês, desde o dia em que o ouviram e entenderam a graça de Deus em toda a sua verdade" (Colossenses 1:6).

Além disso, essas mudanças superficiais de identidade

geralmente custam ao novo cristão a sua comunicação com a família e os amigos. Assim, é destruída a possibilidade de o evangelho se expandir naturalmente entre os relacionamentos dessa pessoa. Deveríamos evitar pedir aos novos cristãos que se comportem de determinadas maneiras, pois isso os tornará desnecessariamente estranhos aos olhos de seus pares não cristãos.

A liberdade é a guardiã da diversidade. Nosso etnocentrismo inato anseia por conformidade. Tendemos a confundir unidade com conformidade. A insistência na conformidade é uma batedeira social que mistura a todos nós para termos um sabor único e sem graça. Mas a liberdade diz: "Deixe-os em paz". Deus não faz "distinção alguma entre nós e eles, visto que purificou os seus corações [assim como os nossos] pela fé" (Atos 15:9). Se quisermos ir como povo de Deus a esta sociedade que se tornou pagã, vamos precisar de uma firme compreensão sobre esse assunto. Precisamos saber como ajudar as pessoas a se "conformarem" ao Filho de Deus—a única conformidade que importa (Filipenses 3:10)—de acordo com a palavra de Deus e dentro do contexto dos seus próprios ethos.

Tradição E Tradicionalismo

Jaroslav Pelikan, em sua obra *Vindication of Tradition* (Reivindicação da Tradição), faz uma importante distinção: "Tradição é a fé viva dos mortos, [enquanto que] tradicionalismo é a fé morta dos vivos".[2] Tradições são costumes estabelecidos, geralmente transmitidos e praticados de geração em geração. Tradicionalismo é o respeito excessivo à tradição que lhe dá o status de revelação divina.

Nossa igreja contemporânea caminha no fio da navalha entre a tradição e o tradicionalismo. Mesmo que afirmemos nosso compromisso com a autoridade exclusiva das Escrituras, na prática as coisas não são tão simples assim. A maioria de nós frequentemente perde o equilíbrio e cai no tradicionalismo. Ficamos presos no passado.

Vários anos atrás, fui convidado a passar uma semana com um grupo de missionários no Brasil. Quando me convidaram, explicaram que tinham pouca dificuldade em levar pessoas a Cristo, mas que seu problema era que não conseguiam atrair seus convertidos para dentro das suas igrejas. Eles queriam que eu os ensinasse sobre o assunto.

A base do meu ensino foi semelhante ao que venho dizendo neste livro. Minha sugestão foi que, quando ganhassem aquelas pessoas, sequer tentassem deslocá-las. Em vez disso, que continuassem a evangelizar até que tivessem levado outros da mesma família e bairro para Cristo. Desse modo, um núcleo se formaria e seus novos cristãos acordariam numa manhã descobrindo por si mesmos que já eram uma "igreja". Isso os teria envolvido.

Depois de passarem vários dias examinando as Escrituras a respeito destas ideias, o líder se levantou e disse: "Sua organização obviamente lhe dá a liberdade de ir até as Escrituras, sair e experimentar, e depois voltar às Escrituras, e continuar fazendo isso até você pensar que entendeu direito. Sugiro que todos nós peçamos demissão e nos juntemos a vocês".

Fiquei envergonhado. Era isso que eu estava comunicando, que minha organização era melhor que a deles? Rapidamente tentei consertar as coisas. E disse: "Não estou sugerindo que rejeitem o seu passado. Agradeçam o que Deus tem feito através de vocês. Preservem isso com cuidado. Apenas façam as coisas de modo diferente quando forem para a próxima cidade ou bairro. Tentem aplicar as coisas que temos falado aqui".

Nesse ponto, outro missionário replicou: "Você não

entende nossa situação. Nós não temos a liberdade de ir apenas à Bíblia, depois sair e aplicá-la como você tem".

Isso é tradicionalismo. Ainda que aqueles missionários provavelmente defendessem a autoridade das Escrituras com suas vidas, eles não tinham a liberdade de usá-las livremente. O passado deles controlava o seu futuro. Esse tipo de coisa acontece o tempo todo em nossos esforços missionários ao redor do mundo.

Tenho um amigo que vive e serve Deus numa das sociedades mais seculares do mundo. Após vários anos de esterilidade, ele decidiu dar um passo radical—parar de falar, e apenas ouvir durante um ano inteiro. Passou o ano seguinte indo aonde as pessoas se reuniam naturalmente. Lá, apenas ouvia e fazia perguntas. Absteve-se de falar de Cristo. Emergiu daquele ano com uma nova compreensão das pessoas, seus valores, e necessidades. Então foi às Escrituras e preparou-se para abordar esses valores e necessidades com as verdades bíblicas. Muito criativo! O fruto não demorou a vir.

Quando visitei esse amigo alguns meses depois, encontrei-o rodeado por cerca de cinquenta cristãos jovens. Naquele país, esse tipo de resposta constituía um avanço significativo.

Mas, para meu desalento, descobri que aqueles cinquenta jovens estavam ativamente engajados em reproduzir na sua nova comunidade as formas da sua velha extinta igreja estatal. Haviam formalizado alguns ofícios e atividades, e estavam progredindo no seu hinário. Até haviam enviado o mais brilhante do grupo para o seminário, a fim de prepará-lo para ser seu pastor.

Como resultado de tudo isso, o que poderia ter sido o início de um movimento do evangelho naquele país altamente necessitado, acabou se tornando um beco sem saída. Seus amigos incrédulos, inicialmente atraídos e intrigados pela fé daqueles novos cristãos, concluíram que o que estavam testemunhando não passava de um retorno a algo que já haviam julgado totalmente irrelevante: sua igreja estatal. E se afastaram.

Quando esses jovens cristãos entenderam o que estava acontecendo, já era tarde demais. As formas da igreja são como cimento. Uma vez que estão no lugar, ficam lá para durar. Aquele grupo nunca cresceu além dos cinquenta originais. Fiquei pensando o que leva até os mais criativos entre nós a fazer coisas tais como repentinamente voltar ao tradicionalismo, como aquelas pessoas fizeram.

Tradicionalismo e a Igreja

Se o esforço missionário pode ser tão facilmente controlado pelas formas do passado, a igreja corre um risco ainda maior. Temos várias centenas de anos de história contínua na qual as igrejas evoluíram para suas formas atuais. Apesar das muitas denominações e subdenominações, e apesar das diferenças doutrinárias, os pontos em comum ainda ultrapassam em muito as diferenças. Temos bastante consenso quanto às formas e práticas da igreja. Raramente pensamos seriamente ou discutimos as influências que as crescentes diferenças culturais nos EUA possam ter sobre as formas e práticas de nossas igrejas.

Lembrando nossa tese: O povo de Deus está no mundo para dar testemunho ao mundo e o ministério, tanto o externo quanto o interno, depende de cada cristão. Mas se avaliássemos nossas práticas em relação à nossa tese, teríamos que admitir a existência de algumas omissões e desvios importantes nas funções essenciais das nossas igrejas contemporâneas.

Esses não são temas secundários. Estamos falando dos

fundamentos do plano de Deus para tornar conhecidas ao mundo as boas novas do seu Filho. Frequentemente descobrimos que nossas tradições estão em conflito com esses fundamentos. Creio que estamos sendo confrontados—ou com mudanças significativas nas instituições atuais, ou com novas iniciativas fora delas.

Tenho um amigo que fez parte de uma equipe decidida a iniciar uma igreja que estivesse comprometida com os princípios de que estamos falando neste livro. A equipe deu prioridade ao treinamento de presbíteros. A congregação foi dividida em igrejas caseiras e, para cada uma delas, foi escolhido um presbítero que ajudasse a pastorear os membros daquela unidade. As atividades centralizadas eram mantidas num nível mínimo, para que as pessoas estivessem livres para servir suas famílias e seus amigos incrédulos.

As reuniões semanais eram dinâmicas. Jamais esquecerei a primeira das que participei. Havia pessoas de todos os tipos, desde homens em trajes executivos até os que usavam cabelo comprido. Muitos eram cristãos novos. O ensino da Bíblia era pé no chão, voltado para as necessidades das pessoas. Eu amei aquilo.

O mesmo aconteceu com quase todos que participaram. A notícia se espalhou e logo um rebanho migratório das igrejas vizinhas começou a chegar. Suas necessidades consumiam as energias dos líderes dessa jovem igreja. Seus desejos gradualmente estabeleceram uma programação. A inércia das tradições desses migrantes envolveu esse esforço muito criativo e o moldou a elas. Essa igreja continua sendo um notável corpo de pessoas. Ela continua desfrutando de uma liderança devota e talentosa, e continua sendo um ministério muito poderoso.

Então, qual é o problema, perguntamos nós? O problema é que a visão da equipe original, de levar o evangelho à sociedade através dos esforços de cada cristão, foi frustrada.

Os pastores me disseram que as necessidades de cuidado dos que chegavam eram tão grandes que não restava energia para saírem além da porta da frente das suas próprias casas. Esse é um problema muito comum em nossas igrejas. Uma igreja atraente tende a crescer. Porém, a maioria dos que vêm a ela não saem do mundo, mas das igrejas vizinhas. E eles já vêm com ideias claras sobre o que querem da igreja. Por fim, essas ideias prevalecem. De modo que há uma inércia na igreja que subjuga as novas ideias brilhantes, as devora e finalmente as enterra. A luta é contra o tradicionalismo.

A Tradição de Congregar

Temos convicções fortes sobre a importância da igreja se reunir. "E não deixemos de congregar-nos" é o nosso refrão (Hebreus 10:25). Somos bons em congregar. Onde temos problemas é com algumas das outras funções igualmente essenciais da igreja.

O povo de Deus não é, em sua essência, uma congregação. É uma comunidade! *Congregação* é usada com frequência no Antigo Testamento para descrever a reunião do povo de Israel. *Comunidade* no Novo Testamento implica em viver juntos, em ter tudo em comum. É uma vida em que cada um cuida do outro—espiritual e materialmente—e que afeta todo o espectro de nossos relacionamentos dentro e fora da igreja (Atos 2:42-47 e 4:32-35; Mateus 5:14-16).

Reconhecemos a importância de nos reunir para ensino e adoração, mas o problema é que congregar tem prioridade absoluta, sendo a forma de vida predominante das nossas igrejas. No entanto, é menos claro que também somos chamados a viver em comunidade completamente à vista dos incrédulos e entre eles. Se essas duas funções—congregar e viver em comunidade—fossem mais equilibradas, as formas das nossas igrejas seriam bem diferentes, a ponto de ficarem irreconhecíveis. Mas seguimos na tradição, levemente preocupados com que "não estamos fazendo muito na área de alcançar os incrédulos". Geralmente, quando se trata de alcançar os incrédulos, o cristão é deixado a fazer isso da sua própria maneira. Simplesmente não faz parte da nossa tradição nos programarmos para estar no mundo, com o mesmo compromisso sério e a mesma disposição de investir pessoas, tempo, e dinheiro que temos em prover nossa tradição de congregar.

Esse desequilíbrio de compromisso muitas vezes coloca os cristãos, que se sentem chamados a colocar seus dons e esforços para serem usados com os incrédulos, em tensão com o resto do corpo, e até com suas próprias consciências.

As Tensões

Uma das minhas prioridades pessoais, quando nossa família saiu do Brasil para morar num novo bairro dos Estados Unidos, era fazer novos amigos entre nossos vizinhos. A primeira oportunidade se apresentou, literalmente, nos primeiros minutos depois de estacionarmos em frente à nossa nova casa.

Uma família vizinha saiu para nos saudar e ver se poderiam ajudar em algo. O vizinho Dave e eu logo descobrimos que ambos gostávamos de correr. Quando comparamos nossas agendas para encontrar um tempo livre, Dave disse: "Há um horário durante a semana que estou sempre livre. É no domingo de manhã".

Minha mente ficou fervilhando, pois tinha que decidir isso na hora. Meu testemunho para com ele estava em jogo. Então eu disse: "Tudo bem, nos encontramos às 8 horas da manhã". E no domingo de manhã lá estava eu correndo pelas trilhas do bairro com meu novo amigo. Enquanto corríamos, conversávamos. Pelo que estava aprendendo sobre ele, percebi que sua peregrinação até Cristo exigiria tempo. Nossa programação evoluiu para "leitura e corrida". Passávamos cerca de uma hora examinando o livro de Romanos antes de ir para as trilhas. Isso acabou com minhas manhãs de domingo.

Dave estava certo. As manhãs de domingo eram livres de conflitos com agenda, não apenas para ele, mas para todo o pessoal de nossa vizinhança. Depois de uma semana ocupada no trabalho e um sábado cheio de tarefas, tais como consertar torneiras, levar o cachorro para passear, e ir ao supermercado, o domingo de manhã era o horário de descontrair e relaxar. Era a hora de caminhar, cheirar as rosas, e papear com o vizinho. Os domingos logo me envolveram com nossos vizinhos, do nascer ao pôr do sol.

Minha vida era ainda mais complicada, porque meu trabalho exigia que eu viajasse cerca da metade do tempo. Isso dificultava manter compromisso com qualquer coisa que eu tentasse fazer na cidade onde moro. Logo me vi lutando para equilibrar meu tempo, já bastante dividido pelo meu envolvimento com meus vizinhos e com nossa igreja. Os domingos eram o ponto principal das minhas tensões. Não havia como me sentir bem nos domingos.

Enquanto estava sentado na igreja, ficava visualizando nossa vizinhança, pensando em todas aquelas pessoas lá fora, algumas das quais davam claros sinais de que também gostariam de olhar a Bíblia conosco—se eu encontrasse tempo para elas! E ficava lá sentado, me sentindo culpado. Então eu decidia que o próximo domingo seria reservado para meus vizinhos. Enquanto passava o dia com eles, ficava pensando no que estaria perdendo na igreja. Sentia falta das pessoas e de ouvir o sermão. Precisava achar uma solução. Até que convidei meu pastor para almoçar comigo e discutir a questão.

Durante o almoço expliquei o meu dilema. O xis da

questão é que os vizinhos incrédulos não nos devem nada. Se quisermos ir até eles, tem que ser nos termos deles, conforme as conveniências deles e no ambiente deles. Mesmo que possam ter interesse em ouvir o que temos a lhes dizer, estão longe de terem disposição de ir a uma igreja para isso, e muito menos nas manhãs de domingo! Portanto, ali estávamos nós—expliquei ao meu pastor—com destinos eternos em jogo e com minha consciência pesando em ambas as direções!

Terminamos de almoçar e nos perguntamos o que fazer. Então sugeri que o problema talvez estivesse, em parte, nas nossas suposições básicas sobre a igreja. Não parecia estranho, perguntei a ele, que eu pudesse estar lá no meu bairro, ensinando a Bíblia para alguns vizinhos que ainda não haviam decidido se acreditariam ou não, e isso fosse considerado algo fora do ministério da igreja? E se eu transferisse meus esforços para o prédio da igreja? Isso me tornaria um membro (de dentro) da igreja? A igreja, então, deve ser definida pela geografia? Talvez o nosso problema seja que nossa definição de igreja, nossa eclesiologia, desenhe um círculo tão pequeno que certas funções essenciais à sua existência não podem ser acomodadas dentro dela. Não poderíamos, perguntei ao meu pastor, desenhar nosso círculo suficientemente grande para incluir o que eu estava fazendo no meu bairro? Esse pensamento pareceu razoável para nós dois.

Então o pastor perguntou: "O que você vai fazer quando estas pessoas vierem a Cristo?" Isso, eu respondi, era impossível de prever. Onde essas pessoas finalmente encontrariam sua comunidade dependeria, em parte, de onde encontrariam seu "senso de lugar comum". Poderia até mesmo acontecer aquele corpo tomasse forma bem lá na nossa rua.

Essa conversa com meu pastor foi muito importante para mim. Somos amigos e quero que ele entenda e aprove o que estou fazendo. Resolvi o meu problema, até certo ponto, graças à capacidade incomum desse pastor de compreender. Mas ainda não estou em satisfeito.

Uma coisa é eu ter sucesso em conseguir a liberdade que preciso dentro da minha própria comunidade para exercer a função que creio que Deus quer que eu desempenhe. Outra coisa é saber que há milhares de outras pessoas no corpo de Cristo que anseiam por se envolver com seus amigos incrédulos da maneira que estou descrevendo aqui—e que suas chances são pequenas. Quem irá equipar e capacitar tais pessoas? Quem vai deixá-los ir, conceder-lhes a liberdade e depois a liderança que precisam? O que estou falando não faz, e nunca fez, parte da nossa eclesiologia moderna. Consequentemente, fico me perguntando se é possível até mesmo esperar que nós, como povo de Deus, possamos nos liberar dessa maneira. Os obstáculos estão em nossas próprias mentes e são gigantescos. Estamos presos a nosso próprio tradicionalismo.

Somos de fato obrigados a repetir infinitamente padrões desgastados, o tempo todo lamentando nossa impotência para fazer algo a respeito deles? A inércia com que estamos lidando aqui reside na interação entre forma e função. Estas duas palavras apareceram repetidamente nos parágrafos anteriores. Entender o que significam e como funcionam pode nos ajudar a obter as respostas às questões de que estamos tratando.

Forma e Função

Função: uma ação necessária ou natural. Exemplo: sentar-se.
Forma: o padrão ou meio que facilita essa função. Exemplo: uma cadeira.

Função: cozinhar, comer, dormir.
Forma: uma casa.

Função: transporte.
Forma: um carro.
Função: ensinar a Bíblia.
Forma: um sermão.

    Foi numa aula de arte na Universidade de Minnesota que ouvi pela primeira vez os termos forma e função. Uma aluna apresentou um projeto especial. Era uma grande tela de pintura com figuras humanas espalhadas. Ao lado de cada figura havia um objeto de uso diário—uma cadeira, uma bicicleta, um telefone, uma xícara—cada uma obviamente desenhada de acordo com o contorno da figura. Ela havia intitulado a tela de *Forma e Função*. Pensei no que isso significava. Também pensei na razão de o professor ter ficado tão fascinado por esse trabalho de arte. Eu não estava tão impressionado assim. Somente mais tarde percebi que aquela aluna estava explorando o princípio mais fundamental do design: a forma de um objeto deve ser determinada por sua função ou uso. O arquiteto ou artesão que realmente entende este princípio consegue transformar algo comum, como uma cadeira, em uma obra de arte requintada e atemporal.

    A outra vez que pensei sobre forma e função foi vários anos depois. Estávamos recém começando nosso ministério no Brasil e concentrados em descobrir como comunicar o evangelho a um mundo estudantil predominantemente marxista que, praticamente em massa, rejeitava as instituições religiosas de sua sociedade. Nosso ministério foi conduzido pelas duas verdades que constituem a tese deste livro. Estávamos comprometidos a levar nosso ministério a pessoas de fora da igreja e também comprometidos com a verdade de que cada cristão recebe dons e deve ser equipado para usar o que tem para o ministério. Entendíamos que a aplicação dessas verdades significava que aqueles que levássemos para Cristo, precisariam, por sua vez, se envolver em ganhar seus amigos e colegas e estabelecê-los em Cristo.

Nosso compromisso de ver essas verdades funcionando nos levou a um dilema. Descobrimos que as pessoas que estávamos levando a Cristo eram um mundo à parte das "culturas" das igrejas existentes. Alguns dos cristãos novos que conseguiram fazer a travessia para se integrar nas igrejas, descobriram que, no processo, haviam destruído sua rede de relacionamentos com amigos e familiares, construída durante toda uma vida. Suas oportunidades de alcançar os incrédulos praticamente deixaram de existir por causa das distâncias culturais envolvidas. Mas se tentassem sobreviver sem um corpo de amigos cristãos, não apenas ficariam estéreis, como também ficariam mal nutridos e vulneráveis a todo tipo de perigo espiritual. Ficou claro para mim que realmente estávamos lidando com um problema de forma e função.

Não havia formas pré-existentes que capacitassem as pessoas que estávamos alcançando para exercerem a função de se firmar em Cristo e, ao mesmo tempo, cumprirem a função de levar Cristo aos seus amigos e familiares. Assim, tivemos que trabalhar juntos durante anos, buscando orientação nas Escrituras, até conseguirmos criar formas apropriadas que nos permitissem cumprir as funções de edificação e evangelismo naquele contexto. Na verdade aprendemos que, para manter vivas essas duas funções vitais, era necessário uma vigilância constante. As próprias formas que criamos tiveram a tendência perversa de perder rapidamente sua utilidade original e assumir seus próprios significados secundários. Mas aprendi que essa dinâmica entre forma e função é inevitável e constante. A Bíblia está cheia de ilustrações e avisos a esse respeito.

Forma e Função na Bíblia

Em Êxodo 18 vemos Moisés com um problema em suas mãos. Ele passava dia após dia atendendo às necessidades de uma fila interminável de pessoas. Todos naquele acampamento de mais de um milhão de pessoas que tinham uma questão a resolver vinham até ele. Isso estava matando Moisés e as pessoas estavam sendo mal atendidas. Seu sogro, Jetro, deu-lhe uma sugestão. Ele disse: "Que é que você está fazendo? Por que só você se assenta para julgar, e todo este povo o espera de pé, desde a manhã até o cair da tarde?" (Êxodo 18:14). Jetro sugeriu que Moisés dividisse o trabalho e o delegasse a homens honestos e competentes. Moisés fez isso! Nomeou um corpo de juízes. Assim, ele criou uma forma de atender uma função fundamental—manter a justiça.

Essa forma sobreviveu a Moisés. Sobreviveu também a Israel e continuou existindo até se tornar uma instituição judaica. As formas fazem isso.

Esse corpo de juízes reaparece em Ezequiel 8. Nessa época Deus havia sentenciado Israel a julgamento. Nesta passagem ele está explicando, através de Ezequiel, por que havia passado uma sentença tão terrível ao seu povo. Ele levou Ezequiel numa visão a uma câmara que estava cheia de ídolos e suas paredes estavam cobertas com coisas obscenas. Lá, no meio daquela câmara, estava aquele corpo de setenta anciãos que Moisés havia constituído cerca de quinhentos anos antes. Estavam todos lá e Jazanias estava ocupando a cadeira de Moisés. Ezequiel pôde dar uma olhada nas atitudes da liderança de Israel. Deus estava dizendo que teria de julgar aquela nação por causa dos seus juízes. Eles haviam se tornado perversos! Que ironia!

Essa forma dos setenta anciãos sobreviveu aos cativeiros na Assíria e Babilônia e reapareceu intacta. Quinhentos anos depois, quando Jesus entrou em cena, ela estava lá. Era conhecida como o Sinédrio. Jesus a descreveu assim: "Os mestres da lei e os fariseus se assentam na cadeira de Moisés. Obedeçam-lhes e façam tudo o que eles dizem a vocês. Mas não façam o que eles fazem, pois não praticam o que pregam" (Mateus 23:2-3).

Nos dias de Jesus, aquela forma que serviu tão bem a Moisés, havia adquirido vida própria. Também havia adquirido um novo significado. Ela existia basicamente para fornecer posições de prestígio na comunidade judaica a setenta homens. Isso fica claro no relato da ressurreição de Lázaro. Um milagre irrefutável daquela magnitude foi entendido como uma ameaça pelo Sinédrio. Eles disseram: "Se o deixarmos, todos crerão nele, e então os romanos virão e tirarão tanto o nosso lugar como a nossa nação" (João 11:48). Jesus era um risco à segurança nacional. Ele era um risco para o status quo. Era preciso matá-lo.

Na Bíblia há uma série de ilustrações similares sobre a interação entre forma e função. Todas elas ensinam as mesmas lições. Uma função precisa de formas. A forma é o padrão que uma ação assume. Precisamos de formas. Mas uma vez que as formas são criadas, tendem a se tornar praticamente indestrutíveis. Elas continuam vivendo interminavelmente. As funções facilmente se perdem. Quando as formas sobrevivem à função para a qual foram feitas, adquirem por si próprias novos significados. Tornam-se parte da tradição de uma cultura. Adquirem autoridade própria. E então, questionar uma forma estabelecida, torna-se uma heresia.

Jesus Versus a "Tradição dos Anciãos"

No confronto de Jesus com a "tradição dos anciãos", temos outro exemplo muito significativo da interação entre forma, função e significado. Quando Jesus apareceu, enfrentou uma instituição religiosa com quinhentos anos de idade, controlada por uma pequena elite de mestres da lei. Eles se diziam fiéis às leis de Moisés e se consideravam os guardiões da verdade que Deus revelou por meio de Moisés e dos profetas.

As origens dessa instituição provavelmente remontam ao ano de 586 a.C., quando Nabucodonosor liquidou o reino de Judá. Ele destruiu o templo e deportou a maioria dos Judaítas. Esses Judaítas levaram consigo seus bens portáteis, incluindo os livros da lei e dos profetas, para o exílio na Babilônia. No exílio começaram a se reunir para ler e discutir as Escrituras. Primeiro se encontravam em suas casas e depois, à medida que o governo persa permitisse, construíam casas de reunião permanentes. Esse foi o surgimento das sinagogas.

Cerca de setenta anos mais tarde, em 520 a.C., um remanescente de exilados foi autorizado a retornar a Jerusalém. Esdras estava entre eles e Neemias logo o seguiu.

Os exilados sabiam por que haviam entrado no cativeiro. Estava escrito lá em Amós. "Por três transgressões de Judá, e ainda mais por quatro, não anularei o castigo. Porque rejeitou a lei do SENHOR e não obedeceu aos seus decretos, porque se deixou enganar por deuses falsos" (Amós 2:4).

O profeta Ezequiel destacou outro pecado que aparentemente foi especialmente grave: ". . . e profanaram meus sábados" (Ezequiel 20:13).

Os Judaítas foram para o cativeiro porque haviam se tornado idólatras, com toda a imoralidade e injustiça que isso implica. Mas a causa principal, disse Amós, era que "rejeitaram a lei do Senhor". Os sábados rejeitados eram um símbolo dessa rejeição.

Aqueles que retornaram a Jerusalém tentaram restaurar algo parecido com o que eles uma vez foram e tiveram. Queriam ter certeza de que nenhuma calamidade jamais os acometeria novamente. Esdras liderou o caminho de retorno. "Esdras chegou a Jerusalém no quinto mês do sétimo ano desse reinado. . . . Pois Esdras tinha decidido dedicar-se a estudar a lei do SENHOR e a praticá-la, e a ensinar os seus decretos e mandamentos aos israelitas" (Esdras 7:8, 10).

Alguns dos exilados que retornaram mal haviam chegado a Jerusalém e já começaram a voltar à idolatria. Mas não faltava tenacidade a Esdras. Ele conseguiu reunir todo o povo na praça e leu as Escrituras para eles: "Ele a leu em voz alta desde o raiar da manhã até o meio-dia. . . . E todo o povo ouvia com atenção a leitura do Livro da Lei. . . . Leram o Livro da Lei de Deus, interpretando-o e explicando-o, a fim de que o povo entendesse o que estava sendo lido" (Neemias 8:3, 8).

Esdras enviou leitores às cidades vizinhas, e eles voltaram para Jerusalém trazendo a população atrás de si. Lá eles ouviram as Escrituras por dias a fio à medida que o próprio Esdras as lia no Livro da Lei de Deus. Esdras lia, com sol ou chuva, e as pessoas ouviam. Eles já tinham aprendido o suficiente no cativeiro. Aparentemente, Esdras conseguiu comunicar seu ponto de vista—não ousemos nos afastar das Escrituras; nos certifiquemos de que todos as ouçam e as entendam.

Foi após este retorno à lei de Deus que se desenvolveu a tradição dos anciãos, aparentemente como uma tentativa de explicar e codificar cada detalhe de conduta. Durante os quatrocentos anos de silêncio entre o Antigo Testamento e o Novo, várias escolas de escribas surgiram e desapareceram. Elas assumiram a tarefa de explicar e interpretar as 613 leis de Moisés em termos tão específicos que nunca houvesse qualquer ambiguidade quanto ao que constituía sua violação. Consequentemente, procuraram construir uma barreira de regulamentos em torno das leis mosaicas de modo que elas permanecessem invioláveis.

E levou algum tempo. Foram necessárias cerca de mil e quinhentas regras apenas para proteger a santidade do sábado judaico. É uma violação recolher ovos no sábado? Bem, depende do motivo que leva você a criar galinhas. Se for pelos ovos, recolhê-los é trabalho e, portanto, é proibido. Mas se for pela carne delas, os ovos são subprodutos e você pode recolhê-los. E quanto a matar um escorpião no sábado? Não, porque isso seria muito parecido com caçar. E assim por diante.

Essas regras eram passadas adiante oralmente e, no Novo Testamento, são chamadas de "tradição dos anciãos". A grande questão era: O que Jesus faria com elas? Ele as respeitaria?

Esta era a verdadeira questão que estava por trás das muitas perguntas que os fariseus e os mestres da lei fizeram a Jesus.

- Por que você come e bebe com cobradores de impostos e pecadores?
- Por que você está fazendo o que é ilegal no sábado?
- É certo pagarmos impostos a César ou não?
- Por que seus discípulos não vivem de acordo com a tradição dos anciãos em vez de comerem sua comida com as mãos sujas?

Jesus repudiou a tradição dos anciãos. Ele não tinha outra opção. O que havia começado com Esdras como uma interpretação honesta e cuidadosa das Escrituras havia evoluído para um sistema que aprisionava as pessoas na falsidade. Ele disse: "'Seus ensinamentos não passam de regras ensinadas por homens'. Vocês negligenciam os mandamentos de Deus. . . . Vocês anulam a palavra de Deus por meio da tradição que vocês mesmos transmitiram" (Marcos 7:7-8, 13).

Jesus prova que a fidelidade que eles professavam a Moisés, nem sequer existia (ver Marcos 7:9-12). Pensavam que estavam ganhando a vida eterna pelo estudo diligente das Escrituras, enquanto ignoravam o próprio Cristo que é a peça central das Escrituras (João 5:39-40). Jesus disse: "Quem os acusa é Moisés, em quem estão as suas esperanças. Se vocês cressem em Moisés, creriam em mim, pois ele escreveu a meu respeito" (João 5:45-46).

Jesus não adotou, nem poderia adotar, uma postura de "viva e deixe viver" com os mestres da lei. Os ensinamentos deles eram um obstáculo à fé. Ele disse: "Vocês atam fardos pesados e os colocam sobre os ombros dos homens... vocês fecham o reino dos céus diante dos homens" (Mateus 23:4, 13). A verdade do evangelho não podia coexistir com a tradição dos anciãos. O homem Jesus também não podia coexistir com ela. Foi esse conjunto de leis que justificou sua execução. Isso foi tão apropriado que sua morte tornou todo tradicionalismo nulo e vazio, para sempre.

Forma, Função e os Cristãos do Primeiro Século

No capítulo 7 exploramos longamente uma tensão recorrente que percorria toda a narrativa do Novo Testamento. Essa tensão está relacionada com a questão da forma e função que estamos discutindo aqui.

Apesar do confronto agressivo de Jesus com os mestres da lei em relação à tradição dos anciãos (a qual logo se tornaria conhecida como Mixná) e de sua decisiva vitória através de sua morte e ressurreição, aquela primeira geração de cristãos não estava imune ao poder da tradição. A hesitação do apóstolo Pedro em entrar na casa de Cornélio não veio do que Moisés escreveu. Pedro disse: "Vocês sabem muito bem que é contra a nossa lei um judeu associar-se a um gentio ou mesmo visitá-lo" (Atos 10:28). Mas esse mandamento não se encontra no Antigo Testamento!

Os apóstolos e irmãos de Jerusalém tiveram as mesmas

dificuldades. Ficaram horrorizados porque Pedro "entrou na casa de homens incircuncisos e comeu com eles" (Atos 11:3).

Aqui cabe um único comentário. Assim como Jesus teve que lidar com o tradicionalismo dos mestres da lei porque era um obstáculo ao arrependimento e à fé, a igreja primitiva também teve que lidar com isso para manter a pureza e a mobilidade transcultural do evangelho.

Todos nós achamos que sabemos o que é o evangelho e estamos convencidos de que a nossa apresentação favorita dele é a mais pura. Mas não é tão simples. No capítulo anterior vimos como é difícil preservar a pureza do evangelho. Este assunto foi o campo de batalha sobre o qual foi escrito o livro de Gálatas. Qualquer acréscimo à graça pela fé é uma impureza. "Você quer receber a Cristo? Ótimo. Faça esta oração e jogue fora seus cigarros". Até mesmo um pequeno modelo de oração pode ser um acréscimo, sem mencionar os cigarros. Não é essa oração que livra a pessoa do domínio das trevas e a traz para dentro do reino do Filho. A submissão a Cristo é que faz isso.

Um evangelho impuro é um evangelho sem mobilidade. Ele não é bem recebido quando são incluídos requisitos extras. Quando examinamos em Atos 15 o relato do concílio de Jerusalém, notamos que Tiago resumiu esse ponto com a frase "não devemos pôr dificuldades aos gentios que estão se convertendo a Deus" (Atos 15:19). Nas epístolas vemos que o tradicionalismo que preserva formas mortas é um obstáculo ao evangelho. Várias vezes os autores nos repreendem e exortam a não sucumbir a tais coisas. Lemos as palavras do apóstolo Paulo sobre o assunto: "Tenham cuidado para que ninguém os escravize a filosofias vãs e enganosas, que se fundamentam nas tradições humanas. . . . Já que vocês morreram com Cristo para os princípios elementares deste mundo, por que é que vocês se submetem a regras: 'Não manuseie! Não prove! Não toque!'? Essas regras têm, de fato, aparência de sabedoria . . . mas não têm valor algum para refrear os impulsos da carne [que era o verdadeiro problema] (Colossenses 2:8, 20, 23).

A quantidade de trechos bíblicos dedicados a essa questão de regras e regulamentos impostos aos cristãos é em si mesmo uma declaração da importância do assunto. Romanos 14 e 15 tratam disso. É um dos principais assuntos tratados desde a primeira epístola aos Coríntios até a carta aos Gálatas. O motivo de tal importância está claramente mencionado em Hebreus 5:11 a 6:3.

As pessoas que ficam presas às verdades elementares não amadurecem. O normal para um cristão é seguir em frente e crescer para que possa ensinar outros. Mas as pessoas que não conseguem encontrar uma maneira de sair de seu tradicionalismo entregam-se à infância espiritual perpétua. Parte do processo de amadurecimento é ter a liberdade necessária para "tornar-se apto para discernir tanto o bem quanto o mal" (Hebreus 5:14). O tradicionalismo tenta fazer isso por nós. Ele diz: "Sabemos o que é bom para você. Apenas siga estas regras". Com isso, torna-se um obstáculo à maturidade espiritual.

Se na interação entre forma e função, a forma sobrevive enquanto a função original se perde, o significado original também é perdido. Formas mortas, deixadas à deriva dessa maneira, são a matéria da qual o tradicionalismo é feito. E o tradicionalismo é um adversário da verdade. Em 2 Reis 18 encontramos um exemplo interessante. Como pano de fundo, lembre-se que em certa ocasião, enquanto Israel vagueava no deserto por aqueles quarenta anos, Deus os puniu pela desobediência, permitindo uma invasão de serpentes venenosas no acampamento israelita. As pessoas eram mordidas e começaram a morrer. Apelaram para Moisés, o qual, instruído por Deus, mandou fazer uma réplica da serpente em bronze e a colocou num poste. Quem tivesse fé para se virar e olhar para aquela forma era curado. As serpentes desapareceram e a crise passou. A réplica de bronze havia cumprido sua função e poderia ser descartada. Mas não foi.

Oitocentos anos depois, nos dias de Ezequias, a réplica de bronze ainda andava por lá! Ela recebeu o nome de Neustã e se tornou um ídolo de Israel. Ezequias "despedaçou a serpente de bronze que Moisés havia feito, pois até aquela época os israelitas lhe queimavam incenso" (2 Reis 18:4). A função havia desaparecido há muito tempo, mas a forma havia permanecido, servindo a um propósito extremamente diferente.

O tradicionalismo oculta a verdade. Nós vimos de que modo: Nos evangelhos, era um obstáculo ao arrependimento e à fé; no livro de Atos, era um obstáculo à pureza e à mobilidade do evangelho; e nas epístolas, era um obstáculo à maturidade espiritual.

Com isso, não há quase nada que tenha ficado intocado.

Conclusão

Neste capítulo, falamos sobre o perigo de sermos controlados por formas mortas, que perderam seu significado mas que continuam a subsistir. Vimos que o antídoto está em nos assegurarmos de que as funções essenciais do ministério estejam claras e sendo cumpridas. Esta é uma dimensão importante, embora ignorada, da renovação da igreja. Quem dentre nós não está preocupado com renovação? É bom mesmo que fiquemos preocupados com isso, pois até mesmo os mais fiéis dentre nós nunca estão a mais do que um passo de distância da mediocridade, ou coisa pior.

A origem de qualquer renovação verdadeira é, naturalmente, o próprio Cristo. Quando o buscamos, nós o achamos (Jeremias 29:13). Somos purificados por ele (João 13:4-10).

A maioria das experiências de renovação, no entanto, tem uma duração terrivelmente curta. Podemos contar nos dedos as ocasiões da história em que a renovação perdurou até resultar em mudanças permanentes e significativas. Na maioria das vezes, desfrutamos do calor do encontro como a passagem do sol e então voltamos aos nossos velhos hábitos de ovelhas. Isso acontece porque logo paramos, não indo até o fim. A renovação precisa incluir uma avaliação honesta das nossas ações. Ela é sustentada pelo foco contínuo nas funções essenciais do povo de Deus e pela disposição de sacrificar as formas que perderam seu significado.

Este é um assunto delicado. Temos a liberdade e a responsabilidade de mudar. Devemos mudar, se quisermos preservar a verdade. Como um amigo disse: "Você deve mudar para permanecer o mesmo!" Mas como é bem fácil sermos levados pelo nosso zelo por mudança, podemos destruir tudo. Certas coisas, outras não. A sabedoria está em saber distinguir quais devem e quais não devem mudar. Alexander Soljenítsin, em seu livro de memórias *O Carvalho e o Bezerro*, disse: "Aqueles que mudam o curso da história são gradualistas, em cujas mãos o tecido dos acontecimentos não rasga".[3] Espero que, ao final deste livro, tenhamos alguns critérios que nos permitam julgar o que deve e o que não deve mudar.

CAPÍTULO 9

Novos Limites para a Igreja

Uma lição que surge de nossa discussão da história e da relação forma-função é que a igreja tende constantemente ao estreitamento. A cada redefinição, excluímos um pouco mais. Com as artérias se fechando gradualmente, torna-se cada vez mais difícil deixar fluir a verdade vivificante. Isso tem acontecido ao longo da história e é a tendência atual.

O efeito de estreitamento acontece por trabalharmos sob restrições autoimpostas. Restringimo-nos em nossa compreensão das Escrituras e, posteriormente, nos restringimos na compreensão do povo de Deus. Uma grande necessidade atual é voltarmos às Escrituras para obter uma nova leitura sobre nossos rumos atuais. Necessitamos redescobrir o que a Bíblia diz sobre as obras de Deus, sobre o lugar que seu povo tem nessas obras e sobre a natureza do ministério. É impressionante o quanto a Bíblia tem a dizer sobre estas coisas, mas é igualmente impressionante o quanto sempre tendemos a ignorar e buscar outras fontes de orientação sobre o que fazer como povo de Deus.

O Encolhimento da nossa Bíblia

À medida que viajamos pela história e andamos pela vida, vamos perdendo partes da nossa Bíblia aqui e ali ao longo do caminho. Identifiquei algumas dessas perdas no decurso deste livro, mas há outras. Para ilustrar o que quero dizer, imaginemos que este quadrado represente a totalidade da revelação de Deus para nós nas Escrituras.

Este quadrado é limitado em tamanho, porque a Bíblia não nos diz tudo. Nem pode. A história da Bíblia é uma história eterna, que não tem começo nem fim. Consequentemente, Gênesis 1 não é realmente o início das coisas, mas é onde *nossa* história inicia. Muitas coisas já estão acontecendo. Deus, é claro, existe em sua diversidade como Pai, Filho, e Espírito Santo. Seu reino existe e uma queda já ocorreu. Satanás está em cena, junto com seus anjos.

A Bíblia não tenta explicar a origem dessas coisas. Elas são presumidas. Obviamente, estão lá, e são verificáveis. E a Bíblia não se preocupa em nos falar muito sobre a eternidade futura. Temos alguns vislumbres imprecisos do que está reservado para nós e para a criação. Esses vislumbres nos fascinam. Mas teremos que esperar para ver e realmente entender.

Portanto, a Bíblia nos dá o que precisamos saber por enquanto. Que coisa incrível: um livro da parte de Deus contendo tudo o que precisamos saber sobre a vida e a santidade! O apóstolo Paulo disse: "Toda a Escritura é inspirada por Deus e útil para o ensino, para a repreensão, para a correção, e para a instrução na justiça para que o homem de Deus seja apto e plenamente preparado para toda boa obra" (2 Timóteo 3:16-17). Aparentemente, Deus não desperdiçou quaisquer palavras. Precisamos de cada uma delas.

No entanto, como vimos no curso da história, muitas verdades da Bíblia estão fora do nosso alcance. Mas continuamos o processo. Estamos tentando viver a vida e participar dos propósitos de Deus, enquanto usamos menos do que Deus nos revelou. A seguir apresento alguns exemplos do que estou falando.

Os Pais da Igreja

Quando os pais da igreja precisaram lidar com as várias filosofias pagãs que ameaçavam a igreja externamente e as heresias que estavam surgindo internamente, como solução eles recorreram ao estabelecimento de uma estrutura hierárquica. *Hierarquia* vem de duas palavras gregas—*hierós* e *arkhia*—que originalmente significava "governar pelos sacerdotes". Assim, ao fazer isso, nossos pais da igreja dividiram, de forma ordenada e permanente, o povo de Deus em duas castas: leigos e clero. Desde então vivemos com esse sistema de castas, embora a Bíblia ensine o contrário.

A Reforma

Vimos como os reformadores protestantes, lutando para definir uma igreja sem papa, abordaram a questão em duas dimensões. Aparentemente, eles não tiveram dificuldade para definir a igreja em termos universais. Mas quando fizeram a pergunta, "Como reconhecemos uma igreja local quando virmos uma?", criaram alguns problemas que nós herdamos.

Um dos exemplos é o tratamento que os reformadores deram aos sacramentos. Anteriormente, o papa era o fator unificador da igreja. Ele definia a igreja. Visto que todos os reformadores rejeitaram a autoridade do papa, era necessário um símbolo substitutivo. É notório que os sacramentos—particularmente o batismo e a ceia do Senhor—foram incluídos em praticamente todas as suas definições. Mas será que eles realmente fazem parte? É por esse motivo que os sacramentos foram dados ao povo de Deus? É o batismo que faz uma igreja ser igreja? Seria este o motivo pelo qual a ceia foi instituída? Os sacramentos não foram dados para definir a igreja para nós. E sempre que impomos dessa maneira um segundo significado sobre algo, o seu verdadeiro significado fica diminuído ou até mesmo perdido.

Outro aspecto negligenciado nas definições é a dimensão do envio do povo de Deus. Visto que os reformadores definiram a igreja, como sendo um lugar onde certas atividades ocorriam entre certas pessoas, as expressões móveis do povo de Deus, tais como a equipe apostólica, foram omitidas. O ministério de cada cristão no mundo também foi deixado de fora. Assim, outra parte da nossa Bíblia foi colocada longe do alcance da prática.

Os Sistemas Teológicos

Não conseguimos viver sem teologia, visto que é, em sua definição mais ampla, o estudo de Deus em relação ao mundo. Cada cristão deveria se dedicar a essa busca.

Nossos problemas surgem quando pensamos que já sabemos tudo. Colocamos a coisa no papel e paramos por aí. Em qualquer ponto que paramos, é cedo demais! Paulo disse: "O homem que pensa que sabe alguma coisa ainda não sabe como deveria saber" (1 Coríntios 8:2). A teologia é dinâmica por natureza, porque lida com um Deus infinito que se move através da história. Um sistema teológico é, no máximo, uma tentativa de fotografar aquilo que conseguimos ver e aprender sobre ele num determinado momento. Não há nada de errado em tentar conseguir essas fotografias. O que está errado é nos contentarmos com uma única foto, como se ela contivesse tudo que há para ser conhecido sobre Deus. João Calvino passou a vida inteira revisando suas *Institutas da Religião Cristã*. Nós passamos a vida inteira estudando-as. Mas, se ele ainda estivesse vivo, provavelmente estaria trabalhando em mais uma revisão, de acordo com o crescimento do seu próprio entendimento de Deus e seus caminhos.

Assim, nossos sistemas teológicos podem resultar em um outro estreitamento da revelação de Deus. Quase é possível adivinhar o grau de convicção teológica de alguém apenas pela observação das partes mais gastas de sua Bíblia.

As Distinções Denominacionais ou Organizacionais

A maioria das denominações e organizações cristãs consegue remontar suas origens a partir de uma questão ou percepção específica, que os fundadores consideravam ser suficientemente importante para se tornar o foco da sua atenção e dos seus seguidores. Vimos como os Puritanos se originaram em torno da ideia de serem um modelo de virtude cristã. Sua missão era unir-se como uma comunidade cristã e, assim, ser como uma "cidade sobre uma colina". Cada organização e cada igreja que conheço têm distinções próprias que aumentam grandemente sua eficiência.

As distinções dão foco à ação, o que as torna muito poderosas. Sua fraqueza está no lado contrário do foco: a tendência de ignorar outras verdades de grande importância que trazem equilíbrio. Portanto, podemos perder outra parte da nossa Bíblia por causa de um foco restrito às nossas distinções. Esta é mais uma razão pela qual uma parte do corpo precisa de todas as outras partes para ser completa.

A Cultura

A cultura pode reduzir ainda mais o perímetro daquilo que nos permitimos ver nas Escrituras. Todos nós lemos nossas Bíblias através das lentes da nossa cultura.

Nos últimos anos trabalhei num projeto que analisou pesquisas bíblicas originais feitas por pessoas de mais de quarenta países diferentes. Reunimos cerca de mil páginas de trabalhos sobre uma série de assuntos. Enquanto digeríamos o trabalho dessas pessoas, seguidamente me chamou a atenção o quanto a cultura coloria o que uma pessoa vê. Os japoneses viam nas suas Bíblias a importância da harmonia, ou shalom, e a proeminência da natureza. De acordo com um dos trabalhos, Jesus deve ter sido da tribo Kikuyu do Quênia. Um finlandês criticou um ocidental por ignorar a realidade invisível, e assim por diante. Todos nós vemos através de lentes culturais e nenhum de nós consegue enxergar muito bem através delas. Precisamos uns dos outros até mesmo para entender a Bíblia corretamente.

Os Caminhos Familiares das Ovelhas

Reconheço que diminuo minha Bíblia à medida que me familiarizo com ela. Às vezes, compro uma nova Bíblia para ficar longe de todas as anotações que escrevi na minha antiga. Então começo a marcar a nova. Dois anos depois, comparo a cópia antiga com a nova. Para minha decepção, verifico que minhas novas descobertas anotadas em minha nova Bíblia já estavam registradas na cópia anterior! Penso que muitos de nós temos uma trilha familiar de ovelhas usada em nossas Bíblias que gostamos de seguir cada vez que a lemos. E perdemos de ver o resto.

Portanto, nossa Bíblia está mutilada. Juramos fidelidade a toda ela, mas operamos dentro de certos limites dentro do todo. A revelação de Deus acaba sendo algo parecido com o seguinte:

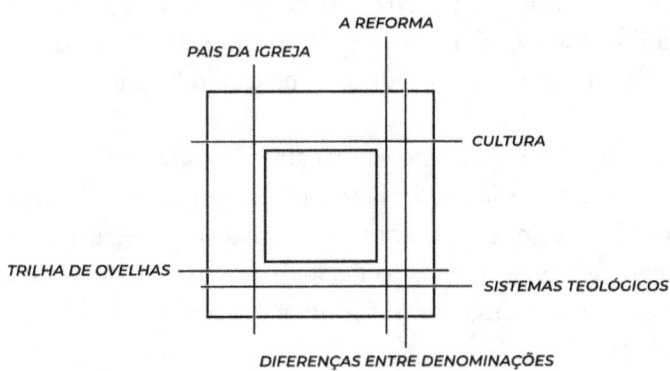

O que sobra da Bíblia, que não é afetado pelas nossas exclusões, simplesmente não é suficiente para as necessidades deste momento.

Nosso Entendimento Estreito Da Igreja

O fato de que realmente sofremos esse processo de estreitamento pode ser ilustrado por duas afirmações feitas repetidamente sobre a igreja. Ambas afirmações, geralmente são feitas com toda a confiança por alguém que está proclamando um mandado sagrado. As duas afirmações são as seguintes: A igreja local é o principal meio de Deus para realizar a "grande comissão" (Mateus 28:18-20); os grupos paralelos à igreja surgiram para fazer o que as igrejas locais deveriam fazer, mas não fazem.

O que significa a primeira frase: "A igreja local é o principal meio de Deus para realizar a grande comissão"? Que outros meios Deus tem à sua disposição para atrair as pessoas para si? Bem, há muitos. Ele usa sua criação (Salmos 19:1-4 e Romanos 1:20). Usa calamidades e julgamentos (Ezequiel 11:10). Usa os profetas (Hebreus 1:1), governantes, e acontecimentos históricos (Romanos 9:11-18). Usa sua palavra (Romanos 10:14), o Espírito Santo (João16:8), e seu povo (1 Pedro 2:9). E agora, qual destes é o "principal" meio de Deus?

Bem, não é sobre isto que estamos falando. Estamos falando sobre a nossa parte na realização da grande comissão e o que isto tem a ver com o ministério. Portanto, esta afirmação significa que de todas as formas de ministério em que os cristãos se envolvem, o que acontece na igreja local é o principal.

Mesmo assim, ainda estamos com problemas. A diversidade do corpo não é uma ideia de Deus? O apóstolo escreve: "Há diferentes tipos de dons . . . há diferentes tipos de ministério . . . há diferentes formas de atuação, mas é o mesmo Deus quem efetua tudo em todos" (1 Coríntios 12:4-6). E ele não disse: "A fim de que não haja divisão no corpo, mas, sim, que todos os membros tenham igual cuidado uns pelos outros"? (1 Coríntios 12:25). Será que estamos fazendo julgamentos de valor e comparações entre diferentes membros do mesmo corpo? Bem, também não é isso que queremos concluir.

Resumindo, a primeira afirmação geralmente objetiva significar o seguinte: "Não há outra estrutura oficial no Novo Testamento para realizar a obra de Deus que não seja a igreja local. Qualquer obra da igreja deve estar sob a liderança de líderes espirituais locais reconhecidos". Esta citação veio das minhas anotações de uma palestra. Poderia ter vindo de quaisquer outras fontes, pois esse posicionamento é comum. De maneira semelhante, as pessoas dirão: "Eu creio na igreja local". Isso parece bastante claro, mas o que frequentemente elas querem dizer, mas não dizem, é: "Eu não creio em mais nada".

A esta altura, nossas dificuldades residem no fato de que toda a nossa discussão se baseia em suposições que fazemos ao longo do caminho no decurso da história da igreja, em vez da Bíblia. Os reformadores, lembre-se, lutavam com a pergunta, "Como reconhecemos uma igreja local quando virmos uma?" Visto que a "igreja universal" era demasiadamente abstrata para ser delineada, a definição prática da igreja inevitavelmente teve a igreja local como ponto de partida. Atualmente ainda tendemos a ver a igreja como uma rede exclusivamente local, o que tem um efeito debilitante sobre sua expressão local. Uma igreja que vê seus próprios líderes escolhidos, sua equipe de trabalhadores, ou o voto majoritário como única fonte de liderança espiritual, torna-se uma igreja cada vez mais voltada para o seu interior. Sem os ventos cruzados de outra liderança espiritual, acaba falando apendas consigo mesma. Perderá a amplitude de visão e a experiência necessárias para irromper no mundo.

A segunda afirmação, "Os grupos paralelos à igreja surgiram para fazer o que as igrejas locais deveriam fazer, mas não fazem", reflete o mesmo problema. Ela se originou da mesma eclesiologia que a primeira.

Esta eclesiologia começa com a seguinte pergunta: "Quando uma igreja é uma igreja?" Nossas respostas geralmente descrevem a igreja como sendo os cristãos que se reúnem em um determinado lugar onde certas coisas acontecem. Há adoração corporativa, ensino das Escrituras, os sacramentos, e há liderança. Uma certa estrutura está implícita.

Essas não são as atividades principais dos ministérios paralelos à igreja, que não se encaixam facilmente na nossa eclesiologia normalmente aceita. Argumentamos então que tais grupos não são realmente igreja. Sejamos sinceros sobre isso: Não temos certeza do que eles são! Assim, para muitas pessoas ainda há confusão sobre toda essa questão dos grupos paralelos à igreja. Esses grupos podem ser chamados de "para-igrejas" à semelhança de "paramédicos"—que que é bom de ter por perto em certas ocasiões, desde que garantam que um médico de verdade fará a minha cirurgia!

Dizer que os grupos paralelos à igreja existem porque as igrejas locais não estão fazendo seu trabalho novamente revela as limitações de nossa compreensão predominante sobre o povo de Deus. Reflete a suposição de que uma igreja local realmente boa deveria estar fazendo tudo. Mas qualquer corpo local que tente fazer tudo, simplesmente fracassará em aspectos cruciais. Isso acontece porque um corpo local, assim como um cristão individual, faz parte de um todo maior. Um corpo local necessita entender a sua esfera de trabalho, sua contribuição—e os limites dessa contribuição—caso queira ser efetivo.

Cometemos um grande erro ao incluir o termo "para-igreja" em nosso vocabulário. Como uma parte do corpo pode ser "paralelo" às outras partes? Essa desajeitada divisão das estruturas locais e paralelas à igreja resultou de nossa estreita compreensão da igreja. Esse estreitamento nos custa caro, pois deixa o mundo incrédulo numa terra-de-ninguém.

O Que é a Igreja?

A maneira como respondemos a esta questão é determinada em grande parte pelas perguntas que fazemos quando começamos nossa pesquisa. Se começarmos perguntando, "Quando um grupo específico de pessoas cruza a linha e forma uma igreja?", o nosso pensamento seguirá um certo caminho. O problema com tal pergunta é não ser suficientemente ampla. Se quisermos ter um entendimento adequado do povo de Deus, precisamos começar com perguntas que abrangem todas as obras de Deus no mundo. Precisamos nos ver como povo de Deus num contexto amplo.

Nosso entendimento da igreja necessita ser suficientemente grande para incluir tudo que a Bíblia tem a dizer sobre o que significa ser Seu povo e o que significa estar no mundo. A amplitude das nossas definições não deve ser ditada pelas fronteiras institucionais que circunscrevem certas atividades, mas pela totalidade do nosso chamado.

Acredito que há uma única verdade que deve estar no centro de qualquer definição adequada da igreja. Essencialmente, a igreja são as pessoas habitadas pelo Espírito Santo, o qual está transformando o seu caráter lhes dando dons para usar no serviço aos outros. Cada cristão deve usar tudo o que tem para servir uns aos outros—e a seus próximos. A maioria das grandes passagens que tratam do povo de Deus no Novo Testamento gira em torno desta verdade (Romanos 12:3-21; 1 Coríntios 12; Efésios 4:1-16; 1 Pedro 4:7-11).

Paulo resume isto em Efésios: "Antes, seguindo a verdade em amor, cresçamos em tudo naquele que é a cabeça, Cristo. Dele todo o corpo, ajustado e unido pelo auxílio de todas as juntas, cresce e edifica-se a si mesmo em amor, na medida em que cada parte realiza a sua função" (Efésios 4:15-16).

Então, perguntamos: Qual é a novidade? Tudo isso parece familiar o suficiente até examinarmos as implicações dessas passagens. Os versículos podem ser familiares, mas a prática deles não é. Acredito que há quatro fatores que devem estar presentes se quisermos funcionar como uma igreja de acordo com essa definição.

Cristo Deve Ser o Cabeça

O apóstolo Paulo tranquiliza os cristãos de Éfeso de que "a cada um de nós foi concedida a graça, conforme a medida repartida por Cristo.... [Ele] deu dons aos homens" (Efésios 4:7-8). "Todas essas coisas, porém, são realizadas pelo mesmo e único Espírito, e ele as distribui individualmente, a cada um, como quer" (1 Coríntios 12:11). Observe que as referências a Cristo e ao Espírito Santo são intercambiadas nessas passagens.

O Espírito Santo é a fonte de vida do povo de Deus. Sem ele não há nada. Com ele cada cristão se torna uma parte essencial e contribuinte do todo. Não deve haver arquibancadas—não há lugar só para sentar e assistir.

Cristo é o cabeça e não a figura de proa, nem o presidente do conselho. Ele é o diretor e o orquestrador prático de tudo o que acontece. Não convoca reuniões de conselho, porque não há conselho. Em vez disso, lida diretamente com cada membro, cada indivíduo, através do Espírito Santo. Todos nós temos a "mente de Cristo" (1 Coríntios 2:16). Isso nos diz muito sobre o que deve e o que não deve ser liderança entre o povo de Deus. A liderança tem a ver com servir o corpo pelo exercício da função de cada um. Isso não nega a necessidade de autoridade humana entre o povo de Deus, mas a coloca na perspectiva correta. Tampouco descarta posições de liderança. Isso significa que aqueles que ocupam posições não são "os melhores". Não há "melhor". Como Paulo disse: "Não que tenhamos domínio sobre a sua fé, mas cooperamos com vocês para que tenham alegria, pois é pela fé que vocês permanecem firmes" (2 Coríntios 1:24).

O Corpo Deve Viver em Comunidade

Uma outra dimensão desta verdade é a comunidade. O corpo "edifica-se a si mesmo em amor" (Efésios 4:16). A palavra grega *koinonia*, traduzida como comunhão/comunidade, significa "vida em família" (1 João1:7). A vida no corpo é de vinte e quatro horas por dia, sete dias por semana, e abrange todo o conjunto das nossas atividades. Enquanto vivemos a vida como cristãos, devemos servir atentamente uns aos outros, estimulando uns aos outros à santidade em todas as áreas. À medida que os cristãos dos primeiros séculos iam se constituindo em corpos identificáveis, seus momentos de reunião conjunta eram apenas a ponta do iceberg da sua vida juntos.

Nossa vida como família de Deus é fundamental para nossa ida ao mundo. Como vimos anteriormente, é a natureza ímpar desta vida em conjunto que nos torna luz no mundo (Efésios 5:8-16). Então, na medida em que nos permitirmos sair pelo mundo, nossa necessidade uns dos outros se torna uma questão de vida ou morte. Precisaremos, como nunca antes, do cuidado e apoio de nossos irmãos.

Deve Haver Diversidade de Funções

A verdade central que estamos discutindo também nos faz retornar à questão da diversidade de funções no corpo. Como já discutimos este assunto longamente, basta aqui voltar nossa atenção para o fato de que muitas das instruções dadas aos cristãos no Novo Testamento não conseguem sequer encontrar sua expressão no santuário ou nas instalações de propriedade da igreja. Alguns exemplos destas instruções incluem: "Sejam mutuamente hospitaleiros" (1 Pedro 4:8); "Vivam em harmonia uns com os outros" (Romanos 12:16); "Façamos o bem a todos, especialmente aos da família da fé" (Gálatas 6:10); e "Lembrem-se dos que estão na prisão, como se aprisionados com eles" (Hebreus 13:3).

O mesmo se aplica às funções de liderança. Alguns descobrem sua expressão mais facilmente quando o povo de Deus está reunido, enquanto outros estão mais naturalmente adaptados quando estão dispersos. O importante a observar aqui é que, para equipar as pessoas para o ministério, é necessária toda a lista mencionada em Efésios 4. São necessários apóstolos, profetas, evangelistas, pastores, e mestres (Efésios 4:11-12).

Tudo Isso na Presença do Mundo Incrédulo

Se nossas vidas como povo de Deus devem ser vividas bem à vista do mundo, precisamos tomar medidas conscientes e deliberadas para ter certeza de que isso esteja acontecendo. Isso requer a reconfiguração dos limites de nossas definições da igreja.

Reconfigurando os Limites

Talvez a grande diferença no que estamos dizendo tenha algo a ver com a maneira com que definimos a igreja. Se os cristãos fossem encorajados e capacitados a aproveitar as oportunidades que Deus coloca em seus caminhos na vizinhança ou na sociedade, e se pudessem continuar confiantes no apoio das outras pessoas do corpo, a igreja seria redefinida.

O que estamos falando aqui é sobre uma verdadeira mudança de paradigma na maneira como percebemos a igreja. Estamos acostumados a definir a igreja a partir de certas estruturas, atividades e formas que podem ser boas, mas que também podem dificultar nossa capacidade de relacionamento com pessoas que ainda não conhecem Jesus. Nos esforçamos para esclarecer quem está dentro e quem está fora da igreja; qual deve ser a estrutura de liderança e qual não deve; o que cremos e não cremos; quais atividades fazem parte e quais não; e qual comportamento é apropriado e qual não é. E assim fica claramente definida a linha entre os que estão dentro e os que estão fora.

Como escrevi, nossas definições de igreja nem sempre são ruins. Mas para a igreja cumprir nosso chamado de estar no mundo por causa das pessoas que ainda não conhecem Jesus (João 17), nós precisamos ver a igreja conforme as definições encontradas nas Escrituras. Esta perspectiva abre a possibilidade de a igreja recuperar sua natureza multiforme e, com isso sua mobilidade.

Nossa compreensão do que é o centro da igreja deve estar bem clara. O centro é a cabeça do corpo. Todos os membros do corpo devem funcionar em relação ao centro: Cristo. Se houver confusão neste ponto e pensarmos na igreja como sendo o centro, descobriremos que estamos apenas criando outra configuração limitada.

Já descrevemos o povo de Deus como as pessoas que são habitadas pelo Espírito Santo, o qual está transformando seu caráter e dando-lhes dons que devem usar para servir seus irmãos—e seus próximos. Aceitar essa descrição significa aceitar a ideia de que exercitar nossos dons e funções, de acordo com a capacitação do Espírito Santo em resposta a necessidades e oportunidades, determinará os nossos limites.

Liderança e Autoridade

O leitor poderia facilmente estar pensando que o que estou defendendo aqui resultaria em um pandemônio, com todos se movendo em qualquer direção que quisessem, fazendo o que lhes parecesse ser uma boa ideia no momento. No entanto somos um corpo, unidos pelo Espírito Santo através de nossos pontos fortes e nossas fraquezas, e vinculados pelo amor. Todos devemos nos "sujeitar uns aos outros, por temor a Cristo" (Efésios 5:21). E conforme já vimos, precisamos de liderança. Existe autoridade nas descrições da igreja no Novo Testamento. Foi-nos dito: "Obedeçam aos seus líderes e submetam-se à autoridade deles" (Hebreus 13:17). Liderança e autoridade são inseparáveis, pois um não pode existir sem o outro. Mas, como já vimos neste capítulo, toda liderança humana na igreja deve agir em amor, serviço, e humildade para edificar as pessoas. Não há espaço na igreja para um ditador ou alguém que queira dominar os demais. Como Paulo escreveu, "Não que tenhamos domínio sobre a sua fé, mas cooperamos com vocês para que tenham alegria, pois é pela fé que vocês permanecem firmes" (2 Coríntios 1:24).

Nos três últimos capítulos deste livro, discutiremos como reagir a essas coisas de maneira ordenada, mas o cerne da questão está no que dissemos sobre forma e função. No Novo Testamento, vimos como o ministério foi realizado pelos primeiros cristãos exercendo certas funções. A forma e a estrutura vieram em seguida, dando substância e permanência aos seus esforços. É esse processo que necessita ser repetido e reproduzido, e não as formas existentes.

CAPÍTULO 10

O Povo de Deus num Mundo Pós-Moderno

No capítulo anterior, buscamos uma redefinição de igreja em termos de suas funções, em vez de um conjunto prescrito de estruturas e formas. Argumentamos que o problema que requer tal definição é a necessidade urgente de o povo de Deus recuperar sua mobilidade, a capacidade de tomar a iniciativa e ir à nossa sociedade com a mensagem de Cristo. Mostramos como a igreja aprimorou suas habilidades de atrair pessoas para "vir a", mas ainda não entendeu o que significa "ir a". A igreja ainda precisa aprender o que significa ser o povo de Deus semeado no mundo.

Assim, continuamos a operar com duas suposições erradas. Primeiro, assumimos que podemos fazer o mundo vir a nós. Depois, assumimos que, quando vier, temos o que é necessário para atender às suas necessidades. Estas suposições são verdadeiras para um segmento relativamente pequeno da nossa sociedade. Elas funcionam para alguns, mas não são verdadeiras para a maioria das pessoas. Subestimamos os efeitos que o pensamento pós-moderno está causando na sociedade. No capítulo 2, descrevemos a direção que a nossa sociedade parece estar tomando. Nossa resposta como povo de Deus—o que e como fazemos—deve ser apropriada às necessidades contemporâneas. Neste capítulo, começaremos a explorar o que significa recuperar a iniciativa de ir à sociedade.

Teoricamente, agora já temos um espaço em nossa compreensão da igreja para acomodar a necessária mobilidade. Isso nos permite abordar uma série de questões que, até agora, estavam fora do nosso alcance e longe de serem consideradas seriamente. Agora já podemos perguntar: Qual é a tarefa que enfrentamos ao irmos para a maioria? No que estamos entrando? Que necessidades encontraremos? O que será necessários de nós para encontrá-los? Quais meios serão necessários para nos levar aonde precisamos ir? Quem deve fazer o quê? Como isso pode parecer? Que formas podem assumir nossos esforços?

Podemos resumir tais perguntas na seguinte sequência:

- O que enfrentamos?
- Qual é a tarefa?
- Quem vai realizá-la?

Estas três perguntas descrevem resumidamente o restante deste livro. A primeira delas será tratada neste capítulo. Para isso, precisamos retomar de onde paramos no capítulo 2. Lembre-se de como nos movemos do passado para o presente naquele capítulo. Agora projetaremos no futuro nossa avaliação da sociedade contemporânea. Voltamos a esse assunto agora porque, se esperamos servir a pessoas de modo a lidar realisticamente com suas necessidades específicas, precisamos ter em mente o que pensam, como pensam, e por que se comportam de tal maneira.

Terminamos nossa avaliação no capítulo 2 observando que nossa sociedade está se tornando pós-moderna.

Pensamento Pós-Moderno: O Que Ele Faz Nas Pessoas

Pós-modernismo? Como algo pode ser posterior ao

moderno? O pós-modernismo identifica a ruptura do consenso do Iluminismo de que a verdade real pode ser encontrada por processos científicos, e que há uma base sólida para as pessoas racionais se apoiarem firmemente. Vimos como o Iluminismo separou a verdade e os valores, e deixou estes últimos às preferências individuais. O pós-modernismo completa o naufrágio destronou a verdade, agora percebida como sendo relativa e tendenciosa.

Os avós de Allan Bloom seriam descritos pelos padrões atuais como pessoas ignorantes. Ainda que seu avô tivesse apenas empregos não especializados, a família era espiritualmente rica por causa de sua fé e práticas cristãs simples. Bloom descreve a mudança gradual na definição da verdade, desde seus avós até o presente:

> Nos Estados Unidos, falando em termos práticos, a Bíblia era a única cultura comum, que unia o simples e o sofisticado, o rico e o pobre, o jovem e o velho. . . . [Ela era] o próprio modelo de visão da ordem de todas as coisas, bem como a chave para o resto da arte Ocidental. . . . Com seu [da Bíblia] desaparecimento gradual e inevitável, a própria ideia de um livro tão completo e a possibilidade e necessidade de uma explicação do mundo, está desaparecendo. . . . Sem o livro, até mesmo a ideia de ordem do todo se perde.[1]

Essa perda do "livro" leva as pessoas a criarem, por conta própria, seus próprios deuses de acordo com suas próprias pré-concepções.

Assim nós temos preenchido a vida com nossos deuses. Adoraremos a qualquer um que possa nos proporcionar bons momentos, seja atuando, cantando, jogando bola— ou até mesmo pregando. Nossas ofertas aos nossos ídolos confirmam nossa idolatria. (Claro que nossa idolatria não se limita a personalidades.) Não somos absolutamente ímpios (sem nenhum deus). Apenas trocamos de deuses.

Os deuses que as pessoas escolhem, quaisquer que sejam, tornam-se seus senhores. Tais deuses invariavelmente impõem um conjunto de leis e limites de controle. O pluralismo, que está rapidamente se tornando uma característica predominante da nossa sociedade, não é exceção. Passou a ser visto como o verdadeiro espírito de liberdade, próprio de uma sociedade livre de dogmas como a nossa. O relativismo, que é um corolário do pluralismo, nos leva a pensar que, de algum modo, a dúvida é mais nobre e mais intelectualmente honesta que a crença. De fato, acreditar em algo, no contexto atual, é visto como fanatismo e arrogância.

O problema com este raciocínio é que ele serve para os dois lados. Se não podemos concluir que algo é verdadeiro ou falso, perdemos totalmente nossa capacidade de pensar. Como ir do ponto A para o ponto B se estamos comprometidos com o relativismo de A? Esta é a tese de Allan Bloom no livro *The Closing of the American Mind* (O Fechamento da Mente Americana). Este título foi bem escolhido. O autor diz que em nossa busca de abertura, nossas mentes acabaram se fechando. O relativismo, a crença de que não existem absolutos e nenhuma verdade—e o pluralismo, a crença de que tudo que é "verdadeiro para mim" ou "verdadeiro para você" é "verdadeiro"—são, de fato, ideias tão escravizantes quanto Zeus e Ares já o foram. "O que é anunciado como uma grande abertura é um grande fechamento".[2]

Não há nada nessa abordagem da verdade que estimule, ou até mesmo permita, que se façam as grandes perguntas: Qual é o sentido da vida? Por que estou aqui? Por que existe sofrimento? Qual o significado da salvação? A pessoa pós-moderna evita tais perguntas porque estão fora de questão. Com isso, fica sem base real para prosseguir avaliando até mesmo as questões mundanas da vida. "Na ausência de quaisquer critérios objetiváveis de certo e errado, bem ou mal, o 'eu' e seus sentimentos se tornam nosso único guia moral".[3] "Bom" é o que nos faz "sentir-se bem".

A vida fica difícil quando vivida nessa base. No âmbito pessoal, caracteriza-se por introspecção incerta. Será que estou fazendo o que é o melhor para mim? Minha vida está indo embora? Quanto tempo devo ficar neste relacionamento? Perguntas desse tipo tendem a nos consumir e paralisar, pois carecem de uma estrutura externa. Em vez disso, giram ao redor do "eu". Essa busca do "bem" é um caminho para a escravidão. Termos como vício, comportamento viciante, comportamento compulsivo, dependência e codependência, tornaram-se parte do nosso vocabulário cotidiano. Até certo tempo atrás, essas palavras eram aplicadas a comportamentos imorais, doentios, ou criminosos, mas agora se aplicam a um amplo espectro, desde drogas e álcool até cafeína, nicotina, anfetaminas, e barbitúricos. Também estamos começando a ser confrontados com uma série de outros vícios. Coisas como jogo, sexo, compras, comida, TV, redes sociais, e exercícios estão sendo incluídas entre os comportamentos viciantes.

A "busca de abertura" (da mente) à qual Allan Bloom se refere também está nos transformando em fanáticos. Somos preconceituosos como sempre fomos em qualquer outro período da história. Simplesmente calçamos o outro sapato no pé. Tenho um amigo que perdeu seu emprego na Universidade de Harvard porque, em uma discussão com alguns alunos, ele sugeriu que talvez valesse a pena olhar a homossexualidade sob a perspectiva da moralidade. Tal ideia, disse um de seus furiosos acusadores, está fora de questão! Assuntos como sexualidade, diferenças sexuais, raça, e outras questões semelhantes são tão "quentes" que sequer ousamos abordá-las com pesquisas científicas! Em reverência à abertura, somos proibidos até de pensar.

Cuidado com o Que Há por Trás!

Nós, que fazemos parte da igreja, nos encontramos nadando nessa mesma sopa junto com o resto da sociedade. Alguns de nós tentam manter distância e manter nossos filhos fora dela mas, ao final, todos nós ficamos molhados. Nossas TVs estão ligadas, lemos jornais e revistas, fazemos os mesmos cursos com os mesmos professores, e trabalhamos no mesmo mercado junto com todos os demais. Na maioria das vezes, alguém está tentando nos vender algo, com um outdoor, um anúncio na mídia social, um comercial, ou um telefonema na hora do jantar. Mesmo que não compremos o produto, inconscientemente aceitamos as imagens criadas pela publicidade. Com o tempo elas nos pegam. Como evitamos adotar alguns dos valores que acabamos de descrever?

É claro que já fomos afetados. O pesquisador de opinião George Gallup Jr. deixa isso bem claro. "Os Estados Unidos têm a alma de uma igreja, mas o coração de um hipócrita. . . . Os americanos dizem que são extraordinariamente apegados à religião. . . . Mas, mesmo que esse apego seja amplo, não é profundo. Eticamente, entre as pessoas que se dizem crentes e a minoria dos incrédulos, há pouca diferença na maneira de conduzir seus negócios ou suas práticas acadêmicas".[4]

Ele prossegue, dizendo que os norte americanos são "analfabetos bíblicos". "Reverenciamos a Bíblia, mas não a lemos".[5] Ele afirmou que apenas a metade dos que se dizem cristãos sabe quem pregou o Sermão do Monte. Um terço dos adolescentes não sabe o significado da Páscoa. "Os 'boomers' (nascidos entre 1946 e 1964) . . . frequentemente . . . vão à igreja, mas não creem". Para eles, "a Regra de Ouro do Novo Testamento [Faça aos outros o que gostaria que fizessem a você][6] passou a significar, 'Não incomode ninguém' ou 'Deixe-os fazer o que querem'".[7]

Nos artigos citados acima, Gallup também diz que 40% dos norte americanos frequentam a igreja ou a sinagoga semanalmente, mas que apenas 10% deles não estariam incluídos na descrição acima como biblicamente analfabetos e eticamente indistinguíveis da maioria. Isso significaria que 75% dos membros das nossas igrejas são, na realidade, apenas membros nominais. E não há indicação de que esses números tenham melhorado nos últimos anos.

Barna e McKay são ainda mais contundentes na sua análise. Eles afirmam: "Em vez de aderir a uma filosofia de vida cristã que seja ocasionalmente manchada por lapsos de infidelidade, muitos cristãos são profundamente secularizados, e apenas ocasionalmente reagem de modo cristão às condições e situações da vida. Pesquisas recentes mostram que muitos cristãos são particularmente vulneráveis às filosofias mundanas do materialismo, humanismo, e hedonismo".[8]

Há pouco tempo atrás, depois de dar uma palestra numa conferência missionária numa igreja bíblica, fiquei conversando com uma mulher da sua liderança. Ela era responsável pelo currículo dos jovens. E observou: "A verdade são aquelas coisas que todas as religiões do mundo têm em comum". Fiquei tão surpreso, fui pego tão desprevenido, que não respondi. Mas se tivesse uma resposta rápida, teria respondido que as principais religiões não têm nada em comum em termos de crenças. Portanto, se esse é o critério, não existe verdade.

Há uma infinidade de ilustrações semelhantes. Uma das mais extremas apareceu num artigo da revista *Newsweek* intitulada "Tempo de Buscar". O artigo trata do retorno dos "boomers" à religião. Essa é a boa notícia. A má notícia é o estado em que se encontram muitas das igrejas às quais essas pessoas estão retornando. Do jeito que essas igrejas são orientadas pelo mercado, sua principal preocupação frequentemente está em agradar o cliente. Certo pastor, relata a *Newsweek*, até "foi criticado por usar a palavra *humanidade* porque ela deixa de fora animais e plantas".[9] Isso é panteísmo!

Em certo sentido, este assunto sobre os efeitos do relativismo e pluralismo na igreja, está fora do escopo deste livro. Mas é uma questão tão importante que sinto que seria negligência deixar de abordá-la. Talvez o mundo chegue até nós antes de chegarmos a ele. Em algumas situações, isso já ocorre. E seja qual for o caso, não temos mais nada a oferecer. "Se o sal perder o seu sabor . . . não servirá para nada" (Mateus 5:13).

Portanto, o Que Estamos Enfrentando?

Existem duas ameaças. Primeiro, vivemos numa sociedade que está, de muitas maneiras, voltando ao paganismo. As crenças e os valores bíblicos estão se tornando cada vez mais estranhos ao pensamento popular. Em segundo lugar, se a igreja seguir a cultura, num esforço para ser importante e atraente, perderemos nossa influência a favor de Cristo.

CAPÍTULO 11

A Tarefa Diante de Nós

No capítulo anterior, vimos a disseminação do pós-modernismo em nossa sociedade e o desafio que essas filosofias relativistas representam para os fundamentos cristãos do nosso estilo de vida. Agora abordaremos outro desafio, que é também a segunda das nossas três perguntas: O que precisamos fazer para servir proveitosamente as pessoas de nossa sociedade com a mensagem de Cristo?

Esta pergunta nos leva de volta à nossa tese que pode nos instruir neste ponto. Vamos revisá-la agora:

- O povo de Deus está no mundo para comunicar ao mundo. Devemos viver entre nossos próximos incrédulos, servindo-os, revelando Cristo para eles.
- Este ministério depende de cada cristão. Todos nós devemos usar o que temos para servir a Deus, servindo nossos irmãos e os incrédulos.

Estas duas verdades são atemporais porque, como já vimos no capítulo 4, são centrais na descrição bíblica do que o povo de Deus deve ser neste mundo. Face ao nosso contexto cultural contemporâneo que acabei de descrever, essas duas verdades podem ser traduzidas em termos de duas afirmações de tarefa. Assim, nossa tarefa é a seguinte:

- Comunicar Cristo de modo que a verdade prevaleça sobre o relativismo e
- capacitar os cristãos a se relacionar e a levar cura às pessoas sofridas em vista da necessidade.

Representando Cristo

Como alguém pode comunicar sobre Cristo entre pessoas que acreditam que uma verdade é tão boa quanto outra? Por onde começamos? O que dizemos? Será que nossas declarações de fé inabalável em Deus e em seu propósito para o mundo não serão rotuladas e rejeitadas como ignorância, arrogância, ou dogmatismo? Nesta seção veremos que as respostas a essas perguntas dependem de como nós interagimos com pessoas.

Somos pressionados a nos juntar ao espírito da atualidade. "Não seria mais adequado", pergunta Lesslie Newbigin, bancando o advogado do diabo, "que adotemos a atitude de um humilde buscador da verdade, mantendo a mente aberta, prontos pra ouvir tudo que advém das várias experiências religiosas da raça humana? Não seria mais honesto, e também mais humilde, parar de pregar e se engajar no diálogo, ouvindo as experiências dos outros e oferecendo a nossa, não para substituí-las mas para enriquecer e ser enriquecido pela troca de experiências religiosas?"[1]

No entanto, é claro e certo que tal abdicação em favor do pluralismo é incompatível com a mensagem central da Bíblia: que, por último, Deus revelou a si mesmo em Cristo (Hebreus 1:1-3). Se cremos que isso seja verdade então somos compelidos a comunicar essa verdade. Esse comunicação envolve dois elementos: a mensagem e o mensageiro.

A Mensagem

Jesus disse: "Eu sou . . . a verdade" (João14:6). Que estranho! Fiquei intrigado com essas palavras durante anos. A verdade não seria propositiva por natureza e expressa em conceitos? Por que, então, ele não disse: "Eu ensino a verdade" ou "Eu lhes trago a verdade"? Mas não, ele disse:

"Eu sou a verdade". Ele, a pessoa, Jesus de Nazaré, é a verdade! Ele é a nossa mensagem! Nossa mensagem não é um sistema de pensamento, um conjunto de proposições a serem correlacionadas e comparadas com outro conjunto. Nossa mensagem é uma pessoa! Nós tornamos Cristo conhecido. O apóstolo Paulo disse: "Pois decidi nada saber entre vocês, a não ser Jesus Cristo, e este crucificado. . . . Minha mensagem e minha pregação não consistiram em palavras persuasivas de sabedoria, mas em demonstração do poder do Espírito" (1 Coríntios 2:2, 4).

Os hindus são definitivamente pluralistas. Dentro do hinduísmo há lugar para o monoteísmo, politeísmo, agnosticismo, e ateísmo. As raízes do hinduísmo remontam a milhares de anos atrás, talvez ao tempo das religiões canaanitas do livro de Gênesis. Há semelhanças impressionantes entre as duas. O hindu sente que seu sistema funciona. O sofrimento humano é interpretado pelo ciclo kármico das reencarnações. Você colhe o que semeou. Seu karma atual é o que você merece em consequência de suas encarnações anteriores. O sistema pode abrigar 60 milhões de deuses e ideias diametralmente opostas entre si. Há apenas um lugar em que o hinduísmo estabelece limites: o dogmatismo. O hinduísmo rejeita absolutos.

E. Stanley Jones passou a maior parte de sua vida na Índia evangelizando entre hindus. Na sua autobiografia, *A Song of Ascents*, ele descreve as descobertas que fez ao longo do caminho. Jones relata uma conversa que teve certa noite com um juiz, que foi fundamental para colocar a questão em foco.

"Eu lhe perguntei", escreveu Jones, "'Quem é hindu?' Ele respondeu: 'Qualquer homem bom é um hindu—você é um hindu'. Então perguntei: 'Onde termina o hindu e começa o não hindu?' Ele replicou: 'Você pode crer em qualquer coisa e ainda ser um hindu'. 'Sim', respondi eu, 'qualquer coisa desde ateísmo ao panteísmo. Mas onde termina o hindu e começa o não hindu?' Ele respondeu pensativamente: 'Você pode crer em qualquer coisa e ainda ser um hindu, desde que você não rejeite o resto'".

"Aqui", observa Jones, "ele pôs o dedo na genialidade do hinduísmo: Ele é sincrético, aceita tudo, desde que 'não rejeite o resto'". Mas, refletiu ele, "Eu pertencia a uma pessoa que se apresentava como o caminho, a verdade, e a vida. Como poderia haver um 'caminho certo'. . . aos olhos do juiz hindu?"[2]

Jones descreve sua própria peregrinação para a frutificação entre os hindus. Ele disse: "Eu sabia que minha mensagem era Jesus Cristo, mas como eu havia sido educado de forma conservadora, defendia tudo que havia aprendido. Estava na defensiva. Minha teologia era esmerada e amarrada com uma fita azul—imutável".[3] Foi então que ele entendeu que debater sistema contra sistema, religião contra religião, era uma proposta perdedora. Era a palavra dele contra a deles. Mas como "a Palavra se fez carne", tudo que Jesus ensinou era um fato dentro de si mesmo. Ele não trouxe apenas as boas novas; ele *era* as boas novas. O evangelho está em sua pessoa. As filosofias apontam para verdades, porém Jesus disse: "Eu sou a verdade".

Assim, Jones conclui: "Sou livre para escutar os outros e ouvir o que dizem que sua fé está fazendo por eles . . . sabendo que, no final, Jesus ocupará o centro. Sou livre, pois não tenho que defender Jesus. Tenho que apresentá-lo, e ele é sua própria defesa".[4]

As descobertas de Jones são muito parecidas com as nossas, de quando nos esforçávamos para entender como comunicar Cristo aos brasileiros instruídos nos anos 1960 e 1970. Por tentativa e erro, e buscando respostas nas Escrituras, aprendemos que as pessoas que declaravam sua incredulidade e desinteresse por religião ainda assim estavam de bom grado interessadas em ler e estudar a Bíblia conosco semana após semana. Mas, para ganhar a atenção deles, tivemos que desembrulhar Jesus do pacote em que estávamos acostumados a apresentá-lo.

Aprendemos que só haveria fruto se nossos estudos girassem em torno de apenas duas perguntas: Quem é Jesus? e O que ele quer de mim? Aprendemos que não precisávamos discutir ideologias ou teologias. Que não precisávamos ganhar a discussão. E que podíamos contar com a superioridade de Cristo para conduzir cada encontro. Isso não quer dizer que, por termos Cristo, possuíamos toda verdade. De certa forma, nós cristãos também ainda buscamos a verdade. Quando os cristãos afirmam que Jesus é o caminho verdadeiro, vivo e único para Deus e a vida, "eles não estão afirmando que sabem tudo. Estão afirmando que estão no caminho, convidando outros a se juntar a eles à medida que avançam em direção ao dia em que . . . 'conheceremos assim como também somos conhecidos'".[5]

O Mensageiro

O mensageiro em que estamos interessados neste capítulo é o que está, que vive no mundo. É o cristão comum, que como boa semente, foi semeado no mundo, no bairro, no mercado de trabalho—em resumo, em toda a sociedade. Como ele exerce essa função de ser uma representante de Cristo, que confronta com sucesso o relativismo com a verdade? Seria bom termos em mente os seis princípios abaixo, enquanto vivemos nossas vidas como mensageiros ao mundo.

Ser um mensageiro de Cristo é participar de uma guerra espiritual. As pessoas incrédulas estão escravizadas aos sistemas do mundo onde quer que se encontrem. A Bíblia nos diz em 2 Timóteo 2:23-26 que elas estão sob controle de Satanás, o dominador deste mundo. O problema não é que não querem entender, mas que não podem entender: "O deus desta era cegou o entendimento dos descrentes, para que não vejam a luz do evangelho da glória de Cristo" (2 Coríntios 4:4).

Nesta guerra espiritual, apenas armas espirituais têm utilidade. O apóstolo Paulo escreveu: "Pois, embora vivamos como homens, não lutamos segundo os padrões humanos. As armas com as quais lutamos não são humanas; ao contrário, são poderosas em Deus para destruir fortalezas" (2 Coríntios 10:3-4). Portanto, o verdadeiro confronto acontece numa realidade invisível.

Quais são essas armas de ataque? Oração, a palavra de Deus, e uma coerente vida em Cristo, de amor e união (Efésios 6:11-18; Hebreus 4:12; 1 João 4:12; João 17:21-23). Por meio do uso obediente desses recursos, o Espírito Santo realiza o trabalho sobrenatural de resgatar a pessoa incrédula do domínio da escuridão e de trazê-la para o reino do Filho. A conversão é uma fuga, prisão divinamente orquestrada!

Comunicar a Cristo envolve encarnação e não apenas informação. No que se refere ao evangelho, o meio é a mensagem: "A Palavra tornou-se carne e viveu entre nós. Vimos a sua glória . . . cheio de graça e de verdade" (João 1:14). Jesus era a encarnação do próprio Deus. Ele era Deus em carne e sangue, ao encarnar o Pai. Nós devemos encarnar sua mensagem. O apóstolo Paulo disse: "Porque o nosso evangelho não chegou a vocês somente em palavra, mas também em poder, no Espírito Santo e em plena convicção. Vocês sabem como procedemos entre vocês, em seu favor" (1 Tessalonicenses 1:5). Em outras palavras, as pessoas que Paulo alcançou não apenas ouviram a mensagem, como também a experimentaram em sua vida.

Encarnar significa dar carne a algo ou incorporar. Como tal, é uma boa palavra para descrever a maneira como devemos viver. Quando os escritores das epístolas descreviam os cristãos num mundo incrédulo, colocavam ênfase nisso, como

Paulo fez na passagem que se segue: "Porque outrora vocês eram trevas, mas agora são luz no Senhor. Vivam como filhos da luz... pois a luz torna visíveis todas as coisas.... Tenham cuidado com a maneira como vocês vivem; que não seja como insensatos, mas como sábios, aproveitando ao máximo cada oportunidade, porque os dias são maus" (Efésios 5:8, 13, 15). Devemos viver de modo encarnado, isto é, como Cristo vivendo em nós. O que somos, o que estamos nos tornando em Cristo, deve validar inegavelmente a verdade. Não somos chamados a demonstrar perfeição, mas a verdade. De fato, há poder em sermos sinceros sobre as nossas imperfeições.

A jornada para Cristo é um processo e não apenas um evento. Um dos nossos erros mais comuns é tentar fazer tudo de uma só vez. Esperamos pela oportunidade de compartilhar nossa fé com um amigo ou conhecido e, quando aparece, descarregamos toda a mensagem e encerramos pedindo uma decisão da pessoa. Poucos estão prontos, e é mais comum que esse tipo de tentativa resulte em polarização em vez de fé. Os incrédulos juram que nunca mais se deixarão envolver em tal situação. Os pretensos mensageiros percebem que o amigo se distanciou, e muitas vezes desistem para sempre de tentar compartilhar sua fé. As coisas não precisam ser assim.

Jesus ensinou que chegar à fé é um processo. Ele disse aos apóstolos: "Eu os enviei para colherem o que vocês não cultivaram. Outros realizaram o trabalho árduo, e vocês vieram a usufruir do trabalho deles" (João 4:38). Quando fazemos uma colheita rápida é porque alguém já esteve trabalhando naquele campo. Nem sempre é hora de colher, mas sempre é hora de fazer algo—plantar, cultivar, regar, ou colher.

É um alívio entender que somos apenas parte de um processo. Peço a Deus que me use para mover cada pessoa que encontro um passo mais perto de Cristo. Às vezes, colho; mas, nem sempre. Às vezes falo sobre a fé mas, em geral, não é o que ocorre.

O mensageiro se adapta ao ouvinte, e não o contrário. No capítulo 8 observamos que todos nós precisamos de certa quantidade de etnocentrismo para manter a vida coesa. Aderimos a um conjunto de costumes, tradições e comportamentos, porque precisamos de um sentido de pertencimento e da previsibilidade que isso nos traz. Também vimos como a comunidade cristã tende a criar sua própria subcultura, da mesma maneira e pelas mesmas razões.

Os cristãos também têm a tendência a convicções pessoais sobre assuntos relativos a comportamentos—e depois os universalizam. Esta é a essência do legalismo. Em tais questões, os legalistas decidem o que é certo ou errado para si mesmos, e para todos os outros! Eles dizem: Se é ruim para mim, então ninguém mais deveria fazer.

Nosso etnocentrismo inerente pode, por si só, tornar-se uma barreira entre nós e aqueles que alcançaríamos com a mensagem de Cristo. Quando a barreira de nossa subcultura cristã se levanta, a distância costuma ficar intransponível.

As pessoas às quais somos enviados como representantes vivem dentro de seus próprios costumes e tradições. Precisamos nos conscientizar desse fato e ceder às suas maneiras de viver, em vez de esperar que se adaptem às nossas. Este é o caminho do amor de Deus de 1 Coríntios 13. O amor pelo incrédulo é que motivou a afirmação do apóstolo Paulo: "Tornei-me tudo para com todos, para de alguma forma salvar alguns" (1 Coríntios 9:22). Suas instruções aos cristãos em Corinto revelam que ele esperava a mesma atitude da parte deles: "Se algum incrédulo o convidar para uma refeição e você quiser ir, coma de tudo o que for apresentado, sem nada perguntar por causa da consciência" (1 Coríntios 10:27). Essa capacidade de deixar de lado nossos escrúpulos pessoais para dar preferência à outra pessoa, permite que o evangelho lhe chegue em estado de pureza, livre de requisitos não essenciais.

Representar Cristo entre os incrédulos é um esforço de equipe ou do corpo. A liberdade, a autonomia, e os direitos do indivíduo são valores fundamentais em nossas culturas. Esta autonomia tem sido deturpada e transformada em individualismo no sentido negativo da palavra. Tentamos repetidamente levar este individualismo para nossos ministérios. Isso sempre é desastroso. De acordo com a Bíblia, não fomos feitos para andar sozinhos. Deus distribuiu alguns dons para cada um de nós e reteve outros. Ninguém tem todos os dons. O que ele reteve é tão importante para nós quanto o que nos foi dado. Nossas deficiências nos tornam interdependentes uns dos outros e é aí que reside nossa força. Há poder em trabalhar juntos em unidade. Jesus orou: "Que eles sejam levados à plena unidade, para que o mundo saiba que tu me enviaste" (João 17:23).

Esta unidade e interdependência é uma afirmação que confronta as pessoas com a verdade de Cristo. Ela também é muito prática. Quem de nós tem todas as habilidades, a experiência, o tempo suficiente e a energia para planejar, iniciar, preparar, e sustentar um ministério sozinho? Não podemos fazer isso sozinhos, mas com um pouco de ajuda dos nossos amigos, a parte que nos cabe será significativa. Há grande poder numa pequena equipe de dois ou três casais, ou em qualquer pequeno grupo de cristãos que aprenderam a complementar uns aos outros de acordo com suas habilidades. Juntos, são um veículo que pode penetrar a nossa sociedade, tal como um pequeno barco que pode levá-los ao lugar onde irão pescar.

Nós guiamos as pessoas a Cristo por meio das Escrituras. No final do primeiro século, foi escrito um pequeno livro com o fim expresso de dar às pessoas o que elas precisavam saber para "crer que Jesus é o Cristo, o Filho de Deus" (João 20:31). Ele contém cerca de dezenove mil palavras e pode ser lido em algumas horas, mas leva uma vida inteira para ser completamente entendido. Refiro-me, é claro, ao Evangelho de João.

Mas como tudo, nesta sociedade que se orgulha da rapidez dos serviços e das comidas rápidas, nós reduzimos o conteúdo do nosso evangelho a algumas centenas de palavras que se encaixam perfeitamente num livreto, a ser lido e explicado em vinte minutos. Tudo bem, eu concordo que há certas ocasiões em que um resumo desses é exatamente aquilo que precisamos. Pessoas que já estejam a caminho de Cristo, que entendem partes mas não o todo da mensagem, em geral não necessitam mais do que uma explicação desse tipo para completar sua jornada. O problema reside no fato de que muitas pessoas, dentre o pequeno número de cristãos que realmente compartilham sua fé, igualam esse resumo com a totalidade do evangelho. É o único recurso que aprenderam a usar. Mas como nossos amigos pós-modernos conseguirão ver Cristo adequadamente se nos aproximamos deles com uma mensagem tão resumida?

Eu aprendi a me sentar com um amigo incrédulo ou com um pequeno grupo e, durante um período de tempo, apenas ler juntos aquele livro do primeiro século e falar sobre o que lemos. À medida que a pessoa de Jesus vai emergindo, a fé se torna plausível. E então, à medida que as verdades das Escrituras são reforçadas por relacionamentos amigáveis, a fé se torna irresistível. Pode acontecer num período de algumas semanas, ou pode levar meses.

Tão simples, e tão poderoso.

Conclusão: O predomínio do relativismo não deve nos intimidar. Não creio que torna as pessoas mais difíceis de alcançar. Apenas precisamos estar cientes de seu controle sobre suas mentes. Mas como já vimos, nossos recursos são amplos.

Enquanto estivermos tentando colocar estes conceitos em prática, haverá fracassos e sucessos. Aprenderemos à medida que avançarmos. Formas e métodos surgirão à medida que repetirmos nossas experiências bem-sucedidas. E serão relevantes, sem dúvida, porque serão produzidas dentro do nosso contexto específico. Mas não deveriam ser vistas como permanentes, porque a próxima situação em que estivermos poderá ser bem diferente.

Empoderando os Cristãos

Nosso amor e serviço é para pessoas quebrantadas, pois esse é o único tipo de pessoas que encontraremos. Todos nós de alguma maneira estamos quebrantados, mas é mais difícil para alguns admitir. Jesus disse: "Não são os que têm saúde que precisam de médico, mas sim os doentes. . . . Pois eu não vim chamar justos, mas pecadores" (Mateus 9:12-13). E ele disse, "Digo a vocês a verdade: Todo aquele que vive pecando é escravo do pecado" (João 8:34). Isso fala a todos nós. Cada um foi escravizado e debilitado pelo seu próprio pecado.

Mas nossos problemas são ainda mais profundos. Deus nos adverte repetidamente no Antigo Testamento, dizendo que "castiga os filhos e os netos pelo pecado de seus pais, até a terceira e a quarta gerações" (Êxodo 34:7). Podemos protestar que é injusto. Mas, na realidade, assim é a vida. Quantas coisas recebemos dos nossos pais e carregamos conosco, as quais havíamos resolvido não carregar? O quebrantamento se intensifica de uma geração à outra.

Vimos que palavras como vício, abuso, dependência, codependência, e comportamento compulsivo se tornaram parte do vocabulário de todos. O terapeuta secular parece ter encontrado um lugar permanente na vida de muitas pessoas. A função básica do terapeuta secular é ajudar pessoas a se sentirem bem consigo mesmas. Ajudamnas a manter suficiente capital emocional em seus bancos para sobreviverem até a próxima consulta. Certo terapeuta comentou: "Em última análise, penso que as pessoas querem saber se estão bem e estão buscando alguém que lhes diga isso. . . . O que realmente necessitam é de autoafirmação".[6]

O terapeuta secular serve como uma espécie de sacerdote sobre o indivíduo em sua busca de integridade interior, e a grande quantidade deles nesta sociedade é uma medida do quanto realmente todos estão carentes.

O conselheiro bíblico é a valiosa contrapartida cristã ao terapeuta secular. O conselheiro que faz o seu trabalho com base em princípios bíblicos é na realidade o que a Bíblia chama de pastor. Há uma grande necessidade e muitas oportunidades para pessoas talentosas e treinadas para serem pastores modernos, tanto dentro como fora do corpo.

As pessoas que queremos alcançar necessitam de cura. Elas estão lidando com o efeito cumulativo de várias gerações de relacionamentos rompidos. Foram abusadas, ignoradas, corrompidas, e assim por diante. O que faremos com tais problemas quando encontrarem a Cristo? Vamos ajudá-las a encontrar um bom terapeuta? Ou vamos encontrar em algum lugar um bom programa para elas? Vamos enviá-las para uma igreja? Para um especialista? Ou nós mesmos vamos ajudá-las? Esta última opção, a de nós mesmos ajudá-las, parece a menos provável de todas. Mas ela poderia ser a única opção à qual muitos teriam acesso, e ela frequentemente demonstra ser a mais poderosa. Permitam-me dar um exemplo.

O nascimento espiritual de Antonio foi um caso longo e doloroso que se arrastou por quase dois anos. Nos encontrávamos a cada três ou quatro dias e passávamos um tempo maravilhoso explorando o evangelho. Mas ele não conseguia se entregar a Jesus Cristo. Tinha certos hábitos sexuais e não tinha certeza de que poderia viver sem eles. Fez várias tentativas de mudar seu comportamento, mas seus esforços sempre acabavam em fracasso.

    Aos poucos, ele começou a entender que estava colocando o carro na frente dos bois. Estava tentando mudar para ser aceitável a Deus. Mas finalmente se entregou a Cristo do jeito que era, e pediu a ele que o mudasse. (Em Apocalipse 3:20, vemos que Cristo entra em nossa casa do jeito que ela está e, aos poucos, nos ajuda a arrumá-la.) Respirei aliviado, mas os próximos dezoito meses foram ainda mais difíceis. Continuei a passar horas com ele, e no caminho de casa, depois dos nossos encontros, ele muitas vezes parava e visitava uma prostituta. Voltava a me visitar no dia seguinte, cheio de remorsos. Isso aconteceu seguidamente. Ensinei-lhe tudo que podia encontrar na Bíblia sobre comportamento sexual e orei por ele diariamente. Mas não houve melhora. Finalmente desisti. Ajudar Antonio parecia estar fora de meu alcance.

    Um versículo aumentou meu sentimento de fracasso: "Não se deixem enganar: Nem imorais, nem idólatras, nem adúlteros... herdarão o reino de Deus. Assim foram alguns de vocês. Mas vocês foram lavados" (1 Coríntios 6:9-11). Eles haviam sido libertos!

    Fiquei intrigado com o fato de que os cristãos do primeiro século, sem nenhum treinamento profissional, tivessem alcançado tais transformações profundas entre os que estavam moralmente doentes e, em comparação, quão impotente era o meu próprio trabalho. Visto que os problemas de Antonio eram a regra e não a exceção entre as pessoas que estávamos alcançando, comecei a me perguntar se o nosso ministério teria futuro.

    Como eles fizeram isso naquela época? Pensei que o fato de terem conseguido era uma prova de que poderia ser feito. Então fui às Escrituras com a seguinte pergunta: Quais são os elementos essenciais da verdadeira transformação espiritual? Quais são as dinâmicas?

Eu estava procurando algo simples. Tinha que ser simples, porque os cristãos do primeiro século tinham conseguido transformações profundas sem o benefício da psicologia moderna. A seguir, relato o que aprendi.

A Dinâmica da Transformação Espiritual

Os seis fatores a seguir, essenciais para a transformação espiritual de uma pessoa, trabalham juntos para produzir uma verdadeira mudança interior. Estes fatores se inter-relacionam mais ou menos na sequência que descrevo aqui. O ciclo precisa ser contínuo para que haja mudança permanente. Qualquer mudança, qualquer libertação de um hábito ou atitude específica, resulta da interação contínua entre esses fatores. Sempre haverá áreas em nossas vidas que passarão por esse processo de libertação, à medida que progredimos em direção à semelhança de Cristo.

Experiências de Vida

A vida diária é a nossa sala de aula. As experiências estão no centro de toda mudança, e podem ser positivas ou negativas. O apóstolo Paulo relata: "Não queremos que vocês desconheçam as tribulações que sofremos na província da Ásia, as quais foram muito além da nossa capacidade de suportar. . . . Mas isso aconteceu para que não confiássemos em nós mesmos, mas em Deus, que ressuscita os mortos" (2 Coríntios 1:8-9). Uma experiência levou a uma descoberta. O resultado foi o aumento da capacidade de suportar. Nós "nos gloriamos nas tribulações, porque sabemos que a tribulação produz perseverança" (Romanos 5:3).

Reflita sobre sua própria vida. Por quais mudanças importantes você já passou? Não estão relacionadas com experiências? É claro que sim. As mudanças não acontecem do nada. A santidade não é recebida no alto de uma montanha. Não aprenderei a ser fiel à minha esposa enquanto eu e ela estivermos abandonados numa ilha deserta. As experiências revelam o que realmente sou e me confrontam com as minhas necessidades. Portanto, as experiências estarão no centro de qualquer mudança.

Todos nós temos experiências o tempo todo, mas poucos parecem se beneficiar ou aprender com elas. Podemos ser treinados pelas experiências de vida ou elas podem nos deixar machucados e confusos. E isso nos leva ao segundo elemento essencial no processo de mudança.

As Escrituras

Se não tivéssemos as Escrituras, seríamos incapazes de entender nossas experiências. O salmista disse: "A tua palavra é lâmpada que ilumina os meus passos e luz que clareia o meu caminho" (Salmos 119:105). Usando a mesma metáfora, Jesus acrescenta: "Quem pratica o mal odeia a luz e não se aproxima da luz, temendo que as suas obras sejam manifestas.

Mas quem pratica a verdade vem para a luz, para que se veja claramente que as suas obras são realizadas por intermédio de Deus" (João 3:20-21). A revelação de Cristo, tanto encarnada quanto escrita, ilumina o caminho para a verdade e a verdadeira libertação. Portanto, as Escrituras também são essenciais para a transformação pessoal.

Com bastante frequência, o máximo que nossos terapeutas modernos são capazes de realizar é nos fazer sentir melhor sobre nossos problemas ou reorganizá-los de modo que possamos conviver mais facilmente com eles. Não há nenhuma libertação, mas acomodação. Isso acontece porque o trabalho terapêutico, muitas vezes, não vai além do eu. "Na ausência da verdade bíblica, o sentido da vida para a maioria é tornar-se a própria pessoa, é quase dar a luz a si mesmo".[7]

A Bíblia nos confronta com a verdade sobre nós mesmos. É como um espelho que, quer gostemos ou não, nos revela como somos. Tiago escreveu: "O homem que observa atentamente a lei perfeita, que traz a liberdade, e persevera na prática dessa lei, não esquecendo o que ouviu mas praticando-o, será feliz naquilo que fizer" (Tiago 1:25).

Esta passagem indica que é possível ter experiências, entendê-las à luz das Escrituras, e ainda assim não fazer progressos. Podemos ser como a pessoa que "olha sua face num espelho e, depois de olhar para si mesmo, sai e logo esquece sua aparência" (Tiago 1:23-24). Requer-se algo de nós.

Humildade

A humildade é fundamental para o próximo elemento da transformação espiritual. Nas palavras de Tiago, "aceitem humildemente a palavra implantada em vocês, a qual é poderosa para salvá-los" (Tiago 1:21).

Não pode haver libertação sem humildade, porque não conseguimos ser realmente honestos sem ela. Como é difícil dizer: "Eu fiz isso. E estava errado!" Mas são essas palavras que nos tiram da nossa escuridão e nos levam à luz. Dizê-las nos expõe abertamente perante Deus e os homens. E uma vez que chegamos nesse ponto, podemos ser curados. A confissão e o arrependimento são sinônimos do que acabamos de descrever. E assim, o processo de mudança continua.

Há muito poder na humildade. Ela é o pré-requisito para toda compreensão espiritual, para o aprendizado, e para o arrependimento. Abre o caminho para a confissão e pode curar não apenas a alma, mas também o corpo! Davi fala sobre isso em Salmos 32:3-5: "Enquanto eu mantinha escondidos os meus pecados, o meu corpo definhava de tanto gemer. Pois dia e noite a tua mão pesava sobre mim; minhas forças foram se esgotando como em tempo de seca. Então reconheci diante de ti o meu pecado e não encobri as minhas culpas. Eu disse: 'Confessarei as minhas transgressões ao Senhor', e tu perdoaste a culpa do meu pecado".

Depois de ver o que as Escrituras dizem sobre humildade, ficamos com a impressão de que é a condição para resolver quase todos os problemas que enfrentamos. Deus disse: "A este eu estimo: ao humilde e contrito de espírito, que treme diante da minha palavra" (Isaías 66:2).

A resposta de Deus às pessoas que se humilham parece não ter limites.

O Espírito Santo

Tempos atrás, tive uma conversa com um jovem muçulmano. Estávamos falando sobre conhecer a Deus, e ficou claro que era algo que ele desejava muito. A certa altura da conversa, ele perguntou: "O que posso fazer para controlar as tentações da minha carne?" Ele queria limpar a sua vida.

Tudo que descrevi até este ponto acerca da transformação espiritual é possível, em certo grau, para esse jovem muçulmano. Ele pode procurar entender suas experiências à luz das Escrituras. Seria concebível que se humilhasse e admitisse seus erros. Seria beneficiado e a vida se tornaria melhor. Porém, jamais experimentaria realmente uma transformação. E eu disse isso a ele.

O Espírito Santo é quem separa o caminho de Cristo de todos os outros caminhos. Qualquer religião ou filosofia ajudará a trazer alguma ordem ou estrutura à vida de uma pessoa. Mas o Espírito Santo traz a própria vida. "Amor, alegria, paz, paciência, amabilidade, bondade, fidelidade, mansidão, e domínio próprio" (Gálatas 5:22)—estas coisas são nossas através dele.

Muitos cristãos não recebem muita ajuda do Espírito Santo. Isso acontece porque ele não pode nos ajudar até que deixemos de confiar em nossos próprios esquemas de autoaperfeiçoamento. Assim que essa questão for resolvida, ele pode se mover através de nossas situações, "pois é Deus quem efetua em vocês tanto o querer quanto o realizar, de acordo com a boa vontade dele" (Filipenses 2:13). Tanto o desejo quanto a capacidade de mudar vêm dele.

E assim, adicionamos o Espírito Santo ao nosso diagrama.

Domínio Próprio

Jesus disse: "Todo aquele que vive pecando é escravo do pecado". Mas logo depois acrescentou: ". . . se o Filho os libertar, vocês de fato serão livres" (João 8:34, 36).

Não somos condenados a passar as nossas vidas numa luta perdida contra nossos velhos e viciados comportamentos. À medida que ganhamos compreensão sobre nossas necessidades de transformação através das Escrituras, e que respondemos com humildade, o Espírito Santo nos capacita a agir de maneira diferente na próxima vez que os velhos padrões de comportamento surgirem. É um autocontrole nascido do Espírito: "Pois Deus não nos deu espírito de covardia, mas de poder, de amor, e de equilíbrio" (2 Timóteo 1:7). A escravidão aos velhos hábitos acabou e estamos livres para fazer escolhas diferentes.

E não significa que essas novas escolhas sejam indolores, ou que haja libertação total em uma única vitória. Haverá dor e ambivalência à medida que formos abandonando nosso conjunto de maus hábitos. Mas a liberdade se torna cada vez mais satisfatória a cada escolha vitoriosa que fazemos. E assim fechamos o círculo.

Mas o nosso processo ainda não está completo.

O que aconteceu com o Antonio? Durante nossa última semana no Brasil, Antonio me levou para um longo passeio. Mais de uma década havia se passado desde o dia em que eu havia desistido dele. Ele apenas queria me contar como andava sua vida. Eu havia escutado de outras pessoas que a sua vida havia entrado nos eixos e que estava sendo muito frutífero em trazer muitos dos seus amigos incrédulos para Cristo. Mas ele queria se assegurar de que eu soubesse de duas grandes vitórias que o deixaram bem animado. Que ele estava sendo fiel à sua esposa e honesto nos seus negócios!

Antonio havia experimentado as transformações que acabei de descrever. Mas ainda não mencionei o que acredito ser um elemento essencial da sua transformação. Creio que o próximo item seja fundamental para o processo.

Uns aos Outros

Enquanto eu e meus colegas lutávamos com essa questão da transformação interior, Hebreus 3:13 parecia oferecer uma resposta para grande parte do que buscávamos: "Encorajem-se uns aos outros todos os dias . . . de modo que nenhum de vocês seja endurecido pelo engano do pecado". Este versículo implica num ambiente intenso (diário) de aceitação, onde os pecados possam ser um tópico aberto de conversa entre os cristãos comprometidos uns com os outros.

Lutamos bastante para descobrir como transformar este versículo em algo prático. A forma resultante, a qual chamamos de "turmas", tornou-se a unidade básica de nosso ministério. Era simplesmente um núcleo de cerca de doze pessoas—casais e solteiros—que se ajudavam entre si a aplicar a verdade bíblica na vida diária. Essas turmas também provaram ser um ambiente ideal para a comunicação sobre Deus entre amigos. É aprendemos que um grupo pequeno como este logo se tornaria introspectivo demais, caso negligenciasse envolvimento e amizade com pessoas incrédulas.

Tempos depois de eu ter desistido de Antonio, ele e sua noiva se tornaram parte de uma turma com mais três casais. Os quatro casais estavam lutando tanto quanto Antonio, mas se ajudaram uns aos outros a resolver os seus problemas mais sérios. Suspeito que sua fraqueza mútua fazia parte do poder deles.

O que esse pequeno grupo de cristãos em luta podia fazer por Antonio que eu fui incapaz de fazer? Tiago 5:16 nos dá a resposta: "Portanto, confessem os seus pecados uns aos outros e orem uns pelos outros para serem curados". Essa sinceridade, esse apoio espiritual mútuo, cura! Simplesmente faz isso.

Dietrich Bonhoeffer, ao comentar esse assunto, disse:

> Quem está sozinho com seu pecado está totalmente só. Pode ocorrer que cristãos, apesar do culto corporativo, da oração em comum e de toda a comunhão na celebração, ainda assim possam ser deixados na sua solidão. Embora tenham comunhão uns com os outros como crentes e como pessoas devotas, o avanço final para a comunhão não ocorre porque eles não têm comunhão como não devotos, como pecadores. A comunhão piedosa não admite que alguém seja pecador. Então todo mundo deve esconder seu pecado de si mesmo e da comunidade. Não ousamos ser pecadores . . . então permanecemos sozinhos com nosso pecado. . . . O fato é que somos pecadores!
>
> . . . Na confissão dos pecados uns aos outros ocorre o avanço para a comunhão. O pecado exige que o homem fique só. Ele o afasta da comunidade. Quanto mais isolada a pessoa estiver, mais destrutivo será o poder do pecado sobre ela. . . . Na escuridão do pecado não expressado é envenenado todo o ser de uma pessoa.[8]

Portanto, para que a nossa ilustração seja completa, necessitamos colocá-la no contexto de uma verdadeira comunidade em que há íntima e intensa comunhão.

Um dos grandes desafios ainda não resolvidos, que atualmente enfrentamos como povo de Deus, é descobrir como ser uma verdadeira comunidade nesta nossa sociedade transitória e fugidia em que vivemos.

Conclusão

Neste capítulo, avaliamos algumas das tendências filosóficas contemporâneas, com o objetivo de entender o que enfrentaremos ao comunicarmos a verdade de Cristo nesta sociedade. Depois, definimos a tarefa—o que precisa acontecer—à luz das tendências. Agora vamos para nossa pergunta final: Quem deve fazer esse trabalho que descrevemos?

CAPÍTULO 12

Recuperando Nossa Mobilidade

Nos dois capítulos anteriores, lidamos com duas perguntas. Primeiramente, examinamos a pergunta: O que enfrentamos quando vamos à nossa sociedade como representantes de Cristo? Depois, respondemos a pergunta: Qual é a nossa tarefa? A reação natural àquilo que tenho dito até aqui seria: "Quem deve fazer tudo isso? Você está exigindo habilidades que não temos e tempo de que não dispomos". Isso provavelmente é verdade. Não podemos realizar o que estivemos falando se trabalharmos apenas dentro dos limites de nossas formas e prioridades familiares.

No capítulo 4 vimos como a igreja do primeiro século era multiforme nas suas expressões, e como os efeitos combinados de reunião e dispersão do povo de Deus—juntamente com as "funções móveis"—resultaram na expansão e penetração do evangelho. Se temos alguma esperança de realizar a tarefa que hoje temos diante de nós, precisamos recuperar esse tipo de mobilidade.

Estivemos falando sobre as funções essenciais do povo de Deus, algumas das quais estão faltando. Precisamos manter nosso foco nas funções e não ficar presos às formas, as quais precisam variar com a situação. Lembre-se que a forma segue a função. Isso significa que começamos não pela concepção de uma estrutura para depois organizar sua existência, mas pela identificação do que precisa ser feito (a função) para, só então, capacitar as pessoas certas para a tarefa. Na realidade, nós temos a liberdade de decidir o que é necessário. O objetivo por trás de grande parte do que escrevi neste livro é exatamente este: demonstrar que temos tanto a liberdade quanto a responsabilidade de fazer o que o momento exige.

Neste momento, duas funções básicas precisam ser resgatadas. Vamos chamá-las de equipe apostólica e expansão local do evangelho. Ambos os termos são imperfeitos, mas confio que os conceitos ficarão claros à medida que avançarmos neste capítulo. Ao explorarmos o significado dessas duas funções, responderemos à pergunta sobre quem deve fazer esse trabalho que descrevemos.

A Equipe Apostólica

No capítulo 4 examinamos o assunto dos apóstolos e da função apostólica quase inteiramente, e no capítulo 7 voltamos a ele. Reconhecemos a singularidade óbvia dos doze primeiros apóstolos e do apóstolo Paulo. Vimos também que algumas outras pessoas eram identificadas como apóstolos: Barnabé, Apolo, Timóteo, Epafrodito, Silas, etc. Eles eram simplesmente homens com uma missão: "enviados" exercendo uma função. Não ocupavam nenhuma posição especial, tampouco formavam alguma autoridade única.

Nos dias atuais, geralmente nos sentimos desconfortáveis com a palavra *apóstolo*, provavelmente por causa da maneira como foi usada. Para alguns, ela invoca imagens de posição especial de autoridade ou de sucessão dos doze primeiros apóstolos. Tais noções não fazem parte da nossa definição. Por causa desses abusos, eu preferiria usar outro sinônimo, caso existisse. A palavra *missionário* chega perto, mas seu uso popular a tornou ainda mais enganosa para o conceito que desejo comunicar. Usamos o termo *missionário* para descrever todos, desde contadores até mecânicos, se estiverem em solo estrangeiro. Não há nada de errado nisso, mas torna a palavra inapropriada para o nosso uso. Por isso, estamos usando a palavra *apóstolo*.

Sobre os apóstolos, sabemos mais sobre Paulo e suas

atividades com sua equipe. Eram pioneiros corajosos e focados, que cruzaram as fronteiras culturais e sociais pelo bem do evangelho. Eles não pregavam e saíam correndo. Viviam com o fruto dos seus esforços, até que aqueles a quem alcançavam pudessem não apenas cuidar de si mesmos, como também assumir o cargo divino de manter o evalgelho fluindo entre seus compatriotas. Esta é a função que precisamos recuperar! Na realidade, se não o fizermos, falharemos com esta geração.

E onde, perguntamos, isso é necessário? Feche os olhos e jogue uma pedra! Onde ela cair provavelmente será um bom lugar para começar. Este país tem: culturas e subculturas; cidades do interior, subúrbios e cidades rurais; classes sociais e círculos profissionais—muitos dos quais não são afetados pela mensagem de Cristo.

Uma equipe apostólica contemporânea poderia ser formada por duas ou três pessoas com os dons apropriados, que tenham experiência e habilidades para esse tipo de serviço. Seu objetivo seria cumprir o mandamento de Mateus 28:18-20, de ir e fazer discípulos, apresentando às pessoas os recursos que elas têm no Pai, no Filho, e no Espírito Santo. Algo novo nascerá, mas sua aparência não seguirá nenhum plano predeterminado. As formas serão desenvolvidas à medida que as necessidades, sentidas e não sentidas, forem atendidas. Novas comunidades ou corpos tomarão forma, ou as comunidades existentes serão aprimoradas.

Por essas razões, uma equipe apostólica desse tipo precisa da liberdade e autoridade necessárias para realizar sua tarefa. Caso sejam controlados por padrões pré-definidos ou pelas regras do corpo que os envia, sacrificarão a integridade de seu trabalho. É extremamente difícil para pessoas que tiveram apenas experiência local compreenderem as complexidades de manter o evangelho puro, enquanto o levam de uma cultura para outra.

É interessante observar as dinâmicas dos relacionamentos

entre as equipes apostólicas e os vários grupos de anciões locais durante o primeiro século. O que fizeram não seria necessariamente uma norma para nós, mas é instrutivo. Embora não operassem independentemente um do outro, nenhum deles tinha autoridade final sobre o outro. Onde havia desacordo, como em Atos 15, os apóstolos e os anciões, representando a expressão móvel e local do povo de Deus, se reuniam para examinar e decidir sobre suas diferenças. Agiam num relacionamento dinâmico um com o outro.

Com o passar do tempo, uma submissão voluntária e mútua se desenvolveu entre os grupos de líderes. Gálatas 2 ilustra essa dinâmica. O apóstolo Paulo nos conta: "Subi novamente... por causa de uma revelação e expus diante deles o evangelho que prego entre os gentios, fazendo-o, porém, em particular aos que pareciam ser os líderes... quanto aos que pareciam influentes—o que eram então não faz diferença para mim; Deus não julga pela aparência—tais homens influentes não me acrescentaram nada" (Gálatas 2:1-2, 6).

"Tais homens" eram nada menos que Tiago, o irmão de Jesus e presbítero da igreja de Jerusalém, Pedro, e João! Paulo, nesta passagem, expressa sua indiferença em relação às aparências externas tais como posição, e o seu profundo compromisso com a submissão mútua aos seus parceiros. Foi este espírito que preservou a liberdade de forma que a igreja necessitava para ir aonde fosse necessário e fazer o que era preciso. Nossas "equipes apostólicas" contemporâneas precisarão de atitudes e liberdade semelhantes.

A Tarefa da Equipe Apostólica

A equipe apostólica precisa atender quatro requisitos principais para cumprir sua missão, que podem ser resumidos a seguir.

Sintonia

Enquanto não for estabelecida uma sintonia de interesses não pode haver comunicação. As pessoas precisam dizer: "Quero ouvir o que você tem a dizer". Uma das razões pelas quais Paulo ia às sinagogas era por saber que lá encontraria pessoas interessadas em ouvir o que ele tinha a dizer. Alguns zombavam, outros não acreditavam, mas alguns sempre diziam: "Queremos ouvir mais" (Atos 13:15, 42).

Um dos maiores desafios que enfrentamos atualmente é descobrir uma maneira de obter uma audiência séria entre aqueles que precisamos alcançar. Tentamos muitas coisas, mas geralmente as nossas táticas não nos levam a estabelecer sintonia. Recentemente, conversei com um homem que havia visitado mais de três mil casas com o objetivo de falar sobre Cristo. Ele conseguiu que oito pessoas se decidissem por Jesus. Não lhe faltava coragem ou zelo. Ele simplesmente não estava conseguindo sintonia. A porta da frente era a forma errada para o tipo de pessoa de quem ele estava se aproximando. Eles não estavam dispostos a ter uma discussão séria com um estranho sobre questões de vida ou morte.

Portanto, a primeira tarefa de uma equipe apostólica é descobrir onde e como podem obter uma audiência séria das pessoas que pretendem alcançar.

Compreensão

O segundo desafio enfrentado por uma equipe apostólica é fazer com que os ouvintes compreendam verdadeiramente a sua mensagem. A compreensão diz: "Ah, entendo o que você está dizendo!" O verdadeiro entendimento só ocorre se houver fé genuína. Jesus disse: "Quando alguém ouve a mensagem do reino e não a entende, o Maligno vem e lhe arranca o que foi semeado em seu coração" (Mateus 13:19).

Podemos conseguir que muitos se decidam por Cristo sem que haja compreensão. Mas não teremos vidas transformadas, porque tais decisões não nascem da fé.

A verdadeira compreensão exige tempo e perseverança. E exige mais do que meras palavras. Paulo disse: "Porque o nosso evangelho não chegou a vocês somente em palavra, mas também em . . . plena convicção. Vocês sabem como procedemos entre vocês, em seu favor" (1 Tessalonicenses 1:5). Nesse tipo de ministério, não entramos e saímos, simplesmente. Mas significa ir até eles e viver entre eles. E precisa ser assim porque as pessoas não conseguem ver o suficiente do evangelho para compreendê-lo verdadeiramente, se aparecermos apenas na hora do estudo bíblico.

Relevância Para a Vida

Quando as pessoas de Tessalônica entenderam o evangelho, elas "se voltaram para Deus, deixando os ídolos a fim de servir ao Deus vivo e verdadeiro" (1 Tessalonicenses 1:9). A conversão é o começo de um processo de transformação. É uma mudança de direção. E não poderia ser menos do que isso, pois a conversão resulta no Deus Vivo fazendo morada em nossa vida. Ele vive entre os que são seus. É impossível a vida continuar inalterada diante de uma conversão verdadeira.

Mas como vimos no capítulo anterior, essa transformação não progride por si só. Ela requer um grande esforço sustentado por parte dos portadores da mensagem.

É o que vemos quando Paulo continua a lembrar os tessalonicenses de como "tratamos cada um como um pai trata seus filhos, exortando, consolando, e dando testemunho, para que vocês vivam de maneira digna de Deus, que os chamou para o seu reino e glória" (1 Tessalonicenses 2:11-12). Fazer com que o evangelho seja relevante para a vida dos novos cristãos é tão trabalhoso quanto criar os próprios filhos. Mas se desistirmos, se formos negligentes ou não quisermos nos doar dessa maneira, no final todo o esforço será em vão. As mudanças dramáticas no estilo de vida não ocorrerão aos novos cristãos—e se não acontecerem, o evangelho não se expandirá para além de um primeiro núcleo, que entrará num beco sem saída e não haverá reprodução. Nesse caso, a equipe apostólica teria que recomeçar a tarefa laboriosa de estabelecer fundamentos.

Colaboração

A colaboração acontece quando aqueles que vieram a Cristo atingem suficiente maturidade a ponto de, por sua vez, se tornarem portadores da mensagem. Paulo diz: "Partindo de vocês, propagou-se a mensagem do Senhor na Macedônia e na Acaia. Não somente isso, mas também por toda parte tornou-se conhecida a fé que vocês têm em Deus" (1 Tessalonicenses 1:8). Isso nos traz de volta à nossa tese. Cada cristão deve realizar a sua parte no trabalho de Deus. Quando isso não acontece, o trabalho fica estagnado. Face ao tamanho da tarefa—um mundo perdido a ser alcançado— isso é inaceitável! Paulo escreveu aos cristãos de Filipos: ". . . retendo firmemente a palavra da vida. Assim, no dia de Cristo eu me orgulharei de não ter corrido nem me esforçado inutilmente" (Filipenses 2:16).

Cada um desses quatro estágios do ministério será uma experiência de "desbravamento territorial" para nós. Visto que as expressões móveis da igreja têm caído amplamente em desuso, temos pouca experiência contemporânea como apoio para continuar. A recuperação dessa função exigirá experimentação criativa, tentativa e erro, e perseverança. Não será fácil.

Atualmente o paralelo mais próximo desta função é a equipe missionária que vai a um lugar para começar algo novo. (Alguns trabalhos para-igreja também se aproximam do que estou descrevendo). Sem instituições para manter ou posições para ocupar, os missionários em tais circunstâncias não têm outra alternativa senão sair para obter a audiência das pessoas que procuram alcançar.

Passei por essa experiência em várias ocasiões na minha vida e sempre achei essas situações extremamente exigentes. São especialmente difíceis os primeiros dias de um novo esforço, no qual a tarefa imediata é ganhar uma audiência e estabelecer uma sintonia.

Quando iniciei minha primeira experiência, meu mal-estar, que já era grande, aumentou ainda mais quando li esta frase de Jesus: "Toda planta que meu Pai celestial não plantou será arrancada pelas raízes" (Mateus 15:13). Com isso entendi que eu poderia sair por aí, gerar muitas atividades e começar a fazer as coisas acontecerem. Eu poderia até fazer com que parecessem boas. Mas se esses começos não fossem vindos de Deus, eles não persistiriam, o que transformou todo meu esforço num exercício de fé. Eu tinha que tomar a iniciativa, mas entendi que a minha postura básica perante Deus teria que ser de submissão e dependência.

A maneira como Jesus se referiu aos doze na sua oração ao Pai serviu como outro guia semelhante para mim. Sempre que ele falava daqueles homens, se referia a eles como "os homens que me deste do mundo" (João 17:6, 24). Se Jesus via as pessoas às quais ele servia como sendo dons do Pai, quanto mais eu deveria ter a mesma atitude! Então comecei a orar constantemente para que Deus me pusesse em contato com as pessoas da cidade as quais ele já estava atraindo para si.

O ponto de partida de Paulo era a sinagoga. Como já vimos, lá ele encontrava sintonia. Ele podia ir lá e as pessoas queriam ouvir o que tinha a dizer. A igreja de hoje não se parece com isso e é para os que já são cristãos. A pregação de Paulo exterminaria as sinagogas—um fato que não parecia incomodá-lo muito. Ele estava levando uma mensagem de vida ou morte para as pessoas perdidas. Em certa ocasião, depois de alguns meses de luta relativamente infrutífera, percebemos que precisávamos criar nosso próprio equivalente à sinagoga. Precisávamos de um lugar seguro, onde os incrédulos pudessem escutar, dar uma olhada, e ir embora para pensar no que ouviram, sem medo que alguém os agarrasse pelo casaco antes que saíssem pela porta.

A forma que criamos foi chamada de "estudo aberto". Eram feitos quinzenalmente em nossa casa ou em outro lugar neutro, dirigidos pelos jovens cristãos que já havíamos alcançado. Foram planejados para pessoas incrédulas e não incluíam nenhuma canção, nem orações, nem linguajar religioso, nem respostas prontas, ou pedidos de decisão por Cristo. À medida que aqueles jovens cristãos perceberam que esses encontros eram realmente seguros—que não invadiríamos o espaço que o incrédulo precisa para lidar com sua incredulidade—cada vez mais atraíam seus amigos e colegas. Os estudos eram reforçados com um constante envolvimento social: churrascos, jogos de futebol, ou qualquer coisa em que as pessoas incrédulas pudessem observar mais de perto seus amigos cristãos. Era o evangelho encarnado. O resultado foi uma "sinagoga" com quarenta a sessenta pessoas em vários estágios de interesse em Cristo. Tínhamos nossa sintonia. Então tornou-se simples convidar aqueles indivíduos que estavam respondendo a um olhar mais atento a Cristo através das Escrituras. Foi muito frutífero.

Descrevo este esforço não para oferecê-lo como modelo, mas como uma ilustração do tipo de inovação necessária para efetivamente colocar em campo uma equipe apostólica. Descobrimos que cada passo que dávamos, em cada estágio, exigia esforço criativo equivalente.

A Expansão Local do Evangelho

Uma equipe apostólica consegue ir aonde uma congregação não consegue e faz acontecer coisas que não aconteceriam por nenhum outro meio. Ela desfruta de uma enorme mobilidade. Mas também é limitada. Esse tipo de equipe consegue iniciar lançando os fundamentos que podem embasar bastante crescimento futuro. Mas como os membros da equipe são de fora, não conseguem realmente penetrar na sociedade com a mensagem. Apenas um tipo de pessoa consegue fazer isso.

Vimos como Jesus nos comparou com a boa semente. Ele também nos descreveu como sal e luz. O que estas metáforas têm em comum é que só são eficazes quando estão dispersas ou soltas. O cristão comum é o que já está dentro, inserido no contexto social. Ele é o único que pode realmente penetrar na sociedade. Em 1 Coríntios 7 encontramos três referências a isso. No versículo 17 diz: "Cada um continue vivendo na condição que o Senhor lhe designou e de acordo com o chamado de Deus". E, mais adiante no versículo 20, lemos: "Cada um deve permanecer na condição em que foi chamado por Deus". O versículo 24 diz praticamente a mesma coisa pela terceira vez. De acordo com estes versículos, até mesmo os novos cristãos já estão estrategicamente posicionados por Deus. Não precisam sair e procurar um lugar para servir. Já estão no lugar certo. Para descobrirem seus chamados, precisam apenas abrir seus olhos. A maioria de nós passa a vida se movendo no contexto social à medida que conduzimos nossos negócios e vivemos a vida em nossas comunidades. A pergunta não é: "Onde devo ir para encontrar oportunidades de servir?" Em vez disso, é: "Como faço para aproveitar ao máximo as oportunidades que já me cercam?"

Pequenos Barcos

À medida que passamos pelas Escrituras ao longo deste livro, fomos repetidamente lembrados da nossa interdependência uns dos outros. Vimos que todos nós recebemos dons, mas que nenhum de nós possui todos eles. Então, precisamos uns aos outros. Raramente um cristão sozinho consegue aproveitar ao máximo suas oportunidades como um membro da sociedade. Todos nós precisamos de ajuda. Cada indivíduo precisa do reforço de outros irmãos que tenham a mesma mentalidade. Juntos, eles conseguem realizar coisas que seriam impossíveis se cada um tentasse fazer tudo sozinho. Quando as pessoas trabalham em equipe, formam um veículo para o trabalho—como um pequeno barco. Juntas, conseguem avançar pelos meandros da sociedade e encontrar os locais onde a pesca é melhor.

Entretanto, há diferenças fundamentais entre "pescar em um pequeno barco" e trabalhar como uma equipe apostólica. Uma equipe apostólica precisa de autonomia de ação, quando vai do conhecido para o desconhecido no desenvolvimento de seu ministério. Os membros da equipe precisam ter maturidade e experiência para poderem lidar bem com tal liberdade. Por sua vez, o pequeno núcleo de pessoas que se lança em seu pequeno barco, tem necessidades opostas. Eles precisarão de treinamento, encorajamento e apoio constantes—e um lugar seguro para atracar quando houver tempestades. Possuem grande dependência do corpo e de seus líderes.

Outra grande diferença está no modo de trabalhar. Os objetivos podem ser parecidos, mas os métodos são bem diferentes. Ambos precisam conseguir sintonia, compreensão, relevância, e colaboração entre aqueles aos quais servem. O ponto de partida da equipe apostólica geralmente é entre estranhos. Isso significa que eles precisam ser mais ofensivos ao tentar estabelecer canais de comunicação com as pessoas que procuram alcançar. Em contraste, os que estão no pequeno barco têm um número limitado de locais para pescar, tais como um bairro, um escritório ou uma rede de velhos amigos. Continuando a analogia, a equipe apostólica pesca com uma rede ou até mesmo dinamite, enquanto que os pescadores do pequeno barco usam anzóis. É verdade que você pode jogar uma banana de dinamite no seu bairro— mas só uma vez. Depois terá que procurar outro lugar para pescar. O habilidoso pescador com anzóis pega peixes sem perturbar a água local. Esse é o desafio daqueles que pescam no pequeno barco. Precisam aprender a trabalhar de tal maneira que evitem afugentar as pessoas que não se interessem imediatamente, ao mesmo tempo que aumentam o interesse daquelas que estão observando.

A grande vantagem que as pessoas nos pequenos barcos têm é que já estão posicionadas estrategicamente como membros de uma comunidade. Deveriam aproveitar ao máximo essa vantagem e trabalhar para preservá-la. Preservá-la implica em manter saudável, pelo maior tempo possível, a rede de amigos e conhecidos que estão alcançando. Isso quer dizer que sua tarefa é mais do que apenas conduzir um estudo bíblico evangelístico na sua vizinhança, ainda que esta atividade provavelmente esteja incluída. Sua tarefa consiste em viver entre pessoas e estar suficientemente envolvido com elas para que o amor de Cristo seja demonstrado por boas obras (Mateus 5:16). É ser um posto comunitário avançado para quem está descobrindo Cristo. E sempre existe a possibilidade de que se torne um novo núcleo.

O Que Será de Nós?

Em resumo, aqueles que entre nós sentem que a sua função no corpo é melhor realizada "fora dos limites" da igreja deveriam ser encorajados e capacitados para fazer exatamente isso. Mas pensar nesses termos exigirá uma mudança de paradigma para alguns de nós. Para esses, implicará numa reordenação do seu pensamento—deixar de centralizá-lo em santuários, púlpitos, bancos, e clero para voltá-lo a bairros, escritórios, salas de estar, leigos, e nossos próximos; ou seja, uma "igreja sem paredes".

Estas ideias são perturbadora, porque levantam uma série de perguntas óbvias e difíceis. Aquelas pessoas nos pequenos barcos—onde aprenderão a fazer tudo isso? Onde encontrarão tempo e energia? E quanto a seus outros envolvimentos na igreja? Como manterão seus laços com o resto do corpo se o foco do seu ministério está "fora dos limites"? E seus filhos? Em resumo, isso não seria uma receita para o caos?

Pode ser! Mas estamos entre a cruz e a espada. Ao longo deste livro, desenvolvemos a tese de que o povo de Deus está no mundo para dar testemunho ao mundo, e que este ministério foi dado a cada um de nós. Se isto é verdade, não podemos simplesmente reconhecê-lo como tal e prosseguir sem alterar o curso das coisas, como se não fosse possível. É nossa responsabilidade alinhar a prática com a verdade, o que não é fácil. A verdade, quando mal aplicada, pode destruir. Até mesmo o momento errado de tentar implementar uma verdade pode fazer mais mal do que bem. E assim, a tensão aumenta. O que devemos fazer?

As questões que levantamos aqui são reais, mas não são o nosso verdadeiro problema. Há respostas para elas. O verdadeiro problema é a ruptura com o conhecido, com o familiar, com o tradicional, que essas ideias representam. A maioria das pessoas não gostam de mudanças. Eu também não. Detesto ficar mudando de uma casa para outra, comprar um carro diferente, ou até mesmo alterar meus pequenos hábitos que incomodam minha esposa. Gosto de sentar na mesma cadeira à mesa e dormir no mesmo lado da cama. Acho desconfortável desistir de algo que conheço e sei fazer bem, para me tornar um iniciante em algo que não me é familiar. É mais fácil seguir pela vida repetindo os padrões conhecidos.

Se uma mudança já é difícil em questões triviais, podemos ter certeza que será bem mais difícil em questões de grande importância. Nas questões sobre nossa fé nos encontramos no contexto de vários milênios de história. Ao longo dos séculos várias correntes de tradições importantes se definiram dentro da igreja. Cada uma é significativa para aqueles que cresceram dentro dela. Fazem parte do senso de lugar comum, do sentido de pertencimento, de que falamos anteriormente. Assim, em nosso zelo por aplicar a verdade, poderíamos facilmente deixar muitos desabrigados ao longo do caminho—como refugiados emocionais. Fazer mudanças benignas, que não prejudicam, é uma arte.

A Arte da Mudança

Um dos meus colegas lembrou-me que há três abordagens principais para mudanças: pela revolução, pela reforma e pela inovação.

A mudança pela revolução quase sempre é mais destrutiva que construtiva. É uma revolta contra o sistema vigente. Ela busca dar um fim a esse sistema e substituí-lo por outro. Tudo fica parado enquanto o velho sistema está sendo desmontado e o novo está sendo colocado em seu lugar.

É difícil imaginar que a revolução possa algum dia se

tornar uma abordagem apropriada para mudar assuntos relacionados ao corpo de Cristo.

A reforma está relacionada com a tentativa de corrigir um sistema existente. Ela faz a mudança através do reordenamento do que existe. Temos a Reforma Protestante como uma ilustração dessa abordagem. Os registros históricos nos dão uma abundância de informações sobre o que uma mudança pela reforma pode ou não pode fazer. Os reformadores realizaram coisas muitas boas, mas os pioneiros da Reforma não previram o resultado dos vários processos que colocaram em movimento. Eles não queriam ser "excomungados". Sua visão era reformar o sistema do qual faziam parte e não criar um novo sistema paralelo. Mas, é claro, não foi isso o que aconteceu.

Temos de admitir que a reforma, como uma abordagem para mudança, tem sim seu lugar no corpo. Mas a inovação provavelmente é a melhor palavra para descrever nossa necessidade atual.

A mudança pela inovação é realizada à medida que pessoas inovadoras experimentam e aprendem dentro da esfera das suas próprias vidas e ministérios. A partir do que elas aprendem com suas experiências, outros são capazes de levar adiante o processo de descoberta. Então, a inovação é uma abordagem seminal (que estimula a continuidade de novas experiências e aprendizados). Permite experimentar e aprender, sem impor as descobertas aos demais. E não insiste que tudo e todos ao seu redor adotem as mudanças. Assim, deixa intacto o que já existe.

Princípios Das Mudanças Inovadoras

Mudanças inovadoras devem ser uma constante entre o povo de Deus. Sempre há muito a aprender, tantas perguntas não respondidas e tantas "terras desocupadas". Livros já foram escritos sobre mudanças e muitos mais ainda serão. No nosso caso, é suficiente que identifiquemos alguns princípios básicos dos quais as mudanças inovadoras dependem.

Seja Sua Própria Cobaia

É relativamente fácil ter boas ideias. E, de modo geral, quanto mais pensamos sobre uma nova ideia, melhor ela fica. E vai crescendo até que toma conta das nossas mentes. Falamos sobre ela e descobrimos que faz sentido para os outros. Assim, vai ganhando força. Nessa altura podemos até escrever um livro sobre ela. Karl Marx fez isso. Sua obra principal, *O Capital*, é uma exposição de um conjunto de ideias que nunca haviam passado pelo teste da realidade. Se conseguíssemos aprovar uma lei que obrigasse todas as ideias a serem testadas no laboratório da vida do autor antes que chegassem tão longe, o mundo seria poupado da maior parte de sua dor—e todo esse excesso de informações nas quais nadamos atualmente se transformaria num gotejar.

A teologia como disciplina é especialmente vulnerável a ser perpetuada sem ser testada na matriz da vida. Ela pode ser passada de professor a professor, livro a livro, e mente a mente sem nunca ser aplicada. Mas a verdade bíblica, se for verdade, resistirá ao teste de ser útil para edificar as pessoas de acordo com suas necessidades. Ela as beneficiará e mudará suas vidas.

Enquanto eu estava começando meu trabalho no Brasil, recebi inúmeros convites para falar em igrejas e organizações sobre as coisas que estava fazendo. Mas eu ainda não tinha realmente feito algo no Brasil. Então recusava os convites. Temia que as minhas ideias, ainda não testadas, pudessem mais confundir do que ajudar.

Eu testei as coisas que tenho escrito aqui, mas mesmo

assim escrevo com apreensão, pois o perigo de confundir e enganar ainda é alto. Oro para que o leitor tenha sabedoria para julgar com as Escrituras as coisas que tenho dito, e depois colocá-las à prova da experiência em sua própria situação.

O desafio de todos nós é aprendermos com nossas experiências, e colhermos as lições. Fazemos isso periodicamente, reservando tempo para refletir sobre o que está acontecendo e resumindo o progresso conforme nosso entendimento. Com o tempo veremos que as nossas descobertas começarão a se encaixar umas nas outras. Quando isso acontecer, serão cada vez mais úteis para nós e para os outros.

Seja Paciente: Cada Ideia Tem Seu Tempo

Anos atrás observei uma troca de correspondência entre duas pessoas que moravam em lados opostos do mundo. A troca causou grande frustração para os dois correspondentes e, infelizmente, estragou permanentemente o relacionamento entre eles. Como eu era amigo das duas partes, fui informado das reações de ambos os lados.

A primeira carta do outro lado do mundo foi um pedido bem fundamentado de mudança baseada em algumas observações obviamente verdadeiras. A carta era dirigida ao seu supervisor. Esta pessoa, em sua resposta, não podia negar a validade das observações e o pedido de mudança. O problema era que ele já estava com sua agenda sobrecarregada. Na realidade, a organização na qual trabalhava estava em crise, e o futuro era incerto. Ele não pensou em explicar isso em sua resposta. Em vez disso, tentou responder ao problema com uma explicação superficial de tudo ser como era que eram jeito na área que estava em discussão.

Ao receber essa resposta, a primeira parte facilmente a colocou de lado e enviou uma segunda carta, que resultou na ofensa de ambos.

A lição que aprendi enquanto observava esses acontecimentos foi que qualquer ideia, por mais importante ou verdadeira que seja, precisa esperar seu momento certo. Como resultado, tomei três decisões que tenho tentado seguir nos meus próprios esforços para fazer mudanças.

Observe. Aprenda tudo que puder sobre o que está acontecendo ao seu redor. Aja de acordo com o que aprendeu. Faça o que você entende estar certo em sua própria vida e ministério. Mas não universalize suas próprias experiências.

Entregue para Deus o que está aprendendo. Se ele quiser que as coisas que está lhe ensinando tenham maior alcance, deixe que ele atue e abra as portas para você.

Agradeça, aconteça o que acontecer. Se tiver oportunidade de influenciar, aproveite. Se não tiver, agradeça. Nesse caso, Deus provavelmente poupou os outros de coisas que não precisam!

Aceite a Rejeição de Suas Ideias

Novas ideias sempre encontrarão oposição pelas razões que já mencionamos. Alguém descreveu a sequência assim: rejeição, tolerância, aceitação, adoção.

Com frequência uma ideia é rejeitada não apenas por ser nova, mas também por alguma outra razão. As pessoas precisam de tempo para pensar em algo novo. Mas depois que a ideia rodar por algum tempo, ela será tolerada. Em seguida, a atitude passa de negativa para positiva à medida que a ideia vai ganhando aceitação. E, finalmente, é adotada pelas pessoas, o que significa que se apropriaram dela. Muitas vezes o tempo entre a rejeição inicial e a adoção final de uma nova ideia pode ser medido em anos, o que permite bastante tempo para críticas, discordâncias, e oposição.

Críticas honestas sempre são bem-vindas, pois são úteis

para testar e melhorar suas ideias. As ideias devem ser capazes de sobreviver ao teste da crítica honesta. Se não puderem ser criticadas, elas provavelmente não deveriam sobreviver. A crítica coloca nossas ideias de volta na prancheta. E isso nos envia de volta à Bíblia. Se pudermos receber abertamente as críticas, sairemos fortalecidos.

Também é preciso que haja espaço para discordâncias. Há espaço para mais de uma posição na maioria dos problemas. Aceitar positivamente as discordâncias é dar o espaço que os outros precisam para pensar por si mesmos. A maioria resiste, sob a pressão de pensar de uma certa maneira.

A oposição pode ser fatal para as novas ideias. A história está cheia de exemplos de verdades que foram aniquiladas pelos seus oponentes. Mas até mesmo a oposição é uma oportunidade. Ela coloca a fé em cena. Se um esforço não é de Deus, não devemos querer que seja bem sucedido. E se realmente deixarmos a sorte de uma questão nas mãos de Deus, a oposição não é um obstáculo para ele, que preserva o que é valioso.

Resumo

O que estou dizendo aqui é que nossos próprios egos são nossos inimigos mais perigosos nessa questão de mudanças inovadoras. Se permitirmos que nosso senso de valor próprio ou nossa identidade interferirem em nossas ideias, provavelmente fracassaremos. Quando os egos se envolvem, a luz que tínhamos se transforma em calor e todo o esforço se desintegra. O pensamento cessa quando a raiva começa.

A respeito de Jesus, foi dito: "Não quebrará o caniço rachado, não apagará o pavio fumegante, até que leve à vitória a justiça" (Mateus 12:20). Que exemplo de poder da mudança benigna!

Três Respostas Desejadas

Neste livro, exploramos um grande número de variáveis que precisam ser consideradas quando nos movemos para o futuro como povo de Deus. Muitas delas estão em tensão, sendo até mesmo paradoxais umas às outras. Por exemplo, precisamos nos apegar á nossa herança enquanto formos pioneiros em novas formas de ministério e respeitar nossas tradições, ao mesmo tempo em que estamos livres de seu controle. Devemos nos adaptar aos incrédulos sem assumir suas crenças ou valores, e manter a unidade enquanto encorajamos a diversidade. Resumindo, devemos causar mudanças sem mudar!

Como fazemos um bolo com este tipo de receita? Obviamente todos estes ingredientes não podem ser colocados numa única mistura. Há três abordagens possíveis para implementar estas coisas. Confio que o leitor se identificará com uma delas. A opção certa ficará clara, creio eu, quando o leitor pesar em espírito de oração as opções e consultar outras pessoas na sua comunidade de cristãos. Circunstâncias, oportunidades e um senso de chamado, como vimos em 1 Coríntios 7, também servem para nos guiar em um momento como esse.

Primeira Resposta: Reformar Cautelosamente as Estruturas Existentes

Tiago, o irmão de Jesus, é um dos meus heróis bíblicos. Ele resumiu as coisas que dissemos sobre a liberdade que temos em Cristo. Sua visão era suficientemente ampla para abraçar o mundo, mas ele nunca saiu de Jerusalém. Ele escolheu exercer sua liberdade dando sua vida para servir o corpo de cristãos, que era uma subcultura dentro de uma cultura.

Como vimos no capítulo 7, foi Tiago quem finalmente encerrou o debate registrado em Atos 15, no qual os cristãos judeus insistiam que os gentios tinham que obedecer as leis de Moisés. Ele conseguiu isso com sua aplicação inspirada das profecias de Amós àquela situação. Assim, indicou o caminho que deu espaço aos gentios na família de Deus. E provavelmente teria se destacado ao trabalhar entre os gentios se seu chamado o levasse nessa direção. Mas, juntamente com Pedro e João, entendeu que foram chamados para trabalhar com os judeus. Anos depois, em Atos 21, vemos Tiago ainda em Jerusalém liderando fielmente a igreja naquela cidade. Mesmo naquele momento, os judeus cristãos continuavam inflexíveis quanto à importância da lei de Moisés. O que impressiona nele é que, tendo uma visão global, foi capaz de servir entre um povo que nunca conseguiu aceitar essa visão. Até o final, por causa das suas tradições religiosas e culturais profundamente enraizadas, jamais puderam ir além da ideia de que a circuncisão e a lei de Moisés eram essenciais para a santidade.

Tiago escolheu exercer sua liberdade servindo pessoas extremamente limitadas em sua própria liberdade. Escolheu aceitar as limitações delas e não fazer disso um problema, pelo bem da grande colheita que seus compatriotas judeus representavam e pelo bem de levar aqueles que aceitaram a fé a viverem de modo a glorificar a Deus.

Tiago era um exemplo de homem livre. A maioria de nós busca a liberdade para ter espaço para ser diferente. Tiago usava sua liberdade para servir pessoas que precisavam permanecer as mesmas. Eram pessoas que não conseguiam se imaginar vivendo fora dos limites de suas próprias tradições. Como tal, ele é um modelo para uma possível resposta que o leitor possa ter a este livro.

Sabedoria é perceber quando a mudança seria construtiva e quando seria destrutiva. Se a mudança destruísse o sentido de pertencimento de um grupo de cristãos, poderia ser melhor não fazer mudança alguma—externamente. Mas nisso precisamos aprender com Tiago. Externamente, ele era tão tradicional quanto Moisés. Interiormente, era tão livre quanto o apóstolo Paulo. Podemos trabalhar para preservar a continuidade de nossas igrejas e, ao mesmo tempo, ter uma visão de tudo o que falamos neste livro. É o que devemos fazer: preservar o que é bom do que já existe, mas também pensar além do que já existe—pensar no que ainda não existe e precisa existir. No mínimo, devemos permitir e aceitar diferenças, e não insistir na conformidade.

Esta resposta será sinalizada afirmando a necessidade de novas iniciativas nos moldes que descrevemos. Essa afirmação se expressará pelo encorajamento, defesa e apoio às novas expressões multiformes do povo de Deus que precisam surgir.

Segunda Resposta: Ser um Povo Semeado no Mundo

Priscila e Áquila modelaram esta resposta. Eles eram um casal judeu nascido no Ponto, que foram expulsos de suas casas quando o imperador Claudio expulsou todos os judeus de Roma. Eram comerciantes que faziam tendas. A Bíblia não registra todos os seus movimentos, mas quando são mencionados pela primeira vez, estavam em Corinto, trabalhando na sua profissão e servindo as pessoas. Por motivos que a Bíblia não explica, a estada deles em Corinto foi temporária. Na próxima vez que ouvimos falar deles, estavam em Éfeso e depois em algum lugar da Ásia—e tinham uma igreja em sua casa (Atos 18:1-2, 18-19, 26; 1 Coríntios 16:19; 2 Timóteo 4:19).

Foi a perseguição que levou Priscila e Áquila para o mundo. Não foi a primeira vez que uma perseguição serviu ao propósito de fazer com que o povo de Deus se infiltrasse no mundo por meio da dispersão, e nem foi a última. A fé nos instrui a aceitar sermos dispersos!

Esta resposta da parte de uma comunidade cristã se expressaria dando prioridade à expansão local do evangelho. Algumas implicações desta resposta seriam as seguintes:

- A ênfase em capacitar pessoas a servirem entre os incrédulos seria pelo menos igual àquela dada para as reuniões de adoração e ensino.
- Uma divisão correspondente de recursos humanos e financeiros.
- Seria necessário uma liderança talentosa e experiente—pessoas que pudessem liderar outras para este ministério por seu próprio exemplo, pelo que elas mesmas estão fazendo entre os incrédulos.
- A agenda de tal comunidade refletiria esse compromisso com a dispersão. O agendamento das poucas funções centralizadas não competiria com os escassos horários nobres da semana em que os incrédulos estivessem disponíveis para interagir em assuntos sérios.
- O ponto focal de tal comunidade seriam as pessoas que estão lá fora tripulando seus pequenos barcos. Teriam o apoio de oração, oportunidades de mútuo encorajamento, ensino e treinamento, e uma ajuda oportuna quando necessário.

Tal comunidade de cristãos refletirá essas coisas em virtualmente todas as áreas da prática cristã. Isso se expressará no tipo de pessoas que escolherem como líderes, no que julgarem ser sucesso e crescimento, no tipo de instalações que necessitam e no modo como gastam seu dinheiro.

É provável que haja um meio termo entre a primeira e a segunda resposta. Um corpo de cristãos que emprega as formas familiares pode, ao mesmo tempo, concebivelmente liberar aqueles em sua comunidade que sentem que seu chamado é para os incrédulos. Mas para que isso funcione, o corpo e seus líderes teriam que se conter bastante para não impor as expectativas convencionais de frequência, etc., tanto pelos que forem aos incrédulos como pelos que vierem a Cristo através de seus esforços.

Uma Terceira Resposta: Recuperar a Equipe Apostólica

Há vários anos, minha esposa e eu visitamos um casal recém-casado numa cidade vizinha. Tinham se tornado cristãos há cerca de um ano e estavam casados há um mês. Num certo sentido, eram órfãos espirituais, pois as pessoas que os iniciaram na caminhada com Deus tinham se mudado. No decorrer de nosso dia juntos, Artur disse: "Já estamos casados há um mês, mas ainda não convidamos nenhum dos nossos amigos incrédulos para uma refeição. Não há desculpa para isso". Esse comentário chamou minha atenção e começamos a dar a Artur e Mônica a ajuda que precisavam para crescer e servir.

Passados alguns meses, o casal estava cercado de amigos que estavam descobrindo Cristo através de seu exemplo de vida. A notícia seguinte que recebi era de que Artur estava viajando para uma cidade a várias horas de distância, para iniciar o mesmo processo com seu irmão e seu círculo de amigos. Depois, quando outro cristão novo teve que se mudar para uma cidade vizinha por conta de uma transferência da empresa, Artur aproveitou a oportunidade para começar uma nova plantação também naquele lugar. Artur pensa como um apóstolo.

Poucas pessoas têm esse tipo de atitude, mas podem ser facilmente reconhecidas. Têm iniciativa, são realizadoras e pensam estrategicamente sobre a expansão do evangelho. Estão bem mais na linha de frente do que supervisores ou administradores. Fazem tudo acontecer. Alcançam as pessoas que não conhecem Jesus, nutrem os que alcançaram, e ficam ao seu lado até que tenham começado a prosperar por conta própria. Recentemente, conheci alguém de uma equipe que implantou uma igreja sem levar ninguém a Cristo no processo. Não é disso que estou falando. A equipe apostólica trabalha com os incrédulos como sua matéria prima.

No capítulo 4 observamos que o povo de Deus precisa do conjunto completo de funções descritas em Efésios 4:11: apóstolos, profetas, evangelistas, pastores, e mestres. A equipe apostólica precisa trazer ou desenvolver rapidamente essas funções, para que o corpo que estabeleceu esteja completo. Isso não implica numa equipe de quatro ou cinco pessoas, como pode parecer à primeira vista. Frequentemente, dois indivíduos bem integrados podem incorporar todas essas funções.

As pessoas envolvidas nos esforços apostólicos no primeiro século eram uma pequena fração da totalidade do povo de Deus. Naquela época não eram necessários muitos e, atualmente, serão necessários comparativamente poucos para realizar o que precisa ser feito. Mas precisarão do apoio espiritual e material das outras partes do corpo. E precisarão de liberdade para ir e responder àqueles que buscam alcançar de acordo com suas necessidades. Há uma forte tentação por parte dos que enviam de tentar controlar os esforços dos que vão. Quando isso acontece, a integridade do esforço está em perigo. Como Tiago, o ancião, disse: "Julgo que não devemos pôr dificuldades aos gentios que estão se convertendo a Deus" (Atos 15:19).

Mensagem Final aos Nossos Líderes

Com a corrosão dos fundamentos bíblicos da nossa cultura, a comunidade de cristãos se encontra cada vez mais afetada. Estamos com problemas. Isso coloca um grande responsabilidade sobre os líderes de nossas igrejas. Eles podem manter o status quo, ou podem nos liderar para voltarmos a fazer "as coisas que fazíamos no início" (Apocalipse 2:5).

Relembrando a tese deste livro:

- O povo de Deus está no mundo para dar testemunho ao mundo. Devemos viver entre nossos próximos incrédulos, servindo-os, revelando Cristo para eles.
- O ministério depende de cada cristão. Todos nós devemos usar o que temos para servir a Deus, servindo nossos irmãos e os incrédulos.

Se esta tese é realmente central para a função do povo de Deus, ela nos servirá como uma luz guia para terra mais firme. Será uma parte importante da nossa resposta à ameaça do pluralismo e filosofias relacionadas. A verdade deve ser vivida. Jesus disse: "Agora que vocês sabem essas coisas, felizes serão se as praticarem" (João 13:17). As experiências de vida são necessárias para transformar informação verdadeira em convicção verdadeira. Os cristãos que são essencialmente expectadores, ou cujo serviço não vai além de ajudar nas tarefas da igreja local, têm pouca necessidade de testar a verdade. Isso os deixa especialmente vulneráveis aos ventos predominantes das filosofias que estão soprando pela nação.

O apóstolo Paulo escreveu a Filemom: "Oro que você seja ativo em compartilhar tua fé, para que você tenha pleno entendimento de todas as coisas boas que temos em Cristo" (Filemom 6). A principal preocupação de Paulo era o próprio Filemom. Ele sabia que a própria intimidade de Filemom com Cristo dependia, em parte, de sua disposição de compartilhar esse relacionamento com outros.

Uma tendência comum que há entre nós cristãos nos dias de hoje é permanecer não engajados, não comprometidos com outras pessoas. A vida já é tão ocupada, tão agitada, que é mais fácil confiar e apoiar uma equipe pastoral, e continuar na arquibancada. Corrigir isso é o desafio da liderança atual. Se nossos líderes não corrigirem essa fraqueza, continuaremos a nos voltar para dentro, servindo a nós mesmos, e aumentando nosso isolamento dos incrédulos que nos cercam. Mas se nos liderarem, equiparem, e capacitarem, poderemos cumprir o propósito de Deus para nossa presença no mundo.

Notas

Prefácio da Segunda Edição
1. Segundo o PEW Research Center, a geração Y, do milênio (millennials) ou da Internet, é formada pelos adultos jovens nascidos entre 1981 e 1996, que se desenvolveram tendo acesso às facilidades da internet.
2. Segundo o PEW Research Center, religiosamente "não filiados" é o grupo religioso formado pelos que se autodenominam sem religião, ateus, ou agnósticos. Consequentemente, eles não são filiados (associados) a qualquer instituição religiosa organizada, cristã ou não.
3. http://www.pewforum.org/2015/05/12/americas-changing-religious-landscape/

Introdução
1. Jim e Marge Petersen, Ken e Carol Lottis. Ken Lottis (1934-2015) relatou sua experiência de fé no livro *A Turma: Uma Aventura de Fé e Amizade*, (Global Commerce Network, 2018).
2. Livro traduzido no Brasil como *O Declínio da Cultura Ocidental: Da Crise da Universidade à Crise da Sociedade* (1989), e em Portugal como *A Cultura Inculta: Ensaio sobre o Declínio da Cultura Geral*. Trata como a educação superior vem defraudando a democracia e empobrecendo os espíritos dos estudantes de hoje (PE-A, 2001).

Capítulo Um
1. Joel A. Barker, *Discovering the Future* (Descobrindo o Futuro), (Lake Elmo, MN: I.L.I. Press, 1989), p. 60.
2. Bill Garrison, *A Theology of the Laity* (Uma Teologia da Laicidade), (trabalho não publicado para apresentação e discussão na II Conferência de Lausanne, Filipinas, 1989), p. 8.
3. Observações feitas em "Consultation on the Christian

Church Under Persecution" (Consulta sobre a Igreja Cristã sob Perseguição), Fieldstead Institute, (Glen Eyrie, CO: 10-14 de Setembro, 1989).
4. Revolução ou Golpe Militar de 31 de Março de 1964.
5. John Aamot, pastor e evangelista norte-americano que esteve no Brasil de 1965 a 1972, é autor da coleção de quatro livros em português *Crescendo na Fé*, (Curitiba: Encontro, 2000).
6. Allan Bloom, *The Closing of the American Mind* (O Fechamento da Mente Americana), (New York: Simon and Schuster, 1987), p. 25.
7. Robert N. Bellah, *Habits of the Heart* (Hábitos do Coração), (New York: Harper and Row, 1985), p. 6.
8. Peter G. Peterson, "The Morning After" (A Manhã Seguinte), *The Atlantic Monthly*, (Outubro 1987), p. 60.
9. Susan Littwin, *The Postponed Generation* (A Geração Postergada), (New York: William Morrow, 1986), p. 37.
10. Nancy Gibbs, "How America Has Run Out of Time" (Como a América Ficou sem Tempo), *Time*, (24 de Abril, 1989), p. 60.
11. Gibbs, p. 58.
12. Paul Taylor, "Panelists Urge Greater Funding of Measures to Reinforce Family" (Painelistas Pedem Maior Financiamento de Medidas para Fortalecer a Família), Minneapolis Star Tribune, (23 de Abril, 1991), p. 1E-2E.
13. Wanda Urbanska, *The Singular Generation* (A Geração Singular), (Garden City, NY: Doubleday, 1986), p. 1-3.
14. Littwin, p. 29.
15. Littwin, p. 25.
16. Mack, conforme mencionado em Littwin, p. 24.
17. Refere-se ao livro *The One Minute Manager* (O Gerente Minuto) de Ken Blanchard e Spencer Johnson, que trata de três técnicas de um minuto para ser um gerente eficiente.
18. Barbara Whitehead, conforme mencionado em Taylor, p. 2E.

Capítulo Dois
1. Agostinho (354-430 d.C.): filósofo e teólogo, nascido em Tagaste (atualmente Souk Ahras, Argélia), foi bispo católico

de Hipona (atualmente Annaba, Argélia) desde 395 até sua morte. Boa parte de seu episcopado foi dedicada a enfrentar o Donatismo e outros movimentos contrários à supremacia da igreja de Roma existentes no extremo Norte da África, especialmente em Cartago (atualmente Tunes, Tunísia) e Cesaréia da Mauritânia (atualmente Cherchell, Argélia) que eram cidades próximas a Hipona.
2. Kenneth Scott Latourette, *Beginnings to 1500* (Do Início até 1500), *vol. 1 de A History of Christianity* (Uma História do Cristianismo), (New York: Harper and Row, 1975, p. 97.
3. Paul Johnson, *A History of Christianity* (Uma História do Cristianismo), (Atheneum, NY: Macmillan, 1976), p. 116.
4. Além disso, em seu sermão aos fiéis da igreja de Cesareia apresentado em 418 d.C. durante a discussão pública com o proscrito bispo Donatista Emérito de Cartago, Agostinho justifica a perseguição aos Donatistas por serem "difamadores" segundo o Salmo 101:5 e "inimigos" segundo o Salmo 18:37. Assim, parece que Agostinho "esqueceu" que Jesus não apenas destacou a importância de "amar o próximo como a si mesmo" (Mateus 22:36-40), como também ensinou uma de suas tantas "boas novas" destacadas por "eu porém vos digo", "tu porém", e "mas entre vós não é assim". Se o "próximo" for um "inimigo", deve-se "amá-lo e orar por ele", não persegui-lo (Mateus 5:43-45).
5. Johnson, p. 120.
6. Donatistas: Adeptos de uma conduta cristã austera, esse movimento surgiu em 312 d.C. pela contestação da legitimidade da ordenação do bispo Caeciliano de Cartago realizada por um ministro reconduzido pela igreja de Roma considerado traidor por ter negado a fé durante a grande perseguição de 303-313 d.C. Em seu lugar elegeram seu próprio bispo, Donato. Seu sucessor, o bispo Cipriano (um dos pais da igreja do capítulo 5), foi um dos principais oponentes de Agostinho. Por valorizarem a tradição da autonomia das igrejas locais e da separação entre o estado e cristianismo, também eram refratários à autoridade central da igreja de Roma, que buscava maior unidade e institucionalidade em consonância

com o projeto de unidade imperial de Constantino. Após a Conferência de Cartago em 411, ocorreu a condenação oficial do Donatismo e a legitimação de medidas coercitivas que incluíam até o uso de violência contra os hereges.
7. Johnson, p. 219-220.
8. Johnson, p. 206.
9. Para Bacon, a filosofia verdadeira não era apenas a ciência (o saber, o conhecimento) das coisas divinas e humanas, mas também das coisas naturais. Ele estabeleceu os novos fundamentos das ciências naturais e o novo método de pesquisa empírico-experimental, o que permitia renovar (e ampliar) o conhecimento científico visando seu fim prático: ser um meio vigoroso e seguro de servir o homem e de restaurar seu domínio (poder) sobre a natureza (Gênesis 1:26). Disso resultou o aforismo humanista "knowledge is power" ("conhecimento é poder"), que se assemelha ao Provérbio 24:5 relativo ao poder da sabedoria e do conhecimento, dados por Deus, para se conduzir bem, discernir o que é justo, e governar com justiça (2 Crônicas 1:7-12).
10. Johnson, p. 328.
11. Johnson, p. 336.
12. Johnson, p. 353.
13. Johnson, p. 350.
14. Allan Bloom, *The Closing of the American Mind* (O Fechamento da Mente Americana), (New York: Simon and Schuster, 1987), p. 168-196.
15. Paul Johnson, *Modern Times* (Tempos Modernos), (New York: Harper and Row, 1983), p. 1-8.
16. Johnson, *Modern Times*, p. 4.
17. James Hitchcock, *What Is Secular Humanism?* (O Que É Humanismo Secular?), (Ann Arbor, MI: Servant Books, 1982), p. 45.
18. Johnson, *Modern Times*, p. 10.
19. Dietrich Bonhoeffer (1906-1945) foi um teólogo e pastor Luterano, membro fundador da Igreja Confessante que resultou da Declaração de Barmen, membro fundador do Movimento Ecumênico Internacional e membro da resistência

alemã anti-nazista. Preso por conspiração em 1943, acabou sendo executado.
20. Johnson, *A History of Christianity*, p. 483-484.
21. Johnson, p. 485-486.
22. Os Guinness, "Mission in the Face of Modernity", *World Evangelization*, (Novembro-Dezembro 1989/Janeiro 1990), p. 11.
23. Guinness, p. 11.
24. Guinness, p. 10.
25. Russell Chandler, *Understanding the New Age*, (Waco, TX: Word, 1988).

Capítulo Três
1. Josef Tson, palestra dada na "Consultation on the Christian Church Under Persecution" (Consulta sobre a Igreja Cristã sob Perseguição), Fieldsted Institute, (Glen Eyrie, CO: 10-14 de Setembro, 1989).
2. Kenneth Scott Latourette, *Beginnings to 1500* (Do Início até 1500), *vol. 1 de A History of Christianity* (Uma História do Cristianismo), (New York: Harper and Row, 1975), p. 106.
3. F. F. Bruce, *The Spreading Flame* (A Chama que se Espalha), (Grand Rapids, MI: The Paternoster Press, Eerdmans, 1958), p. 190-191.

Capítulo Quatro
1. Paul Johnson, A History of Christianity, (Atheneum, NY: MacMillan, 1976), p. 36.
2. Johnson, p. 36.
3. Na cultura esportiva dos EUA (e de outros países), "aposentar o número" da camisa de um atleta de desempenho impressionante é uma honra que um time concede a ele depois que deixa a equipe, se aposenta do esporte ou morre. O número aposentado não pode ser usado por nenhum futuro atleta da equipe. Por exemplo, o jogador de basquete Michael Jordan teve seu número 23 aposentado pelo Chicago Bulls, mas o jogador de futebol Pelé não teve seu número 10 aposentado pelo Santos, e nem pela CBF, embora os jogadores

e torcedores saibam o significado, a responsabilidade, e o peso desse número.
4. Ver Gerhard Kittel, et al., *Theological Dictionary of the New Testament*, (Grand Rapids, MI: Eerdmans, 1976), p. 398-429.
5. Kenneth Scott Latourette, *Beginnings to 1500* (Do Início até 1500), *vol. 1 de A History of Christianity* (Uma História do Cristianismo), (New York: Harper and Row, 1975), p. 117-118.

Capítulo Cinco
1. Will and Ariel Durant, *The Lessons of History* (As Lições da História), (New York: Simon and Schuster, 1968), p. 12.
2. Michael Green, *Evangelism in the Early Church* (Evangelismo na Igreja Primitiva), (Grand Rapids, MI: Eerdmans, 1970).
3. Paul Johnson, A History of Christianity, (Atheneum, NY: MacMillan, 1976), p. 45.
4. Johnson, p. 52.
5. Johnson, p. 53.
6. Johnson, p. 56.
7. Esse texto de Clemente talvez tenha se inspirado no último versículo de 1 Coríntios 14:26-40, em que o apóstolo Paulo resume a necessidade de "decência e ordem" ao povo de Deus reunido.
8. Inácio, *The Epistle of Ignatius to the Smyrnaeans I* (A Epístola de Inácio aos Esmirneanos I), conforme mencionado por Earl D. Radmacher, *What the Church Is All About* (O que Significa a Igreja), (Chicago, IL: Moody Press, 1972), p. 36.
9. Irineu: Against Heresies (Contra Heresias) 3:3:1-2, conforme mencionado por Radmacher, p. 39-40.
10. David J. Bosch, *Transforming Mission* (Missão Transformadora), (Maryknoll, NY: Orbis Books, 1991), p. 53.
11. Cipriano, conforme mencionado por Radmacher, p. 42.
12. Cipriano, conforme mencionado por Radmacher, p. 43.
13. Cipriano, conforme mencionado por Radmacher, p. 43.
14. Johnson, p. 56 (ênfase acrescentada).
15. Kenneth Scott Latourette, *Beginnings to 1500* (Do Início até 1500), *vol. 1 de A History of Christianity* (Uma História do

Cristianismo), (New York: Harper and Row, 1975), p. 176.
16. Latourette, p. 262.
17. Johnson, p. 115.
18. Johnson, p. 115-116.
19. F. F. Bruce, *The Spreading Flame* (A Chama que se Espalha), (Grand Rapids, MI: The Paternoster Press, Eerdmans, 1958), p. 333-339.
20. Johnson, p. 76.
21. Johnson, p. 132-136.
22. Johnson, p. 199.
23. Johnson, p. 197.
24. Latourette, p. 664.
25. Latourette, p. 678.
26. Kenneth Scott Latourette, *AD. 1500-A.D. 1975, vol. 2 de A History of Christianity* (Uma História do Cristianismo), (New York: Harper and Row, 1975), p. 717.
27. Martinho Lutero, "The Papacy at Rome" (O Papado em Roma), em *The Works of Martin Luther* (A Obra de Martinho Lutero), conforme mencionado por Radmacher, p. 59-60.
28. Lutero, conforme mencionado por Radmacher, p. 61.
29. Latourette, p. 756.
30. Henry Bettenson, *Documents of the Christian Church* (Documentos da Igreja Cristã), (New York: Oxford University Press, 1947), p. 321, 323.
31. Robert N. Bellah, *Habits of the Heart* (Hábitos do Coração), (New York: Harper and Row, 1985), p. 220.
32. Peter Marshall e David Manuel, *The Light and the Glory* (A Luz e a Glória), (Old Tappan, NJ: Revell, 1977), p. 173.
33. Marshall e Manuel, p. 187.

Capítulo Seis
1. Howard Snyder, *The Community of the King* (A Comunidade do Rei), (Downers Grove, IL: InterVarsity Press, 1977), p. 95.
2. George Barna, *Marketing the Church* (Marketing da Igreja), (Colorado Springs, CO: NavPress, 1988), p. 23.
3. Leith Anderson, *Dying for Change* (Morrendo pelas Mudanças), (Minneapolis, MN: Bethany House, 1990), p. 51.

4. Peter F. Drucker, "Marketing 101 for a Fast-Changing Decade" (Marketing 101 para uma Década em Rápida Mudança), *Wall Street Journal*, (20 de Novembro, 1990).
5. Anderson, p. 50.
6. Anderson, p. 27.
7. Richard C. Halverson, *Perspective* (Perspectiva), vol. 43, no. 9, 24 de Abril, 1991.
8. Lyle Schaller conforme mencionado por Thomas A. Stewart em "Turning Around the Lord's Business" (Virando os Negócios do Senhor), *Fortune*, (25 de Setembro, 1989), p. 124.
9. Robert E. Slocum, *Maximize Your Ministry* (Maximize Seu Ministério), (Colorado Springs, CO, NavPress, 1990), p. 70.
10. Slocum, p. 55.
11. Jerry Cook, *Love, Acceptance & Forgiveness* (Amor, Aceitação, e Perdão), (Ventura, CA: Regal, 1979), p. 25.
12. Cook, p. 39.

Capítulo Oito
1. Ethos é o espírito característico de uma cultura ou época, manifestado nas suas crenças, ideais e hábitos.
2. Jaroslav Pelikan conforme citado por Robert N. Bellah, *Habits of the Heart* (Hábitos do Coração), (New York: Harper and Row, 1985), p. 140.
3. Aleksandr I. Solzhenitsyn, *The Oak and the Calf* (O Carvalho e o Bezerro), (New York, Harper and Row, 1975), p. 303.

Capítulo Dez
1. Allan Bloom, *The Closing of the American Mind* (O Fechamento da Mente Americana), (New York: Simon and Schuster, 1987), p. 58.
2. Bloom, p. 34.
3. Robert N. Bellah, *Habits of the Heart* (Hábitos do Coração), (New York: Harper and Row, 1985), p. 76.
4. George Gallup conforme citado por Tom Morton, "Americans Called Religious Hypocrites" (Americanos Chamados de Hipócritas Religiosos), *Gazette Telegraph*, (10 de Maio, 1990).

5. Morton.
6. Caracterizada pelo escritor C. S. Lewis no livro *Cristianismo Puro e Simples*, esta regra sobre "moralidade social" faz parte do Sermão do Monte em Mateus 7:12 e Lucas 6:31. Lewis salienta que Cristo, como todo bom mestre, não pregou nenhuma novidade do ponto de vista moral, mas apenas lembrou o que todos, no fundo, sempre souberam ser o certo. Em resumo, essa regra é um desdobramento do antigo e sempre atual segundo mandamento de Deus: "Amar o próximo como a si mesmo" de Mateus 22:39, Marcos 12:31, e Lucas 10:27, e que em João 13:34 e 15:12 Cristo aperfeiçoou para "Novo mandamento vos dou: que vos ameis uns aos outros assim como Eu vos amei".
7. Gallup conforme citado por A. H. M., "Gallup Tells Editors: Americans Revere the Bible, Don't Read It" (Gallup Diz aos Editores: Os Americanos Reverenciam a Bíblia, mas Não a Leem), *World* (anteriormente, *Presbyterian Journal*), (19 de Maio, 1990).
8. George Barna e William McKay, *Vital Signs: Emerging Social Trends and the Future of American Christianity* (Sinais Vitais: Tendências Sociais Emergentes e o Futuro do Cristianismo Americano), (Westchester, IL, Crossway, 1984), p. 136.
9. Kenneth Woodward, et al., "A Time to Seek" (Tempo de Buscar), *Newsweek*, (17 de Dezembro, 1990), p. 56.

Capítulo Onze
1. Lesslie Newbigin, *The Gospel in a Pluralist Society* (O Evangelho numa Sociedade Pluralista), (Grand Rapids, MI: Eerdrnans, 1989), p. 7.
2. E. Stanley Jones, *A Song of Ascents* (Uma Canção das Ascensões), (Nashville, TN: Abingdon, 1968), p. 86.
3. Jones, p. 91.
4. Jones, p. 107.
5. Newbigin, p. 12.
6. Robert N. Bellah, *Habits of the Heart* (Hábitos do Coração), (New York: Harper and Row, 1985), p. 99.
7. Bellah, p. 82.

8. Dietrich Bonhoeffer, *Life Together* (Vida Juntos), (New York: Harper and Row, 1954), p. 110, 112.

Sobre o Autor

Jim Petersen anteriormente serviu na equipe internacional que supervisiona o trabalho global dos Navegadores. Ele continua a orientar líderes ao redor do mundo, ao mesmo tempo em que investe sua vida em compartilhar o evangelho entre seus amigos e familiares.

Em 1963, Jim iniciou o ministério dos Navegadores no Brasil. Trabalhou entre os jovens universitários que eram na sua maioria marxistas, agnósticos, e hostis à religião e à igreja institucional. O primeiro desafio de Jim foi encontrar uma maneira de tornar Cristo compreensível para eles. O segundo desafio foi auxiliar esses novos cristãos a criar uma comunidade que os encorajasse na transformação de cada aspecto de suas vidas, e os mantivesse envolvidos com seus amigos incrédulos. Formas e métodos inovadores precisaram ser concebidos a cada etapa.

Em 1973, os fundamentos no Brasil estavam estabelecidos e outros, inclusive brasileiros, estavam edificando sobre eles. Jim foi para outros países latino-americanos, recrutando equipes de missionários e servindo como seu "treinador-jogador".

Em 1981, cristãos da Europa Oriental e do Oriente Médio convidaram Jim para ajudá-los a aprender como comunicar Cristo aos seus próximos e estabelecer comunidades saudáveis.

Em 1985, Jim mudou-se para Colorado Springs para estar em melhor posição de servir como consultor internacional. Ele é autor de vários livros, inclusive *Living Proof* (1989), *The Insider* (2003), *More Than Me* (2008), *The Meaning of Work* (2015), *Why People Matter* (2015), *Working Together* (2015), entre outros.

www.ingramcontent.com/pod-product-compliance
Lightning Source LLC
Chambersburg PA
CBHW052014290426
44112CB00014B/2231